国家出版基金项目
NATIONAL PUBLICATION FOUNDATION

元青花的文化密码

许明 著

河南人民出版社

图书在版编目(CIP)数据

元青花的文化密码 / 许明著 . -- 郑州 ：河南人民出版社，2025. 7 -- ISBN 978-7-215-13854-4

I. K876. 34

中国国家版本馆 CIP 数据核字第 20258H9Y93 号

河南人民出版社出版发行

（地址：郑州市郑东新区祥盛街 27 号 邮政编码：450016 电话：0371-65788060）

新华书店经销　　河南瑞之光印刷股份有限公司印刷

开本　710 mm×1000 mm　1/16　印张　27

字数　411 千

2025 年 7 月第 1 版　　2025 年 7 月第 1 次印刷

定价：99. 00 元

作者简介

许 明

中国社会科学院博士、教授
上海社会科学院研究员
国务院政府特殊津贴获得者

已出版主要著作：

《华夏审美风尚史》(11卷，获得第五届国家图书奖)、《认知美学》(国家出版基金项目)、《当代中国文化发展》(获得上海市第十六届哲学社会科学著作一等奖)、《土耳其、伊朗馆藏元青花考察亲历记》、《中国元瓷》、《大元至宝》等多种。

参加和组织的与元青花有关活动：

参加以汪庆正先生为团长的土耳其馆藏元青花考察(2001)；组织和主持伊朗馆藏元青花和伊朗钴料矿区考察(2007、2010)；组织和主持开封博物馆"元青花回娘家"活动，赴德黑兰促成伊朗国家博物馆3件元青花到开封博物馆展出(2007)；与郭南凯馆长共同组织和主持元青花"迎世博"展(上海市原南汇博物馆)，部分藏品进入上海世博会展出(2010)；与台湾中山大学教授周世雄共同组织和主持海峡两岸元青花特展(台北，2012、2017、2019、2022)；组织和主持元青花国际研讨会(上海，2006、2012；杭州，2014)。

伊朗国家博物馆藏元青花

自 序

为了完成国家出版基金项目“元青花的文化密码”，我在长达10个月的时间内进入了真正的科研状态：利用近在咫尺的上海图书馆和上海社会科学院图书馆的丰富藏书和资料，购买所能买到的新出版的书刊，再加上对元青花长达30多年的收藏、了解和知识积累，终于在头脑中形成了自己的研究结构。

本书既然称为“密码”，当然是针对元青花研究的现状而言的。也就是说，它要揭示的是目前未被认识和关注的有关元青花的一些问题。在广泛浏览了各方面的资料后，我惊讶地发现，当今元青花研究可以截然分为两个阶段——以2010年左右为界。2010年以前的文博工作者和一些收藏者的研究仍然处在老资料、旧套路阶段，他们考察元青花的生产、工艺和景德镇的瓷业，并对元青花的文化来源等有一些初步的涉及和描述，但所研究的对象仅限于出土的馆藏元青花和景德镇科考出土的瓷片，局限性较大。真正带来改变和冲击的是“一带一路”倡议，激发了各个相关专业新一代学人以更广阔的视野和文化背景，探讨元青花产生的文化意义和历史价值，出现了一系列创新的题目和相当不错的作品，甚至论及了“苏麻离青丝路”“元青花的人物图像和话本”等比较深入的话题。通过知网搜索，可以查阅不少近年出版和尚未出版的有关元青花的硕士论文，这种气象是10多年前不可想象的。

面对这样一个新的具有相当水准的学术态势，我的研究和写作的意义何在呢？我可以给读者提供一些什么新的内容呢？

所有的研究，都是建立在事实依据之上的。

如果我们依据的事实不变，那么研究花样翻新当然有可取之处，但仍然不可能有重大突破。因此，必须亮出本书真正属于自己的原创点和新的特点。现可以归纳如下：

第一，我本人除是体制内的教授外，还是有30年收藏实践的收藏家，所接触的元青花何止百件千件！这是迄今为止体制内专家和学院派写作无法具有的背景。传统的学院派研究被套上了“民间没有元青花”的紧箍咒，无法看到元青花面世的真实情况。这里先不说民间收藏的元青花的真实性如何求证，单说自20世纪80年代开始，正式出版图录的世界各国拍卖公司拍卖的和各种平台经营的元青花已经有3000余件。有人统计，自1986年到2020年的30多年间，中国的大拍卖公司拍卖的元青花达650件之多。研究元青花，怎么能把市场已经认可、已经在流通的元青花排除在外呢？更不用说私人收藏的众多元青花器了。由于我本人了解情况，且没有强迫性地被限制研究的范围，所以研究的对象会更丰富多彩，自不待言。

第二，研究视野突破了神秘性，自然会生发出问题：能生产如此丰富多彩的器物的社会，究竟是什么社会？本人突破了古陶瓷研究界的局限性，广泛涉及元代政治、经济、文化、交通、社会、民族、历史，发现能产生如此绚丽多彩的元青花的时代，是一个特殊的，开放多元、社会生活正常的新时代。元代较之宋、金时代，种族迁移自由，文化多元发展，丝绸之路贸易繁荣，统治者包容各族知识分子，儒、释、道、景教、印度教等自由发展，文博界、收藏界以往的一些描述并不属实：认为元代社会嗜血、屠杀、九儒十丐、不准汉文化发展等。有资料显示，这是明初统治者为了维护自己的统治合法性而采取的一种历史叙述手法。真相被掩盖了。本书专门设一章节介绍元代社会，这是过去元青花研究成果中所少有的。

第三，就元青花器物本身而言，本书结合民间收藏的实践，揭示了以下几个值得重视和进一步研究的新问题：

① 元青花的北方窑口问题（蒙古高原的元青花）；

② 博陵第元青花的问题；

③ 白浒孤窑元青花问题；

④ 元青花器物上成系列、成体系的人物故事纹问题；

⑤ 元青花逐水、逐森、逐高岭土就地生产的特点问题；

⑥ 元青花使用波斯钴料的实地考察问题；

⑦ 色目人（以波斯人为主）介入元青花生产的事实问题；

⑧ 元青花文化融合儒、释、道多元因素问题；

⑨ 元青花的机检与认定实践中遇到的问题;

⑩ 元青花的艺术审美级别的区分问题。

俗话说"以事实说话,以证据说话",以上十大问题,有的是老题新论(如钴料、人物故事等),而大多数是建立在本人30多年收藏实践经验上的新收获,有的简直是"石破天惊",完全突破了常人所能了解的框架,如新的窑址、新的话题(如回回青与波斯钴料)、新的视角(如元青花的分级品鉴)、新的突破(如元代中期大量出现人物故事图)等。本人要做的事情,就是力所能及地将收集到的资料和证据摆出来,让事实说话,让真相说话。我相信稍有收藏体会的朋友看了本书以后,一定会掩卷沉思,而诚实的科研工作者一定会进一步深挖、深究,使各民族共同创造的伟大文化成果亮相于世界文化舞台。

本书将附上民间收藏的元青花器物图多幅,原件都经过严格的机检(目前被文物系统所认可的微量元素"锌、锆、钡合理标准"),并附上本人曾经发表过的伊朗、土耳其馆藏元青花调研报告和伊朗馆藏元青花的中微观图录。我相信,此书一经出版,将进一步引发元青花问题的研究热,也会引发极大的讨论。然而,科学就是在不断的讨论中前进,在不断的证伪中发现的。本人的研究和叙述,证伪了一部分以往的理论和定见,我也企盼不断有人来证伪本书的研究。对以上问题,本人将在今后的岁月中不遗余力地寻访新的证据,不断地完善证据链,如官方已在元中都所在地发现了元青花窑址,但本人并未到场取证,而福建闽溪两岸的元青花窑址也待亲自去跋山涉水实地考察。从科学研究的角度看,目前的机器检测还有人为设置的误区,也需要重新考量,迫切需要有志之士对馆藏老器与景德镇真正新仿的元青花作出对比性的系列检测,并从中找到规律。

山高,路远,然而,在科学的入口处,就像在地狱的入口处,来不得半点犹豫和彷徨。

是为序。

许 明

2024年12月15日于上海社会科学院

目 录

第一章

艰难的求索

古代伊朗的细密画，醒目的是画中有中国青花瓷器

第一节　走向田野的体验

1. 大量历史材料被遮蔽，不断被揭示

尽管我收藏元青花已有30多年的历史，但要想从研究的角度去深入开掘它深层次的内涵，感觉还是很棘手。因为元青花关涉大蒙古国的历史，关涉北方丝绸之路那幽远神奇的过去。真不敢相信，那个在漫天黄沙和茫茫草原中奔驰杀戮、扩展疆土的马背上的民族，竟然与这些高雅而大气的历史器物有关！

我当然不能仅仅面对元青花器物说话。近30年来，民间收藏者对元青花的探讨已有所拓展，官方、非官方出版的书籍也有数十种了，但大都是仅仅面对器物说话的"随想录"，与研究性的要求差距还很大。元青花研究要回答大蒙古国的出现和大元国建立的大历史背景，要回答大蒙古国与大元国基本的社会、经济、文化政策和文化实践，要回答元代审美风尚与宗教的关系，要回答中原汉地与西亚波斯高原文化碰撞所产生的新景观，要回答元代青花瓷器上种种图案故事的来龙去脉，要回答元青花制造技术上的方方面面，甚至要回答目前民间元青花收藏的面貌和真相……如此多的话题需要展开，我问自己：准备好了吗？

我为此做的准备是两个方面。第一方面，是我近30年的田野调查；第二方面，是我浏览的相关资料。先说第一方面，这是我的优势和底气。我是一位专业的美学学者，但从20世纪90年代初开始，就跨入了收藏领域。30年浸润其间，风餐露宿，跨出书斋，远至西亚各国，近至各地地摊——我展开了独特而又务实的学术田野考察。不知不觉中，我成了一名元青花收藏家，在别人眼里，是一位元青花收藏大家。一些行业人士不会相信我这样的书斋学人会越过他们而成为一个"人物"。相信读完这本书后，读者会相信我所说的一切都是事实，我揭露的秘密和真相是可以在历史上留下印记的。

我做纯粹学术的时候，从来没有这样的底气落笔。所谓的纯粹学术，就是书斋里的学术。书斋学术是从各种印成文字的资料中讨生涯、成功名，这是传统，没

元代青花龙纹大罐，使用苏莱麻尼钴料，发色幽蓝，晕散自然。海水纹、缠枝莲纹、云龙纹、仰莲瓣纹依次排布，气势非凡。（选自许明主编：《苏莱麻尼·元青花》，美中时报出版社，2024年8月第1版）

什么可以非议的。但我所从事的美学研究，除涉猎纯粹哲学式的美学理论外，还涉及大量历代的器物。历代器物怎么不是学术研究、美学研究的对象呢？而历代器物又不被历代文人墨客重视。一些人鄙视工匠们的创造，鄙视非文人创制的一切美的造型。我们知道，如果不是徐悲鸿的慧眼识珠，将流落在北京庙宇里写字卖画的齐白石请去美术学院当教授，就不会有今天万人争抢一幅齐白石作品的盛况了。齐白石的伟大在于“民间”两字，他的书画是传统文人画的异类。齐白石登堂入室，能否视为徐悲鸿为中国美术先知式地开创了一个新方向呢？

还有一些典型的例子是，唐代以降的大量精美绝伦的水陆画不被中国美术史重视，而在20世纪上半叶被日本人大量低价收入。即使历代文人不重视庙宇里做法事时使用的水陆画，这些精美的甚至令人惊艳的美术品在中国民间仍然顽强地留存了些许。真相一旦揭露，这些中国美术界曾经不屑一顾的不留作者名字的伟大艺术作品，终将成为中国艺术史上的璀璨明珠而光耀世界！

说到元代器物，我们现在已知的除元青花外，还有青花釉里红、青花五彩、蓝釉、红釉、釉里红器、珐华彩等，令人惊艳，简直闻所未闻，但至今仍然未被业界普遍认可。

我从30年的收藏实践中了解到，这些美瓷确实是那金戈铁马时代伟大的物质成果！而历史上，比如明代的文人怎么说的？他们说，元代五色花瓷“俗”！

一个“俗”字，湮没了历史上多少辉煌。明代以降，元代辉煌的瓷业生产仿佛一下子消失了，到民国时期，古玩商连元青花也不认识了。如今陈列在英国大英博物馆二楼、为全世界中国瓷器爱好者熟知的那对著名元青花象耳瓶，在20世纪20年代，因北京的古玩商不识其价值，最终被英国人以极低价格购得。

历史，不断地被遮蔽，又不断地被揭秘。

艺术史，不也是同样的吗？

美学家挽起裤腿，走向民间，走向社会，寻求社会考古，揭示被掩盖的辉煌。

下面是我认知元青花的心路历程。

从科学研究的角度，认知元青花与认知其他研究对象没有什么不同。元青花是一个物理存在，一种化学结构，与一只小狗、小猫的存在是相同的。你要了解一件器物，就要亲自上手触摸、把抚、观察、解剖、推理，最终得出结论，如此而已。我在科研单位工作了大半辈子，思维习惯就是这样。从纯粹认知的角度看问题，我对元青花的认知过程，就是这个思维过程。

20世纪90年代初期，我在中国社会科学院工作。我系统接受了6年美学专业的硕士、博士研究生培养，自以为是一个训练有素的美学家了。但实际上，我一直沉浸在思辨美学的圈子里，思考和讨论“美是什么”“美的客观性和主观性”“美学的哲学基础”等。整个美学界，当时就是那种氛围，仿佛美学就是一种形而上学，美学就是思辨之学。比如，当前讲中西方美学史，就是描述历代思想者关于“美”的言论史。20世纪整个80年代至90年代初，我们专业学习接触到的印成中文的美学史著作，几乎都是理论美学史，也许丹纳的《艺术哲学》讲的是具体的艺术现象。而当时李泽厚的《美的历程》，还只是一本12万字的小册子，虽然灵光凸现，但毕竟不是在接触大量材料的基础上提炼而成，用他的话说，是“六经注我”式的写作。

我当然非常不满意这种现状。这种现状对一个美学研究者来讲，生命的呈现方式是枯萎的，与生活的关系是迟钝的，人的情感触觉是麻木的。我们受中文系、中国文学研究训练的，除了看电影和谈小说、散文、诗歌，与历史上呈现的物质生产的工艺成果竟然毫无关系。进馆看瓷器，不知钧、汝、官、定、哥；看书画，不知清四王、明四家，更遑论宋元风格、魏晋风度了。这种学术缺陷是致命的，犹如一个经济学家从来没有真正了解过一个工厂企业，一个军事家从来没有指挥打过一次仗那样。缺乏感性的体验是无法有效地形成理论思维的。

我曾与同伴反复讨论过这种学科现状，并且非常不满这种现状。我决心发起和写作总结中国人审美实践的、叙述大中华审美经验的美学史，并将其定名为“华夏审美风尚史”。一经给自己提出这个任务，马上发现前面困难重重。主要是我本人和我们这一代学人根本不熟悉真正的从器物、风俗、艺术品等可触摸、可见的实物体验出来的中国人的审美经验。

想要回到实践中去，只有卷起裤腿走向田野。

于是，就有了近30年的收藏实践。1995年，国家社科基金“九五”重点课题立项。5年后，11卷本的《华夏审美风尚史》在11位作者的共同努力下完成，并成功获得国家图书奖。而我的审美实践一发而不可收拾，从对历代器物的不了解到深度研究，元青花收藏研究就是一例。

古玩市场地摊掠影

2. 元青花收藏的三个故事

在 20 世纪 90 年代初的中国收藏界,特别在北京,元青花的神秘和显贵已经成为无与伦比的存在。

我这个人是比较独立自信的,越是未知的东西,越想彻底弄明白,而且还想不加掩饰地表达出来。

经过 30 年的收藏研究后,现在的我,已经能比较老练地评判一件历史器物,特别是瓷器了。但这种评判确是由实实在在的经验积累起来的。

元青花的神秘感和极高的市场价值深深地吸引着我。有一段时间,我整天捧着耿宝昌的瓷器鉴定书和能找到的一点点关于元青花的资料反复阅读(什么缠枝莲纹、仰莲瓣纹、火石红、亮青釉,玉壶春瓶、梅瓶等各种器型,以及青花釉里红、青花国产料、进口料,云云)。总之,过去完全不懂的术语一股脑儿地涌进头脑。

我下意识地认为自己想做的事一定能做成,设定的目标一定能达成,而且要达到我内心顶级的目标。就像我在 1978 年选择考研究生,要考就考最高学府——中国社科院,而且真考上了。现在我设定的目标是收集元青花。要知道,1990 年左右,那是一个何等高大上的目标——它太神性了,太令人向往了,也太珍稀了,但我相信,一定能收集到顶级的元青花!

从 1990 年到 2001 年,我在北京近乎发狂地寻找元青花。凡是与古代器物有关的地方,我都去,特别是潘家园早市。我住在北京西北角圆明园边上的稻香园小区,就在海淀镇边上,而潘家园在北京市东南角,从住址到潘家园市场要穿过整个北京市。20 世纪 90 年代的最初几年,我几乎是每周日必去潘家园。天蒙蒙亮就到楼下乘公共汽车,车程大约一个半小时,8 点多钟就可以到达潘家园市场。

当时的潘家园旧货市场是一个空旷的泥土场子,也没有人管理,四周的农民一早就挑着、推着、拉着大大小小的纸箱进来摆摊,也有少量市民把家里不要的旧货摆出来卖。

我淘地摊的生涯自此开始了。

其间,我没有找到元青花,但淘到一些明代中期的小碗、小香炉等。清二代官窑也几乎看不见,清代中期以后的民窑瓷器能找到一些。真正见到元青花器的时候，是遇到我亦师亦友的中央美院的陈开民教授。

开民教授是国画家，师从李可染。我在潘家园“浪费钱”时，经常在地摊上与他相遇，一见如故。我是搞美学的，他是教国画的，又有共同的爱好，所以很谈得来。遇见他的时候，他已有20多年的收藏史了，又长我七八岁，而我是新手，当然，心底里是以他为师的。

记得有一次与开民教授见面，他拿出一个元青花小杯，极为隆重地介绍给我，让我欣赏，告诉我，这是在潘家园地摊上“淘”到的元青花。开民教授很得意，因为那时基本没有人认识元青花。现在回忆起来，这是个发灰蓝色的景德镇地区的国产料民窑元青花器。那也不得了啊！元青花，太稀罕了！

我与开民兄密切接触的时候，已搬到复兴门外大街，他住在广渠门，距离不太远，骑自行车半小时可到。于是，我便成为他家常客。那只淘来的元青花小杯，他经常拿出来欣赏、把玩。以今天的眼光看，实在上不了档次，但在当时，我们都将它视若珍宝。一个元青花玉壶春瓶残了，用黄金镶接，在拍卖公司拍出18万元呢。

这个传奇故事在收藏界流传甚久，成为激励爱好者追寻元青花的宝贵动力！

那时寻找元青花的标准，除缠枝莲纹、火石红、铁锈斑、枢府釉、亮青釉等术语所堆积起来的特征描写外，我们这些人，不，几乎所有人都对元青花的感性认知贫乏得可怜。当时土耳其伊斯坦布尔托普卡比宫博物馆是开放的，也在展出元青花，但中国人几乎没有人关注过土耳其的元青花收藏，而伊朗的元青花馆藏是秘不对外的——不是他们珍惜这些中国瓷器，而是他们根本不知道它们的重要性。当时大多数中国人的元青花知识，来源就是几本中国文博专家写的陶瓷史。

这几年间，在元青花收藏上值得一提的有三件事。

第一件事是初学当年，心想认识元青花还不简单，我就按图索骥，在海淀镇的地摊上用几百元买了一个青花釉里红玉壶春瓶。用《中国古陶瓷鉴定》一书上关于元青花的特征去对照，没有一个特征是不对的，我断定这是个真正的元青花玉壶春瓶，自信满满，拿着它找刚刚起步的嘉得拍卖，王燕南接待的我。她双手捧着那个玉壶春瓶来回转动，对我说：“看在你是社科院的人份儿上，说几句话，这是80年代的仿品，仿家也是照书做的！”

当然是羞愧难当，几天激动得睡不着觉的我像泄气的皮球。但这个故事不仅没有让我丧失信心，反而激励我更为执着地达成目标。

1990 年夏天，在北京地摊购买的
“元青花釉里红玉壶春瓶”（仿品）

第二件事是在古玩市场发生的。20 世纪 90 年代中期，北京古玩市场还没今天这么兴旺发达。在什刹海边上，有个小小的古玩一条街，街上有个东北人经营的小铺子，店不大，但货很“土”，现在看来也都是对的东西。有一天那个小兄弟告诉我，有一件真正的元青花玉壶春瓶要出售，是辽宁那边带来的。我急不可待地看到了那个玉壶春瓶，青花花卉纹，豆青釉，釉面发出亚光，很老旧。那是 1995 年，要价 5 万元人民币，少一分钱也不卖。我心想，一个破元青花玉壶春瓶拍卖价达到 18 万，这个完整的，还不要达到 80 万元？当时我家的全部储蓄也就 5 万元，也不知道怎么说服了夫人，把全部家当换成现金，放在背包里，想去买那个寄托了我收藏梦想的元青花玉壶春瓶。但毕竟在当时是一个大数目，这场豪赌还是小心为好。于是我背着现金，让那两位带着元青花玉壶春瓶，来到故宫北门，到陶瓷组找知名专家鉴定。

当时去故宫找专家没那么难，很容易就进去了。我请专家上手看这个元青花玉壶春瓶，大约花了 5 分钟时间吧，专家说，真品元青花玉壶春瓶的脖子没那么长的，这个拉得有点过了，是现仿品——当然，这笔买卖就此中断。至今我还记得那个东北小兄弟冷笑一声，扬长而去的神情。几年后，开店的小兄弟告诉我，你不要的那个瓶子卖了 50 万元，东北一个大老板收了。当然，这是后话。我至今感谢那位故宫的专家，无意中阻挡了我的盲目冲动和购买欲，让我避免了过早地陷入财务困境。

第三件事是 2001 年我从土耳其考察回来之后发生的。2001 年夏，我到广州华南师范大学开会，会余，照例是要去逛古玩市场的。那时广州的古玩市场在西关。走过一家又一家索然无味的古玩店，突然在一家小店里发现一对元青花龙纹梅瓶，闪亮的海军蓝色，有成串的铁锈斑，胎体厚重，罩亮青釉。我有刚刚从土耳其考察回来获得的经验，心里一边打着鼓，一边琢磨它们是真是假。是仿品吗？器形这么漂亮，发色这么艳丽，有可能是真的吗？在市场上从未见过这样的东西，刚从土耳其考察回来就被我碰到了，莫非是一种幸运？一问价钱，3万元，一分不少。我当时身上哪有3万元钱啊！但看到一对元青花梅瓶，心里的狂喜实在掩盖不住。在迟疑又欣喜若狂的状态中，我向亲友借足了3万元钱，拿下了这一对梅瓶。

回到北京，我第一件事情就是去请教孙学海先生。那时孙先生在北京潘家园坐堂鉴定，象征性地收一点费。老人家热情、真诚，我是学界中人，见到这样的老先生，有一种天然的亲切感。2001年，孙老已经70多岁了，我述说了在广州买元青花的故事，他爽快答应下班上家去看看。从潘家园打的到我住的复兴门外大街，半个小时，孙老如约而至。他双手捧瓶，仔细端详，明确断论："元青花，但现在不会被承认！"我是带着刚刚从土耳其访问回来时的第一感观判断这对元青花龙纹梅瓶是真的，特别是钴料的晕散与托普卡比宫博物馆的一模一样。但是，这样蓝色的、晕散的进口苏料，当时有几人认识呢？国内一些专业人士认识的元青花，只是河北保定出土的灰色钴料装饰的元青花，谁也没有见过湛蓝湛蓝的、发色如此亮丽的元青花！孙老认识，并有先见之明地指出当时外面不会承认。

孙学海，原国家文物鉴定委员会委员、北京市文物局的大专家。20多年过去了，他的话被实践证明是正确的，反而，那些喊假、打假的人却在实践中完全碰了壁，成为历史上匆匆的过客和笑谈。

3. 祖孙三代的文物收藏

我在元青花收藏、研究上真正有大的进步和收获，是进入21世纪的头10年。2002年，我从中国社会科学院调入上海社会科学院工作。离开北京前，我随北京市文物局组织的土耳其元青花考察组去了一趟伊斯坦布尔，但当时自己还没有什么元青花收藏品，所以，见到了前所未见的元青花器，震动之余，刻骨铭心的感受还不深,正所谓"要知道梨子的滋味,就要亲口尝一尝"。明摆着,自己不收藏东西,没有刻骨铭心的体验,对一件事物的认识是不会深刻的。

回想到上海后的头一个10年,我的收藏进入了黄金时期。这主要是适逢其时。2002年开始,突然地,古玩市场发生了变化: 各种各样的东西多了起来,多到你根本不敢相信这是真的!

我讲个农民收藏家的故事。

一个20多岁、来自闽北山区的张姓小伙子,一天在上海的古玩市场上摆着几个瓷器卖。我一看,这不是元青花玉壶春瓶吗? 我的心又怦怦地跳了起来。而他的暂住之处,还有永宣青花碗、小盘,洪武釉里红小杯。我的天哪! 这不是在北京近10年时间里,我追而不得的宝物吗? 我看到了一些真正令人陶醉的元明瓷器,简直不敢相信这是真的。

但真的故事就是这样发生的。

这是一个农民家庭三代收藏的传奇故事。

小张的爷爷原是福建海边小镇上的一个教书匠,土改时,爷爷的父亲(小张的曾祖父)划成分时是地主。出于对政治运动和阶级斗争天然的敏感,爷爷在20世纪50年代初就背井离乡,来到闽北山区落户。一无所有的爷爷隐瞒了家庭成分和身份,靠着给小学生上课,在陌生的土地上扎下了根。到20世纪60年代中期,小张的爸爸已是一个健壮的农村小伙儿。你猜,有文化的爷爷对小张的爸爸是怎么说的? 爷爷要他爸爸砸锅卖铁也要将农村出现的古物收集起来,说将来终有一天会有用,会给子孙带来财富。小张的爸爸听从了爷爷的嘱咐,在农村劳动之余,拉着小板车去收集人家不要的东西,那是堆积在仓库和平整土地中不经意出土的各种古瓷器。农民嫌它们脏,谁也不要。农村实行土地承包制后,他爸又用物物交换的方式,走街串巷换了一批别人认为"没有用的东西"。

2002年我认识这个小伙子时,他的父亲已50多岁了,已经收集30多年古陶瓷了。为了确证我见到的瓷器不是景德镇的仿品,我特意到福建北部山区拜访了他父亲,去他家看了。

一切如他所述,在家徒四壁的屋中,堆放了各种各样的古代瓷器。造假没有必要,也根本不可能从景德镇贩卖过来骗人。我很幸运地在收藏界许多人还懵懵懂懂地认为元青花、永宣青花、成化器等完全不可能在民间存有的时候，我在2002年年底，已经大量地接触实物，先人一步地认知了这些宝物。我是站在他家祖孙三代人半个世纪收藏成果上开始成体系地收藏的。我开始有了一些不错的元青花。

客观地讲，当时我的认知水平还停留在“确真”的层次上，而这个确真，首先建立在来源真实可靠的基础上，还不是对一件件器物辨析的可靠性基础上。我很幸运地在一堆真品中训练了自己的眼光。

人的认知水平，是在实践中一步步提高的。我从单一地确真，到目前用艺术的、审美的眼光来看待自己的收藏品和“苛求”藏品，确实是有一个过程的。这个过程是实践过程。

21世纪第一个10年，由于2002年新版文物保护法的颁布和民间收藏政策的放宽，收藏品市场顿时活跃起来。在此期间，我两次带团到伊朗国家博物馆考察馆藏元青花，还将伊朗馆藏元青花借了3件到开封博物馆展出。我们在上海、杭州举办了多次元青花国际研讨会，甚至请到了蒙古国国家博物馆馆长、伊朗国家博物馆的高级研究员，还在上海南汇博物馆举办了多次元青花展，甚至将藏品送进了上海世博会……总之，我尽了最大的努力来研讨宣传中国的元青花、发现和推介民间收藏的元青花。现在回过头来看，21世纪头10年中我们的极力推动是有效果的。中国收藏界从不敢相信民间有元青花到较大规模、较大范围地收藏和保护元青花，我们是起了极大的推动作用的。

在这期间，我意外地被有些人套上了“国宝帮”的帽子——原因很简单，我竟然说民间的元青花有15000件（现在看来远不止）之多。而传统的行业人士认为，元青花在全世界只有300件，民间绝对不可能有元青花！一件元青花鬼谷子下山罐在伦敦的拍卖会上拍出了折合2.3亿人民币的高价！你怎么会有？你怎么配有！

4. 中国人登月成功了，还是不认识元青花？

中国的文物行业，正处在两难境地，也许正在痛失历史时机。此话怎讲？

作为一个接受过科学训练的科研人员，我的人生信条是探究未知之谜，从而发现真理。这是我的哲学,也是生活的信条。当我怀着发现的心理去寻找元青花并找到元青花的时候,我立即碰到两个问题:第一,是元青花吗?第二,存世量有多少?这两个问题的解答,都是科学研究的问题,而不是别的什么!我也是带着这样的态度来看待元青花收藏和研究的。请问:难道还有别的态度吗?难道你要让一个社科院的研究员违背良心说假话吗?

元青花,作为一个手工艺陶瓷品,就是一个物体,判断真假是简单研究问题,而不是极度复杂的研究工作。古陶瓷的"老"不好认识吗?很简单的!现在有些小生意人和一些所谓行家,昧了良心,将对古陶瓷、古器物的认知描绘成一个天大的事情,甚至荒唐到宣称只有他们几个人认识古陶瓷!我是社科界的科学家,不受文物系统管辖,与古玩行、文物商店也没什么关系,所以说真话没有什么顾虑,没什么精神负担。殊不知,我的真话得罪了一些相关利益者。否则,他们怎么有兴趣在上海的《东方早报》上点我的名?在《南方周末》上用一大版来嘲讽我?我扪心自问:我做错了什么吗?他们造谣我有一个造假厂。南通一位收藏家风趣地说,以后你就说,造假基地在南通!他们造谣说,我将元青花贩卖到韩国去,被人家打假,退了回来。我是在韩国买了一批元青花带回来,不过这批元青花不是我弄出去的,而是国内专家不认,被古文物贩子堂而皇之地贩到韩国去的。我的全部"错误"就是,我说元青花有15000多件,与他们说的"全世界只有300件"形成了鲜明的对比!上帝动了人家的奶酪也要被推倒,何况人呢?

作为科学院的研究人员,我无论如何没有料到,一些体制内的研究人员与我们有如此不同的看问题的角度和方法。为什么不能认识元青花?为什么不能承认元青花的大量存在?难道职业利益能影响对一件件事物认识的客观性吗?我不无讽刺地说过,整整10年,进藏铁路修好了,中国人登月成功了,航母也造出来了,四代飞机、五代飞机也生产了——但是,元青花在中国还是不被认识!

认识元青花很难吗?不难!

早期,我认识元青花的方法是这样的:元青花是古陶瓷,大量是出土的,所以,从古陶瓷的特征着手进行基本判定。从古陶瓷的出土特征着手,一是看土沁,这是常识。土沁最好用60倍放大镜看,特别是完整气泡与破泡都可能出现土沁的现象。

先用放大镜看土沁,特别是看气泡的沁,这是任何人都可以做到的硬指标、硬任务。根据上海硅酸盐研究所的研究，古陶瓷破气泡的土沁由于长年累积，在百倍放大镜下可以看到气泡壁上有层次的土沁，由深到浅，由厚到薄，这是古陶瓷由于长期与土接触形成的微观特征。如是做旧，则不会出现气泡层上的土沁层次感。如未破的气泡有长年累月渗透进去的土黄色，则更可以证明一件陶瓷的老旧了。当然，认识一件老的出土瓷器要从多方面审视，这是收藏家的基本功。经过多年的积累和训练，这并不是一件十分困难的事。

元青花气泡，可以看到受沁的土黄色气泡

上海博物馆藏元青花发色

元青花的外在特征是非常有时代性的。

首先，它的纹饰上接宋代，下传明清（明早期尚有遗风），与宋代有明显的区别。如，器物满工，使用缠枝莲纹饰，人物故事使用宋元话本中的故事情节；使用的钴料，高档次的用产生于伊朗的高铁低锰的“苏莱麻尼”，发色蔚蓝，有强烈晕散，有的有铁锈斑。当然，也有使用灰色国产青料的元青花，而纹饰具有相同的时代风格。

其次，元青花的器型有的非常大。大量的元青花是用来盛酒的梅瓶和双耳罐等，大盘一般用来装用食物，有的盘子直径达到 70 厘米，甚至出现了直径 2 米多的元青花大盘，体现了草原民族的使用习惯和需要。

从时代风格的演进来说，元青花粗犷、复杂的美学风格，与宋代陶瓷素雅宁静的士大夫书卷气和文人气，是完全不同的，与明代趋于秀雅的工艺特征，也有明显的区别,所以在众多的陶瓷器中,元青花是很容易被识别的。

既然如此,元青花为什么在社会上、在古玩行、在文博界,如此地难以被承认呢?从1985年到现在,中国各大拍卖行已经拍出了将近600件元青花,单这个数字就已经超过“全世界只有300件”论了!

5. 我一个社会科学工作者摸着良心说……

元青花的学习、实践和收藏经历告诉我:对一件器物的认知是有方法论的。当然,对任何事物的认知都有方法论,有的是自觉的,有的是不自觉地在使用某种方法。先说收藏圈和行业内普遍存在的认识方法——大多数情况下的结果是出现了认知局限。下面就总结一下我所遇到的这个行业的日常认知方法。

(1)一点否定论。不知从何时起,在行业内,往往都是使用“一点否定论”来判断书画、瓷器等古代器物。在书画鉴定方面,“这一笔不对”“叶子不应当这样画的”“这里色彩太浓”等。瓷器方面,“这个款这笔太长”“釉面有点蒙了”“战将手臂与身体夹角小了”,如此等等,仅凭某一点,就将一件藏品全部否定,打成“假货”或“低仿”。可以看出,作出这样判断的人,是以自己见到的、熟悉的馆藏真品作为标准,而且是唯一标准。我们都熟悉“瞎子摸象”的传说,瞎子摸到了象耳朵,就说象是和芭蕉叶一样的;摸到象脚,就说象是和柱子一样的。凡不符合他们自己印象的东西,都予以否定。这应当是人类最原始的思维状态的现象。万年之前,人类的逻辑思维不发达,不会归纳、推理,只能是直观地对照,人类将自己局限在局部的、感性直觉的框子里,对所触摸到的事物作直接判断,而且是全称判断。这种错误的思想方法枉杀了多少无辜,自不待言。我好奇的是,一些受过大学教育,也受过多年训练的人,为什么还秉持这种原始状态的思维方式呢?这个话题留待后面来研究。

(2)以偏概全论。有几个古陶瓷鉴定检测机构,使用实物和数据对比方法来判断一件古陶瓷的真伪,如使用景德镇陶瓷研究所考古出土的古陶瓷片作为标本,将其数据输入电脑,以作检测某一件器物的对比之用。明眼人一看就知道,古陶瓷窑口众多,而检测机构并没有收集所有窑口的出土材料。以元青花为例,江西地区就有景德镇窑、南城窑、南丰窑,鄱阳湖周边窑口;福建有建阳窑;安徽有繁昌窑;山西、内蒙古都有窑口,甚至北到赤峰也有元青花窑口。窑口不同,使用的胎土有异,这是确证无疑的。景德镇只是众多元青花窑口的一种,怎么能用“一种”去评判鉴定“多种”呢?我亲眼见到一位持本地窑口元青花器的人从国家办的机检中心出来,沮丧地说“被枪毙了”。这种方法的片面性显而易见,又怎么会在科研单位、科研中心畅通无阻?令人匪夷所思!

(3)只承认“标准器”论。在眼学鉴定中,不少藏友非常疑惑:为什么自己知道是开门的东西,到了专家手里都不对呢?有的经营公司为了一己之私利,构成利益集团,拒斥民间收藏珍品,则另当别论。而在公开鉴定场合,有的专家确实认为某件开门的东西是假的。为什么?多年之后我才明白,只有在各个方面都与某个标准一模一样的,他们才认为是对的,稍有差异,就会被判“死刑”,冤杀了多少无辜,只有天知道了。

(4)“全世界只有几件论”。这个行业内最著名的流行话语就是“全世界元青花只有300件”“全世界汝窑只有67件半”“全世界成化鸡缸杯只有4件”“全世界成化斗彩秋叶杯只有一件”“全世界宣德五彩就只有一件,在西藏”“全世界清宫珐琅彩器只有400多件”……请注意,这里用的是“全称判断”,指称的是全世界的蕴藏。一些人受到这种教科书式的训练,对其他存量藏品一概不认就情有可原了。但事实是如此吗?

(5)“模块固定论”。在收藏、鉴定实践中,一些鉴定人员和所谓的行家,他们对某一收藏品有固定的“模式偏见”,而且,观察的角度是有定规的。比如,判定一只元青花罐,他脑子里只有20世纪60年代河北保定出土的样本和景德镇周边高安出土的样本,它们的发色,用景德镇本地专家刘新园的话讲,都是“灰里吧唧的”,已成中国鉴定界和行业内的定见和标准。再有,根据这些出土馆藏器的发色,相当长一段时间内,纯蓝色的标准的苏料元青花被认为是“景德镇臆造品”。当然,这是鉴定上的根本错误,是失真、失实,是鉴定者的失败。但在这种特殊的社会条件下,一些作出错误鉴定的人员不仅没有负罪感,反而还津津乐道,令人惊诧之至。

(6)数字决定论。还有一种鉴定歪理,即不知是哪位“老法师”钦定了某类瓷器的数量,而且认定这些瓷器都在博物馆,所以,民间就不会有,民间的东西都是假的。这种理论实在排不上档次。这算什么思维呢?谁有本事在全球范围对某一种古代器物的存世量作出准确的统计?既然不可能,为什么还有人煞有介事地相信这种统计?而且还不厌其烦地到处宣扬?

以上种种认知和思维方法的混乱,对我这样一个受过系统思维训练,而且在一段时间内专注于思维与方法论研究的学人收藏家来说,简直是不可忍受的现状,与之相遇几乎是一种耻辱。用通俗的话来讲,是“秀才遇到兵,有理说不清”。

这种混乱的、浅层次的、低级的、没有逻辑的思维状况,不仅决定了所谓鉴定的水平,也决定了收藏的水平。中国收藏界之乱,乱在参与人的思维素质参差不齐,认知能力欠缺,而且还不知道自己的毛病所在。

我在元青花研究与收藏上小有成就,回顾起来,是得益于我力求科学的思维方式。

简言之,以下几条思维原则使我受益终身。

第一,全局性。我早年对英国哲学家培根提出的人类思维的“洞穴幻想”印象深刻。“洞穴幻想”的思想与中国俗语所说“坐井观天”意义相近,意指人类在观察自然、观察世界时常常会犯“洞穴幻想”的毛病,把自己有限的认识夸大为全部世界,而且以此来“全部”排斥自己认知视野外的东西。我在收藏研究实践中,对元青花和其他古器物的认知探索,始终抱着“我不知道边界”的想法,所以,从一开始就完全不听什么“世界只有多少件”的胡说,而且,也不相信“这一笔不对”“这种发色不到位”“这个器型稍圆了点”之类的说法。大千世界,能工巧匠,在岁月的烟火中营造一件件日用商品,不仅窑口众多,而且生产者众多,怎么会是一个模子、一个筐子的概念?

第二,真知出于实践。你的视界越广,你的判断能力就越强。从 20 世纪 90 年代初期起,我就是北京潘家园地摊的常客。凡有时间,从哈尔滨的古玩城到沈阳的地摊,从上海城隍庙到广州西关,我了解、学习、交流,适当购买,交了一大帮摆地摊的农民朋友，了解他们的过去和现状。我结交的朋友，几乎没有一人是从景德镇贩新器的，特别是我前面提到的福建山区的农民朋友，他家几乎就是一个现成的古陶瓷博物馆。永宣青花器的精品，我就是从他家里认识和购得的。在这种实践中我获得了“旧”的感性认知，并能比较大胆地对出现在我眼前的各种旧器加以归类和判断。我时时与陈旧的认知发生冲突，完全不理睬所谓的行规，这完全得益于我没有条条框框的束缚，也没有所谓的师承。我的老师就是地摊朋友，就是我已成为习惯的观察问题的方法。

20 世纪 90 年代，我从福建邵武买回来的一件永乐器，拿到北京古玩城请开店的看。几个开店的店主都说是仿品，是新窑烧的。他们脑子里只有馆藏永乐器的概念，完全不相信外界有存在。也是 20 世纪 90 年代，我从苏北兴化的两个小兄弟手里买回了一件永乐青花带托的执壶、一件元青花蒙恬将军玉壶春瓶，带回北京，让一位资深老朋友看，被否定，我当时定力不够，这两件宝贝被我退回了。但我的第一感觉是对的，现在回想起来，这两件宝贵的青花器很“开门”，真珍品无疑！2001 年，山东济南召开首届民间元青花研讨会，我当时已经有 20 多件元青花器了，我的发言提到，民间有元青花，而且不少，会后遭到了恶毒的攻击和谩骂。时间是最好的裁判，现在怎么样了呢？这些所谓的反对者、咒骂者，大概也成为“国宝帮”了。元青花存世数量惊人，只不过需要我们挑选和区别罢了。

第二节　走向西亚馆藏的收获

1. 第一次触摸土耳其馆藏品时惊讶万分

一个中国收藏家，久闻土耳其元青花馆藏大名，却无缘去接触和了解它们，这是何等的遗憾，何等的不甘！一个机会来了，北京市文物局组织了一个专家队伍前往土耳其托普卡比宫考察它收藏的中国元青花，我有幸成为其中一员跟随前往。

这是2001年。此次考察距今已经24年。

考察团成员有国家文物局原副局长闫振堂、故宫博物院研究员李辉柄、上海博物馆原副馆长汪庆正、景德镇陶瓷考古研究所原所长刘新园、北京著名收藏家费伯良。

20多年前,大家对土耳其馆藏元青花都是“只闻其声,不见其身”,所以能够亲自到土耳其托普卡比宫考察馆藏元青花,参观团成员的欣喜、企盼之情溢于言表。

此次文化交流活动有两大任务。第一,是让中国专家亲自接触到秘藏在土耳其宫殿中的元代青花瓷器。应当说,这一任务完成得相当漂亮。托普卡比宫中的元青花有40多件,除了伊朗,这是全世界最富有的收藏。第二,考察成果将由北京文物局编为考察记出版,给我们这个时代留下记录。

让我们先看看费伯良、汪庆正两位老先生是怎么说的。

费伯良是京城里的老藏家、大玩家,20多年前他对元青花观察和研究——“中国瓷器自9世纪、10世纪起就出口到中东和北非一些国家和地区,得到当地权贵和老百姓普遍的喜爱并广为使用。在奥斯曼帝国时期,由于土耳其语中形容中国瓷器的词字极为有限,于是‘法哥弗’(Fagfur,意指‘中国皇帝’)及‘法哥弗瑞’(Fagfuri,意指‘中国瓷器’)的词字由是而生,并在当地广为人知与应用和流传至周围地区;另有一词叫‘秦尼’(Cini),意为‘中国’或‘中国的’,因早在15世纪、16世纪之际,波斯的沙·阿巴斯即大阿迪拜尔(Shah Abbas, The Great Ardebil)所建的‘沙易可·萨非’(Shaikh Safi)清真寺就专门辟有‘中国瓷器室’(Cini-hane),即现在著名于世的伊朗阿迪拜尔(Ardebil Shrine)神庙。‘马塔班尼’(Matabani)一词是专指中国龙泉瓷。此词的来源可能始自唐代至明代之间,因为那个时期中国瓷器和一些越南瓷器是经由缅甸的马达班港(Martaban Port)经印度、非洲到达近东地区的。这个词在土耳其、近东地区乃至欧洲仍通用至今。这里所以要赘述这些词字的原因是:在托普卡比宫内的档案馆里还藏有奥斯曼帝国的‘皇家珍宝’档案,该档案始记于麦哈莫德二世当政的晚期——1476年,但可惜这份档案中除记有金币等之外没有任何有关中国瓷器的记录,这可能因为中国瓷器在当时还没有大量进入奥斯曼帝国苏丹们的豪华生活之中,或者因为宫中所藏中国瓷器的数量不多而补充又极为困难,还不能将它们送入国库永久保存。尽管这些都是笔者的估计,可直到1496年的档案中才发现了中国瓷器的记载,而这恐怕是奥斯曼帝国皇家珍宝档案中最早、最明白无误的关于中国瓷器(Fagfuri或Cini)的记载了,尽管它是那么的不完整、不详尽。”

我不知道费先生从哪里搞来的资料,他是不通土耳其语的,真是难得。

关于元青花,他除介绍、描述器型和品种外,还提出:展出的青花瓷器当以元代青花瓷器最令人瞩目,其中体积最大、国内尚无发现的青花八方形葫芦瓶最为抢眼,瓶高60.5厘米,纹饰八层,几乎充满了瓶身外部的所有空间。

根据土耳其文献记载,钴料作为瓷器釉下蓝彩的使用始于12世纪末的波斯,后经商人将钴料带来中国并将这项釉下彩绘技术传入中国,迎合了中国制瓷业对釉下彩绘的需要,也满足了当时国际市场上的需求。中国不是没有钴料,只是烧成后其发色显灰暗,但进口钴料发色鲜明,蓝得可爱,在白色胎地上显得分外精神夺目,可以认定在托普卡比宫博物馆中的元代青花器的用料无疑是进口的。说到元代青花瓷器纹饰的层次多,有的甚至达到九层且充满器身,这是从唐代以降,所有国内生产的陶或瓷都未曾有过的,而且在14世纪至15世纪初的明代,这种器身

托普卡比宫展厅(2001年)

满布纹饰的风格又骤然消失，从“遍地开花”风格恢复到“疏密有致”风格。反过来说，在中世纪，中近东国家和地区人们多使用金属器皿如铜器，皇室官宦人家则多采用较贵重的金银器皿，而那个时期他们所用的金属制品多有錾刻图案纹饰，这种图案纹饰满布器物全身，层次错落，这说明在中国元代青花瓷器进入该地区之前，他们以手工业为主生产出来的金银铜等金属器皿上的纹饰风格是密集型的、图案型的和多层次型的，这和他们当时所用的家具上的纹饰点缀、衣物上织或绣成的纹饰等所展现出来的风格是一致的。

把这种风格移植到当时的中国元代青花瓷器上，展现在苏丹大人们的面前，他们能不喜欢吗？这里我们还须看到：密集型、图案型和多层次型是和伊斯兰教的艺术风格分不开的。我们从元代青花八方大葫芦瓶上还看出：尽管它的纹饰组合呈密集型，但具体到一个单一的画面又没有脱离中国固有的风范和韵味，这充分证明元代青花瓷器具有中西文化融合的具体特征，是中国和西亚文化艺术交融的硕果。

可以简洁地概括费伯良先生的观点：

⑴土耳其托普卡比宫中15世纪已经保存有中国瓷器的记载；

⑵元青花八方葫芦瓶十分稀少，中国还未发现；

⑶元青花的繁密式装饰极具西亚风格，使用苏料，这种苏料来源于西亚。

这是25年前中国学人和收藏家第一次在西亚接触实物以后的表达，已经非常老练、精到和准确了。

再让我们看看时任上海博物馆副馆长的汪庆正先生如何说。

汪庆正以博物馆专家的严谨，在《托普卡比宫的中国瑰宝——中国专家对土耳其藏元青花的研究》一书中，将最主要的典型元青花瓷收藏进行了排列并加以分析。他介绍说，无论从数量还是从质量上看，土耳其伊斯坦堡托普卡比宫博物馆的元青花瓷收藏，都居世界前列，达到40多件。此外，伊朗阿特别尔寺收藏圆口大盘10件（口径为40.5—46厘米），葵口大盘9件（口径为40—57.5厘米），敛口大碗1件（口径37厘米），敞口大碗1件（口径30厘米），梅瓶4件（高39.5—43厘米），残口梅瓶1件，高颈罐2件（高45厘米、40厘米），残高颈罐1件，圆口罐1件（口径33厘米），瓶2件（高36.5厘米、38厘米），合计32件。值得一提的还有中国的江西高安，1980年窖藏出土元青花瓷19件，现藏于高安市博物馆。其中有高达47厘米的带盖龙纹高颈罐1件，带荷叶盖龙纹罐2件以及带盖梅瓶6件，都是在元青花瓷中不易多见的。

汪庆正详细介绍了分别收藏于河北博物院、故宫博物院、保定博物馆、上海博物馆、南京市博物馆、辽宁省博物馆、镇江博物馆、山东省博物馆、内蒙古自治区博物馆、湖南省博物馆、安徽省博物馆、江西省博物馆、广东省博物馆、新疆维吾尔自治区博物馆、乌兰浩特市博物馆，以及安徽繁昌、江苏溧水等文物单位，也有少量的出土品和传世品收藏。

汪庆正承认，近40年间，全国各地陆续发现了不少元代窖藏，也有零星元青花出土，其中不乏佳器，如1985年江苏省句容市城东房家坝元代窖藏出土的一对龙纹梅瓶和一件特别大的龙纹纹饰、带荷叶盖罐，是比较难得的。他对民间收藏的元青花进行了介绍，如香港葛氏天民楼的收藏。

除以上比较大的收藏规模外，汪庆正还介绍了中国香港、台湾的一些值得重视的收藏，并得出以下四点结论。

⑴ 景德镇元青花的生产存在着针对国外市场和国内市场两类不同的品种。总的来说，可能为国外市场生产的优质品出现较早，特别是那类中东常见而国内少见的大盘、大碗之类的器物。玉壶春、小盘、小碗、高足杯、出戟觚、执壶、盖盒盏托等，可能是主要为国内市场生产，而另一类胎质粗糙、图案简单、青花色泽灰暗的小件香料罐，则又是专为东南亚等地所特制。梅瓶、多棱瓶、扁壶、高颈罐、鱼藻罐等这类琢器则是国内外市场曾发现的。

⑵ 从图案方面看，国外、国内市场的产品也有所不同，主要区别是中东所见大盘的多层次满绘杂宝纹，不见于国内的出土器，而国内市场多见戏曲人物故事图则不见于中东及东南亚的外销品。至于花卉、瓜果竹石及莲池、莲池鸳鸯、鱼藻及走兽和龙、凤纹等则又是国内外市场都有的。但这里也值得特别注意，绘制比较精致的瓜果竹石走兽图及精细的庭院莲池鸳鸯和禽鸟图，也不见于国内的出土器物。

(3) 在装饰手法上，中东多见的大盘的大面积蓝地留白和白地青花并用技法，在国内器物上比较少见。同样，印度及中东器物上多见的阳纹印花与青花并用的技法，也是国内市场器物所少见的。

(4) 元代青花瓷的高质量的器物是外销瓷，而国内市场的器物的总体质量不如外销中东的器物。

对我而言，2001年是我研究元青花史上的一个令人惊讶的开局，当时的观感十分朴素而又个人化。我清楚地记得，当世界各地慕名而来参观的游客隔窗望着中国专家打开展柜，近距离观摩件件价值连城的青花瓷时，那种羡慕、惊奇又夹杂着嫉妒的眼光流露在每个参观者的脸上。

托普卡比宫中的元青花有40多件，而且精美绝伦，高达60多厘米的八棱葫芦瓶在这里就有3件，称它们是世界级宝物，毫不为过。从直观上看，这几件元青花葫芦瓶的美让人震撼——它们的发色是那样的湛蓝、明亮、清纯，宝石般的闪光，简直无法描绘这种现场感受。

当然，元青花的发色也是不一样的，即使苏青，颜色也是有深有浅、有浓有淡。有一只罐子，绘有鱼藻纹样，我特地将器里的接口也拍了下来。如果不是放在托普卡比宫的库房里（而且已放了几百年），我相信不少人会把它当作北京潘家园市场的高仿品。

托普卡比宫里的元青花还有一个让教科书哑口无言的特点：不少青花瓷器底部竟然没有火石红，这也是令不少中国瓷器专家大跌眼镜的。民间流传的关于元青花的种种鉴定方法在各种各样的元青花实物面前，也会挂一漏万。百闻不如一见，研究陶瓷史或收藏中国陶瓷器，当然要以实物说话。元青花器的纹样和造型，毫无疑问是中外文化交流、多民族文化融合发展的证据。由此引出了此次考察的另外一个任务：如何解释土耳其馆藏着这么多精美绝伦的元代青花器？从文化交流的角度，它显示着什么样的意义？800年前在中国景德镇瓷窑（现在看来，不一定都是景德镇窑）里烧成的青花器，现在就摆放在离中国有万里之遥的伊斯坦布尔的一个展馆里，它们是如何穿越时空的隧道，让文化凝聚在这里传达历史的信息的？

这就是 2001 年的情况。

今天中国收藏界所掌握和认识的元青花，已远远超出当时所有人的想象。

2. 想起了《德黑兰 1943》……

一部伟大的电影《德黑兰 1943》令我终身难忘。

2007 年，我在撰写伊朗馆藏元青花考察报告时，头脑中涌现的，就是要写一篇“德黑兰 2007”的报告，报告 700 年来，一个中国人第一次进入伊朗国家博物馆的库房，去上手精美的元青花器！

伊朗国家博物馆馆藏元青花数量可谓世界第一，他们公开宣布的是 60 多件，但现在知道，伊朗国家博物馆所藏中国瓷器是 900 余件。其中有多少元青花，有多少明清青花，说实在的，他们也分不清。本书中，将收录我的考察报告，作为附录。这里我将在伊朗考察的几点收藏总结归纳如下：

⑴ 700 年来，我是第一位走进伊朗国家博物馆库房上手元青花的中国人。

⑵ 用微距照相拍到了馆藏品的微观图，发现了苏料元青花的发色规律性特征。

⑶ 发现了有的元青花没有火石红……

⑷“苏莱麻尼！”从伊朗国家博物馆馆员口中跳出这几个音符时，吓了我一跳。我立即请求去 300 千米远的矿区看看，他们竟然答应了！

⑸ 我记住了老气横秋的釉面和粗糙而又有点棉感的底，它们是什么窑口的？

700 年来，我是第一位走进伊朗国家博物馆库房上手元青花的中国人

会见伊朗国家博物馆馆长(右一)

(6)“露吐斯”——莲花是波斯人装饰的常用花卉，与元青花上的装饰是相同的，伊朗人认识元青花上的莲花纹饰。

有的元青花没有火石红

元青花上有波斯文签名

用微距照相拍到了馆藏品的微观图，发现了苏料元青花的发色规律性特征

在矿区与当地人（中）交流

与伊朗国家博物馆研究员（左二、左三）交流

伊朗礼拜五清真寺建筑上的莲纹装饰

波斯地毯上的图案

(7) 波斯地毯的装饰和伊斯兰器物。伊朗考察的重大收获是找到了元青花繁密花纹的美学来源——它来自波斯,来自伊斯兰。同样,伊斯兰器物的造型与元青花、与永宣青花器的造型是相同的。

礼拜五清真寺的大石碗

伊朗馆藏古代波斯器物

3. 到苏料矿区去

伊朗时间 2007 年 5 月 6 日上午 10 时，与伊朗国家博物馆伊斯兰部主任 Rohfar 女士的会见是宝贵的开端。我求知心切，直奔主题。谈话内容大致分两个部分：第一部分是关于元代瓷器，第二部分是关于双方合作。

她肯定地告诉我说：元代有伊朗人在中国，是伊朗派到中国去学习制瓷的。但具体材料在什么书上有什么记载，要去专门查找；元代瓷器上的花纹，如横 S 纹、莲花纹等，与伊朗文化有十分深厚的渊源，不仅在 12、13 世纪，而且在古波斯时代就十分流行，是伊朗文化中十分常见的纹饰。

关于中国人叫"苏麻尼青"的外来钴料，我们得到了想象不到的答案。主任说在德黑兰以南大约 260 千米的地方，有个小村庄，叫 Ghamsar，属于卡尚市，这个小村庄的人在古代发现了闪着银色光芒的石头，当地人叫"穆罕默德蓝"，即现在学名叫"钴"的矿物，提炼后经火焙烧成为蓝色，用以装饰清真寺。由于太神奇了，当地人用伊斯兰圣人的名字"Sulaimani"（苏莱麻尼）称呼它，中国人称之为"苏麻尼青"。

主任当场拿出写于 13 世纪的波斯语文献复印本，翻开说："就是这段。"然后，翻译努里女士当场把它译为英文，照录如下：

"This stone is named sulaimani. The mine of this stone located in Ghamsar in Kashan mountains. They told the name may be taken from the name of Sulaimani prophet."

中文翻译为："这种石头被称为'苏莱麻尼'，产自卡尚山区的格哈玛沙。他们说，这名字也许与先知苏莱麻尼有关。"

主任告诉我们：现在这种钴料早就没有了，伊朗也没有。还说，伊朗有书记载："苏莱麻尼"作为货物卖到中国。

我长吁了一口气，真是踏破铁鞋无觅处，得来全不费功夫。中国叫这种钴料为"苏麻尼青"，"青"这个后缀是中国人自己加上去的。"苏莱麻尼""苏麻尼"，古时译名少了一个音而已！苏莱麻尼钴料产地不是土耳其，而是伊朗，在伊朗的首都德黑兰以南约 260 千米的地方！

第二天，在伊朗国家博物馆研究人员的陪同下，我们驱车前往离德黑兰约260千米的卡尚矿区，费尽周折找到一位在矿上工作过的村民，他断断续续地告诉我们："这里开采的是一种黑色的矿，加工后变成蓝色，用来装饰清真寺的。60年前，矿已经封了，洞塌了。进矿有个大洞，里面分成几个矿道，有铁矿、铜矿，还有这种黑色的矿……"我不禁惊呼：这是伴生矿！

西亚人用钴料的蓝色来装点清真寺，这是5年前我在土耳其访问时就知道的，而这次来，终于找到了这个伟大的、在13世纪的书上就记载了的"Ghamsar"小村，这里就是"苏莱麻尼"（sulaimani）的产地！可惜，废矿要向山里步行19千米，这次是来不及了。

这是迄今为止中国人所能采集到的关于苏莱麻尼产地最直接的信息，到了苏料钴矿的产地，见到了老矿工，知道了"伴生"等情况。

2010年我再次组团去伊朗考察，这一次终于进到了矿区，并捡到几块矿石，其中一块由李辉柄先生带到故宫博物院，检测结果是高铁低锰含砷的苏料。

散落在矿区地面的矿石

作者与卡尚的矿工（左）交谈

作者与李辉柄先生（右）在矿区

4. 苏莱麻尼元青花特征新发现

几次伊朗考察行最重要的收获,是我对元青花苏料发色特征的认识不断深化。当时的感受和兴奋,犹如发现了一个伟大的科学原理,犹如哥伦布发现了新大陆!

作者在伊朗国家博物馆拍摄元青花微观图

在伊朗国家博物馆的库房里,我用高像素微观数码相机,在距釉面半厘米的地方拍摄了几百张元青花釉面钴料发色照片,经电脑放大后效果非常好。"苏莱麻尼"料的深蓝青特质的沉淀、晕散、凝结……都一一清晰地呈现出来。由于这些微观呈相是规律的,是无法仿制的,所以收藏家可以对自己的藏品自我检测,即将釉面用数码技术放大,观察它釉面青花呈色的细节,就可作出大致的判断。

要特别说明的是,景德镇新仿、高仿元青花也想作出铁锈斑的效果,但仿家已完全不可能用当年的苏料复原。加进氧化铁成分后的化工料,变得不伦不类,加重笔渲染以后,更是面目可憎。熟悉了真品苏料的微观效果,再看仿品在放大以后的微观呈相,就会发现那些所谓的元青花,是那么的苍白、单调、无层次。

从 2007 年到 2012 年,我三次进入伊朗国家博物馆的中国瓷器库房,拍摄了

500多张微观图进行研究，反复比照、分析微观釉面显示苏莱麻尼钴料在1300摄氏度高温下呈现的规律。为了进一步证实我的推测，我又将自己在大英博物馆、大维德基金会、日本东京美术馆、松冈美术馆、土耳其托普卡比宫博物馆拍摄到的元青花近摄片进行放大，并与伊朗馆藏元青花的釉面特征进行对比，情况完全相同。

综上，通过土耳其、伊朗之行，我主要有四大收获。

第一，证实了中国的元青花与伊朗、波斯文化有相当密切的关系，种种谜团可以通过中伊文化、交通、贸易史来加以研究解决。

第二，通过伊朗方面提供的13世纪的书本材料及机检材料和实地考察，证实“苏莱麻尼”（sulaimani）产于伊朗，中国的元代及明朝早期的青花瓷器使用了“sulaimani”。“sulaimani”是不可重复的伴生矿，在60年前已封矿停产，景德镇的仿元青花没有任何可能使用“sulaimani”。所以，任何制假的方法都无法逃脱苏莱麻尼的元素分析。

第三，中国学人在世界上第一次用数码技术拍摄到了伊朗馆藏元青花的微观釉面照片，经电脑放大后，图纹清晰、特征明显、规律性强，与新仿品对比，完全呈现不同的图像。这是金属钴“苏莱麻尼”在高温下呈现的本质特征，是各种特定

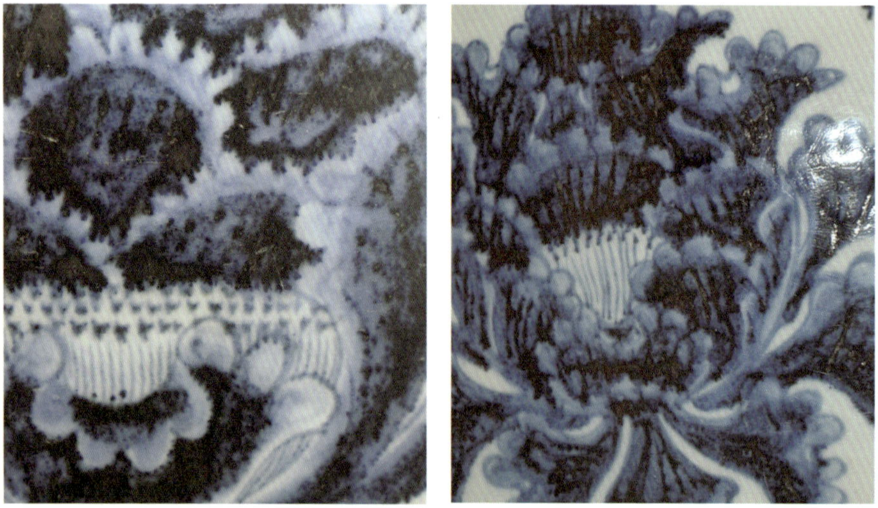

伊朗馆藏元青花（左图）与大英博物馆藏元青花（右图）发色放大图/“苏莱麻尼”料的深蓝青特质的沉淀、晕散、凝结……两图都呈现出相同的细节特征

的伴生金属元素分子运动的结果，是不可仿的图像。这为我们鉴定元青花打开了一个新的视角，也提供了一个由于技术进步而导致新发现的实例。

第四，作为一个元青花收藏家和研究者，我欣喜地确认，中国民间收藏家手中有一批与土耳其、伊朗馆藏相同的元青花瓷器。这是我们民族文化遗产中十分珍贵的一部分，任何人都无权忽视这个历史性存在，忽视它们也无济于事——它们属于历史，属于中华文化。

5. 把元青花接回“娘家”

2007 年考察德黑兰的时候，我突发奇想：能不能请几件伊朗馆藏品到中国去展出呢？我尝试性地问伊朗国家博物馆馆长卡格尔先生，竟然得到肯定的回答！不过需要安全保证和进入国营博物馆展出。我当即打电话求助时任中国收藏家协会会长闫振堂先生，闫会长当即回答我，正准备召开“2007 年中国收藏文化（开封）论坛”，伊朗元青花可以安排在开封博物馆展出。接下来就是一系列

作者向伊朗国家博物馆馆长（左二）递交文件

装箱

装箱后的合影。从左往右依次为：作者、二位伊朗国家博物馆工作人员、收藏家余绍尹

到达开封。前排从左往右依次为：伊朗国家博物馆馆长、伊朗专家、开封博物馆馆长、作者本人、收藏家宁志超、伊朗专家

操作，如开封市政府出具担保书，等等。

一切商量停当，我邀请余绍尹先生一同前往德黑兰请三件元青花回国。这是民间收藏者和政府合作的一次成功的范例。

开封市人民政府

邀请信

伊朗国家博物馆馆长阁下：

中华人民共和国河南省开封市人民政府与中国收藏家协会将于2007年 10 月18日至11月 1日，在中国开封市联合举办“中国收藏文化（开封）论坛”，届时将有近千名中外来宾参与此次盛会。

伊朗国家博物馆有中国瓷器的丰富馆藏，中伊两国人民有着悠久的文化交流历史。我们诚挚地邀请贵馆派出专家及有关人员共 8 人参加此次盛会，并欢迎在大会上发表学术论文。

贵馆的元代瓷器馆藏闻名世界，大会组委会诚挚地邀请贵馆携带三件元代青花瓷器到会展出（北京时间 10月 17日到达开封，航班、机票等具体事宜由许明教授联系），并由开封市人民政府提供损坏赔偿费每件20万欧元的担保。

贵馆访华团一行8人赴中国的所有费用由中方支付。

诚表衷心的问候！

附件：邀请名单。

市长：

二〇〇七年七月十六日

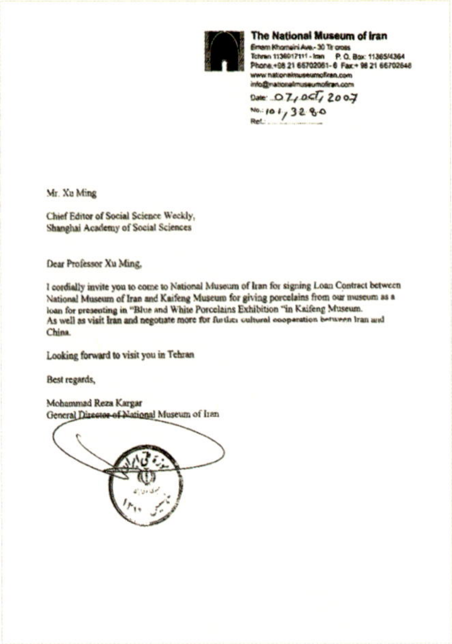

The National Museum of Iran
Emam Khomeini Ave.- 30 Tir cross
Tehran 1136017111 - Iran P. O. Box: 11365/4364
Phone:+98 21 66702061-6 Fax:+ 98 21 66702646
www.nationalmuseumofiran.com
info@nationalmuseumofiran.com
Date: 07, OCT, 2007
No.: 101, 3280
Ref.:

Mr. Xu Ming

Chief Editor of Social Science Weekly,
Shanghai Academy of Social Sciences

Dear Professor Xu Ming,

I cordially invite you to come to National Museum of Iran for signing Loan Contract between National Museum of Iran and Kaifeng Museum for giving porcelains from our museum as a loan for presenting in "Blue and White Porcelains Exhibition "in Kaifeng Museum.
As well as visit Iran and negotiate more for further cultural cooperation between Iran and China.

Looking forward to visit you in Tehran

Best regards,

Mohammad Reza Kargar
General Director of National Museum of Iran

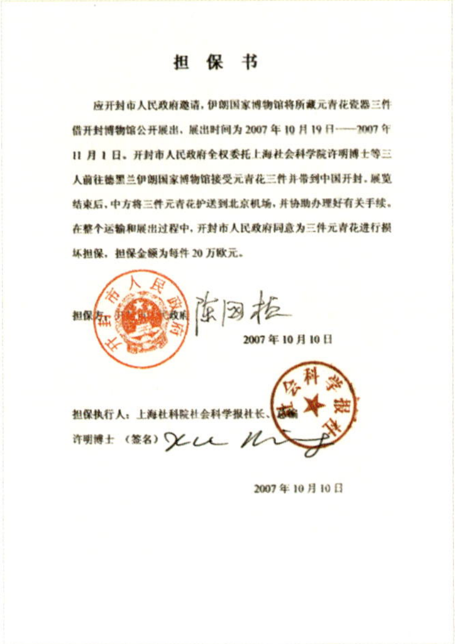

担保书

应开封市人民政府邀请，伊朗国家博物馆将所藏元青花瓷器三件借开封博物馆公开展出，展出时间为 2007 年 10 月 19 日——2007 年 11 月 1 日。开封市人民政府全权委托上海社会科学院许明博士等三人前往德黑兰伊朗国家博物馆接受元青花三件并带到中国开封。展览结束后，中方将三件元青花护送到北京机场，并协助办理好有关手续。在整个运输和展出过程中，开封市人民政府同意为三件元青花进行损坏担保，担保金额为每件 20 万欧元。

担保方：开封市人民政府

2007 年 10 月 10 日

担保执行人：上海社科院社会科学报社长、总编

许明博士 （签名）

2007 年 10 月 10 日

委托书

伊朗国家博物馆：

开封市人民政府政府全权委托上海社会科学院许明博士代表开封市人民政府前往贵馆，办理贵馆三件元代青花瓷器到开封博物馆展出的相关事宜。

开封市人民政府市长：

2007 年 10 月 10 日

为办理伊朗元青花到中国展出出具的相关文件

第三节　2006年、2012年两次召开元代瓷器国际研讨会

1. 多国、多方合作研讨元青花

一场伟大的变革总是需要开拓者的。2006 年，我时任《社会科学报》社长、总编，策划并与上海师范大学联合举办了首届“元代瓷器国际学术研讨会”。这是一次开创性的会议。想一想 2006 年元青花收藏研究是一种什么形势？是“全世界只有 300 件”论占有舆论的绝对统治地位，是中国大陆乃至全世界对元青花的认知刚刚起步、主张民间有元青花的收藏家正被穷追猛打的时候，而这边却开起了元青花国际研讨会！

下面是研讨会的举办单位：

元代瓷器国际学术研讨会 / 上海

International Symposium on Yuan Porcelains

2006 年 11 月 21—22 日

- **主办单位：**

社会科学报社、上海师范大学

- **承办单位：**

上海社会科学院思想文化研究中心、上海师范大学人文学院

上海师范大学博物馆

- **支持单位：**

中国收藏家协会、上海收藏家协会、伊朗国家博物馆、蒙古国家历史博物馆、英国大维德中国艺术基金会、土耳其托普卡比宫博物馆、中国国家博物馆文物科技保护中心、公安部五局陶瓷检测课题组

- **会议提交的部分论文：**

《哈拉和林元瓷扼述》

蒙古国家历史博物馆 /Tseel Ayush Tseveendorj Egiimaa

《英国大维德中国美术馆所藏元代瓷器与景德镇在国内市场的角色和性质》
英国大维德中国艺术基金会助理馆长 / 冯汝嘉

《伊朗国家博物馆的元青花》
伊朗国家博物馆研究员 /Leila Khamoshi Mahroo Shagerdpoor

《托普卡比宫博物馆的中国瓷器藏品》
托普卡比宫博物馆中国瓷器部主管 /Ayse Erdogdu

《元青花瓷器研究中的体会》
故宫博物院 / 李辉柄

《略谈未被认识的宣德五彩与青花釉里红瓷器》
故宫博物院 / 李辉柄

《西亚两国藏元青花瓷是何时运去的 ?》
悉尼 / 宁志超

《试论浦城古瓷窑与泉州港的关系》
福建省浦城县文化馆 / 陈寅龙

《论古旧陶瓷器的自然痕迹》
中国刑事科学技术协会 / 刘志城

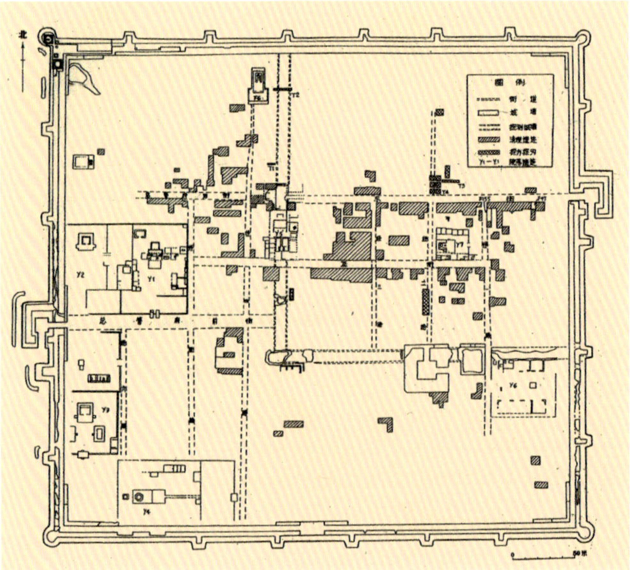

哈拉浩特遗址平面图（内蒙古考古研究所绘）

现将部分论文和发言摘要如下。

蒙古国家博物馆研究员 Tseel Ayush Tseveendorj Egiimaa 对哈拉和林元瓷作了综述。他说："蒙古国出土了为数不少的元瓷，多出自古城遗址。以 1948—1949 年的调查结果，哈拉和林出土最为丰富。从 1999 年开始，出土近万件器皿，元瓷近千件，现藏蒙古国家历史博物馆有元瓷 800 余种。"

"2005 年起日本学者 Kamei 研究该馆馆藏瓷器 238 件，涉及青花、釉里红、影青釉、卵白釉（枢府）。其中，他们认为有景德镇湖田窑 10 件，其中有瓶、罐、盘、碗。"

"哈拉和林出土的瓷片与内蒙古集宁路古城出土的瓷器相似，时间段上下限相近。"

"苏联学者 Evtuhova 在遗址收集瓷片 500 余件，加上德国波恩大学新近所获，总数超过 1000 件，均出自元代各窑口。"

伊朗国家博物馆研究员作了题为《伊朗国家博物馆的元青花》的发言，其中有两个重点特别引人注意：一是提到伊朗工匠在中国瓷器上的刻文，其中神庙祭祀用器上的刻文往往是"圣王沙阿・萨非之奴阿拔斯伏献于庙"；二是元青花成分分析，这个资料极为宝贵。主要内容辑录如下：

伊朗国家博物馆选取 11 件不同时期的元青花器进行成分分析，检测内容是釉、青花发色。将 6 件阿德比尔神庙的中国瓷器与 5 件伊朗瓷器作研究，结果表明：釉面的主要成分是钴、铜、铁、锌、猛、铝、硅和钾，钴、铜、铁是强呈色剂，氧化钴是釉料中最强烈、最稳定的呈色剂，0.25% 的氧化钴在釉中可形成浅蓝，0.5% 的氧化钴在釉中则呈现明蓝。

伊朗使用钴料的历史可追溯到伊斯兰世纪早期（9—10 世纪）的浅黄色蓝彩陶器。

巴丹沙、卡尚及库姆附近地区富藏钴矿。元朝时中国自伊朗进口青料，故青花瓷一度名为"阿比穆罕默德蓝"（Abi Mohammadi，亦即"穆罕默德蓝"）。中国青花有斑点，是因工艺水平有限，钴料使用过量。

伊朗专家的发言是提纲式的，而且还有个翻译问题，但从只言片语的叙述中，我们也可发现一点端倪。

土耳其托普卡比宫博物馆中国瓷器部主管 Ayse Erdogdu 的发言题目是《托普卡比宫博物馆的中国瓷器藏品》。发言中他指出，早在 14 世纪托普卡比宫筑造之前，中国瓷器已经流入土耳其，供埃迪尔内的奥斯曼皇宫享用，其中弥足珍贵的是元代早期的青花瓷；托普卡比宫所藏中国瓷器之宏富，胜于伊朗阿迪比尔陵清真寺的藏品，在中国境外同类收藏中首屈一指，且“皆为奥斯曼苏丹的御用之器”。并介绍说，器型以大碗、大盘为主，乃应伊斯兰国家围坐共食的习俗之需。

发言中，Ayse Erdogdu 还介绍说，“元代中国出口中近东的商品，以青瓷和青花瓷为大宗；奥斯曼人通常将中国青花称为‘法富尔’或‘法富里’（fagfur,fagfuri, 意‘中国皇帝’）”、“宫藏 5373 件 14 世纪—19 世纪的青花瓷，几乎都出自景德镇”，“钴蓝作釉下彩肇始于12世纪的伊朗——技术和钴料经伊朗商人引入中国，化学分析表明，14世纪之钴料皆出自伊朗”。

2. 李辉柄提出认识新出现的古代瓷器的“四原则”

本次研讨会的另一个重大突破，是故宫博物院研究员李辉柄石破天惊地提出，要重视“未被认识的宣德五彩与青花釉里红”瓷器。这是文博界高级研究人员在正式的国际学术会上的重要呼吁。在这以前，官方所有的杂志、书籍都对宣德五彩和青花釉里红持否定态度。李辉柄根据亲自考察所见，高度肯定了宣德五彩和青花釉里红瓷器在民间的真实存在，据此，他提出了鉴定领域值得重视和需要探讨的问题。

第一，“未见过”的依据需要考虑。明清瓷器断代的科学依据，主要是以带年款的官窑瓷器为标准器，用“类型学”的方法排比出来的。然而，带年款的官窑瓷器多为传世瓷器，这就不可避免地给我们的鉴定工作带来了一定的局限性。尽管鉴定家的经验是难能可贵的，甚至是无可替代的，但它总是有限的。因此，鉴定家将“未见过”作为自己鉴定时的依据是不可靠的。

第二，以青花原料为断代依据需加分析。断代青花瓷器，青花原料起着关键性的作用。过去一向认为宣德以前的青花瓷器，是用进口的“苏尼渤青”料绘制的，成化以后用的是国产青料。特别是宣德的青花瓷器更强调是用进口苏料绘制的，尤其是对那种典型带“大明宣德年制”的官窑瓷器更是如此。为了正确地认识宣德青花，这一点也必须要加以分析。因为现在我们所见到的带有“大明宣德年制”款的宣德青花瓷器，有些就不是用“苏青”而是用国产青料绘制的。又如，景德镇陶瓷考古研究所在珠山御窑遗址宣德层中发现了书有“乐一号”“乐三号”“乐号”的江西乐平产的青料（陂塘青，亦称平等青）试料盘（照子），这充分说明宣德已试验并大量使用国产青料的事实。在传世的宣德官窑青花瓷器中，也为数不少。其方法有单独使用的和混合使用的多种，特别是在五彩瓷器中，多为国产青料。

第三，文物的“多少”不应作为断代的标准。文物“以稀为贵”常常被鉴定家们视为一个重要标准，然而，某类文物多了，往往就不管它在历史与艺术上的价值如何，自觉不自觉地降低其价值。这也是应当考虑的。与此相关的就是，有些文物在过去不见而一时又突然大量出现，就会被人们怀疑而视为赝品。这种情况也是存在的，如这批宣德五彩瓷器的出现被一些鉴定家视为赝品就是一例。

第四，走科学鉴定之路刻不容缓。古代瓷器是历史的产物，它是随着人类社会的发展而发展起来的。在传世以及出土的各个时期的瓷器上，必然要打上它的时代烙印。为了科学地进行断代，必须要与社会各个方面发展的历史相联系，因为不懂得历史就无法对历史文物进行鉴定。除此之外，还要学习陶瓷烧造工艺技术、陶瓷美术以及陶瓷科学等多方面的知识。现在对鉴定家和文物工作者必须提出更高的要求，要具有渊博的学识。只靠过去的“只能意会，不能言传”的“经验”，是不能较好地完成国家交给我们的任务的。

3. 宁志超对元青花西运的独特见解

宁志超先生是澳籍华裔，著名收藏家。在2006年的国际研讨会上，宁志超关注元青花是如何运到伊朗、土耳其西亚两国去的。他提出的观点是：“现藏伊朗、土耳其的中国元青花瓷不是当时波斯商人为牟利而进口的，因为它们全部绘有藏传佛教纹饰，违背伊斯兰教义，这些13世纪末的青花瓷器应该是刚刚入主波斯，还没有皈依伊斯兰教之前的蒙古人运进波斯的。”“旭烈兀家庭的波斯汗们在伊斯兰环境的包围中仍在相当程度上保留着蒙古人的爱好，他们派人到中国去获取诸如丝、瓷器之类的奢侈品……反过来，蒙古人统治下的波斯也把地毯、马具装备、盔甲、青铜器和搪瓷制品输入中国。”

宁志超指出，“龙和凤在伊斯兰文化意识中是恶兽和恶鸟”。他还说成吉思汗铁木真西征期间的帐殿中开始陈设定窑或磁州窑系的青花瓷，有波斯传世细密画为证，此后历代大汗均同样陈设青花瓷于帐殿。

宁志超认为，由于元青花瓷上浓重的佛教元素与龙凤纹等波斯伊斯兰风格不相容，元青花大器不可能是当时的主流日用商品瓷。蒙古人不熟悉海路，而在西去的陆路上，斯坦因等人发现了大量当时无人知晓的元青花瓷片，包括内蒙古集宁出土的大量瓷器，似乎也说明了这一点。

宁志超的观点有一定的启发性，对其提出的问题需要进一步研究，但他的结论过于武断，缺少材料支撑。

4. “仙霞古道”和宋元景德镇瓷器的外销

此次会议上值得一提的是，福建省浦城县文化馆陈寅龙在报告中提出值得关注的问题：一是福建浦城受景德镇影响，宋元时期江西迁来烧瓷移民炼制青白瓷，质量上乘；二是较详细地阐述了“仙霞古道”，即从赣东北、浙北入闽者，越仙霞关，顺南浦溪、建溪达到闽海的情况。

浦城位于福建省的最北端，闽浙赣三省的接合部，与浙江省的江山市、龙泉

今日泉州港

泉州古地图

市、遂昌县、江西省上饶市的广丰区接壤，为福建闽江、江西信江、浙江钱塘江源头之一。《读史方舆纪要》记载："凡入闽者，由清湖渡（江山市南）舍舟登陆，连延曲折，逾岭而至清城县西。"这条仙霞古道即逾仙霞关，二十八都、枫岭、深坑、庙湾，逾梨岭、九牧、过杉坊，逾渔梁岭、渔梁、仙阳、朴树桥、五里塘至浦城，出城西迎元门复舍陆登舟，顺南清溪、建溪达闽海，这条路线史称通京大道。其间清湖至浦城的230里旱路，成联系三江的陆上津梁，称仙霞路，又称官道、驿道。唐末黄巢起义军曾在此"刊山开道"，宋代经济文化浪潮的高涨，进一步把仙霞古道推上一个新的台阶。宋代，泉州港渐趋发达，特别是宋都迁临安后，泉州港走向繁荣，渐与广州港并驾齐驱。朝廷市舶岁入占了总收入20%。港口的发达，促进了商贸的发展，浙、赣、皖等地出产的丝绸、瓷器、茶叶等，正是通过仙霞古道，进入东南沿海的泉州、福州、广州等港口，从而连接上了海上丝绸之路。

宋代泉州连海外36岛。南宋宝庆元年（1225）泉州市舶司提举赵汝适著《诸蕃志》"渤泥"条载："蕃商兴贩，用货金、货银、缎锦、建阳锦、五色绢、五色茸、玻璃珠、青瓷器等博易……"该书记载了50多个国家和地区的风土人情和陶瓷外销的情况。

元至元十四年（1277），元军占领泉州后，立即恢复市舶司，改称泉州市舶提举司，足见新统治者对海上贸易的重视。元朝沿袭宋代管理海上贸易的做法，"凡江、浙、闽、粤滨海之地，与外蕃互市，以市舶官主之大抵因宋之旧法"。元政府对外国贡使宣抚兼备，采取更加优惠的政策，泉州港进入鼎盛时期。

瓷器外销出现了空前的繁荣局面，更加刺激了各地瓷业的蓬勃发展。浦城区域的瓷业空前的兴旺发达，面向海外市场积极跻身于外销行列。宋元时期，水路是重要交通航道。浙、皖等地的丝绸、陶瓷经仙霞古道，顺南浦溪、建溪、闽江，直抵泉州港。而龙泉与浦城是近邻，龙泉窑的产品两天内即可达浦城，景德镇窑产品顺信江、盘亭溪，越仙霞古道即可达南浦溪，顺流而下直抵泉州港。商业贸易的繁盛，促进了浦城瓷业的蓬勃兴起。浦城窑产品顺水路而下，远销海外。因此，浦城窑均沿南浦溪两岸构建，说明当时在造窑选址时，已考虑产品的运输与销售。

至于浦城窑的衰落，间接的原因是沿海地区特别是泉州窑青瓷业的蓬勃发展以及青白瓷器的大量烧制，形成了竞争趋势，使浦城窑处于不利地位。直接的原因则可能是：明初，洪武四年（1371）朝廷下“禁海令”，“禁涉海民，不得私出海”。不久有所松动，限定福建只许琉球贡船进泉州港，且限每次入贡人数在100—150人。洪武十四年（1381），重申“禁濒海民私通海外诸国”，严令“寸板不许下海”，故海外贸易突然中断。虽有沿海居民冒险犯禁下海“走私”，但数量和规模大不如前，使浦城窑的产品没有销路备受严重摧残而一蹶不振。

陈寅龙的报告与本人到邵武与农民交谈中了解的情况一致。

5. 2012上海国际元青花研讨会

2012年的上海国际元青花研讨会值得隆重记上一笔。这是民间收藏家自2001年起掀起元青花收藏热以后的又一次倾力亮相，与会民间藏家和部分专家所涉及的元青花研究论题包括元青花的制造工艺、元青花在蒙古国的分布、博陵第元瓷、白浒孤窑元青花、元青花人物故事等，迄今为止仍是前沿的课题。

伊朗国家博物馆研究员雷拉·哈默西认为，白底青花这一样式的广泛使用，并非脱胎于中国的传统艺术，而可以追溯到中东，尤其是伊朗的艺术。瓷器的形制和大小也和蒙古的各个可汗有关，因为这一民族多食肉类、鱼类和奶制品。蒙古人进入西亚后，由于烹饪方面的创新，蒙古宫廷对新形制的器皿有了需要。他们对这一标准的强烈兴趣是突然间生产这种大规模青花瓷器的重要原因。

蒙古国家博物馆研究员G.Demereldou认为，元青花器上的纹饰有着强烈的蒙古民族文化意义，云纹、水纹、马鞍、服饰纹、叶子、花纹等都是在瓷器上出现的典型的蒙古纹饰。在元代，蒙古、阿拉伯和中国工匠一起制作了高质量的瓷器。元代以后，蓝色和蓝绿色的瓷器生产便停止了，因为使用的上色原料是从伊朗带来的。

在本次研讨会上，民间藏家首次披露元代“博陵第”瓷器收藏研究状况。最先接触到这一元代瓷器品种的是北京的华国良、云南的赵根山、上海的任建华、南通的朱爱民等。若干年后，李树喜在河北注册成立了“博陵第文化研究会”，博陵第研究成为一门显学。根据此次会议录入的三篇论文，简介如下。

2012 年中国上海国际元青花研讨会现场

伊朗国家博物馆研究员在会场

赵根山的论文认为,2002 年左右,博陵第牌记藏品已经出土面世。2008 年北京收藏家华国良等人在江西九江都昌找到一处“某某博陵第”的古建筑宅群,旁有奉圣弟子张文进的先祖迁坟,这一发现揭开了张文进与博陵第的相依关系。该文还提供了大量博陵第瓷板记事牌记,认为博瓷是古瓷文化中的一块丰碑。这是中国民间收藏家第一次在国际学术会议上公布元代瓷器中博陵第的研究情况。

任建华、朱爱民的论文披露,他们发现,张家先人烧制的青花瓷在皖南一带远近闻名,太平湖古龙门渡牛子团边的张家大宅,是张文进祖居之地。另据史料考证,元代的张文进顺舒溪河而下,从江西的景德镇来到牛子团烧制青花瓷。他们找到牛子团张家大宅,并对张姓族人进行了社会调查。还找到了张家族谱,追溯至元代张文登,并披露了记载张文进身世的牌记内容。

余钧在会上提供了关于“白浒孤窑”的论文,认为这是元代瓷器中的一个重要组成部分。

民间关于元博陵第元瓷的研究在逐渐深入,而时至 2024 年,互联网平台上各种鉴定专家还在打假,认为“白浒孤窑是臆造的,不存在的”。真相究竟如何?本书将会在后续章节中陆续披露。

“元青花窖藏铭瓷板考”也是本次国际学术会上民间收藏人的一个重要贡献。根据 20 多年以来民间收藏的汇集,元代青花铭文瓷碑已经出现许多,下文将提供新的证明。

在这次会议上,收藏家杨雷、韦雪槐等还提供了《三英战吕布》《西厢记·拷红》《吕蒙正风雪破窑记》等话本人物纹元青花。而近年来民间收藏家发现的元代人物故事纹不下百种,“水浒”、“三国”、“西游记”、“二十四孝”、《东周列国》、《后汉书》里的人物等应有尽有。

本次会议明确提出了新的窑口信息如白浒孤窑、古相博陵、北方窑元青花等，以及关于元青花人物故事纹远超“八大码”等新观点。

第四节　元青花与两岸交流

1. 两岸民间收藏界十年内举行了四次大型联合展览

2010 年左右，我在中国台湾参加学术会议，认识了台湾中山大学周世雄教授，交谈当中知道他也是中国古陶瓷爱好者，于是我们就多了共同语言。以后有多次参访台湾的机会，了解到台湾民间喜欢古董瓷器的人非常多，而且藏品的质量很高。这是他们得益于开放以后两岸经济文化往来比较畅通的结果，令人欣喜。我跟周世雄教授连续策划了多次重要的两岸收藏展示活动。计有：

⑴ 2012 年在台中彰化举办的“两岸民间收藏展”；

⑵ 2015 年在上海举办的“上海—台湾民间收藏元青花特展”；

⑶ 2019 年在台北举办的“台北—上海民间元青花收藏分级展”；

⑷ 2022 年在台北举办的“两岸民间收藏元代青花瓷特展”。

四次活动，每次展出两岸藏品数十件以上。特别是 2012 年台中彰化展，大陆藏品经上海台办批准、上海文物局准允，共 500 余件各类藏品从上海南汇博物馆出发，展出 1 月余，在台湾引起了轰动。

2019 年 4 月，我有幸被台北元青花研究联谊会特聘为总顾问，不胜荣幸。我任职的第一件事就是为当年 5 月举办的“两岸元青花研讨会”（“台北—上海民间元青花收藏分级展”和“台北民间收藏元青花特展”）挑选展品。在这之前的 8 年时间里，我多次赴台湾交流元青花收藏的研究体会，终于看到水平不一、观念不一、层次不一的元青花爱好者凝聚起来，形成了理念相近、收藏丰盈的群体。

四次联合展览收获颇丰，相继出版了《2019 年台北—上海民间收藏元青花特展》（许明为总顾问、周世雄为总策划）、《两岸民藏元代青花瓷特展》（许明、周世雄主编)、《大元至宝——台湾元青花分级收藏集萃》(许明、周世雄编著)三本专著。

四次联合展览,每次主题不同,每次都是策展人理念的体现,也是一次关于元青花瓷研究学术水平的体现,两岸元青花收藏和研究正展示着灿烂的前景。

台北展厅

2. 元青花知识大交流

两岸藏家联合举办的2019、2022年元青花特展,主题就是凸显"苏莱麻尼"——苏麻离青钴料的特点。我本人自伊朗多次考察回来后,深知熟悉苏料、掌握苏料发色规律多么重要。而民间收藏家的大多数人,还沉浸在元青花的真假议题上,对苏料元青花的发色特点不甚了了。

为了把元青花展搞得更有特色,我在赴台挑选元青花瓷器过程中,由于看到的收藏品量大而层次不一,便与周世雄教授提出了"元青花分级收藏的理论",周教授认同我的理念。在周教授的协助和参与下,我在台北、台中、台南、高雄做了多次讲座,并在众多藏家的收藏中,挑选最接近西亚馆藏的元青花用以展出,还一起构思了体现元青花分级理念的著作《大元至宝——台湾元青花分级收藏集萃》(许明、周世雄编著)。

与大陆收藏界的情况一样,在台湾,要寻找到非常经典的、开门的苏料元青花也很困难。我一直关注经典的、上乘的元青花的出现概率问题。十几年前有人说,该种器物出现的概率大约是3%。几年过去后,有的行家说,寻访到这样优秀的元青花器的概率,大概只有1‰。我认为这是符合我调查研究的实际情况的。

伊朗馆藏、土耳其馆藏、大英博物馆的馆藏、日本东京美术馆和出光美术馆的馆藏，确实是上品的元青花，无论以审美的角度、制作工艺的角度来看，它们都是元青花中的佼佼者。但在收藏实践中，民藏拥有大量的元青花器，与这些馆藏完全同类的却是少之又少！这是一个令人百思不得其解的问题。

而国内馆藏元青花，就其发色和品质来讲，也是极为精彩的，如湖北省博物馆、伊犁市博物馆、河北省博物院、北京故宫博物院、上海博物馆东馆、江西高安博物馆的元青花馆藏也非常漂亮。而民间收藏的元青花，与馆藏完全相同的并不多。用馆藏标准来衡量民间收藏，怪不得有人说民间没有真品。

在这里，我着重表达的不是真与假的问题，而是判断元代青花器的等级问题。

首先，判断青花器的质量先看苏料，要看苏料首先看色系晕散。

元青花的数量问题在多与少的两选中，我的选择是“多”。这是有理由的：元代史料表明，元时烧造青花瓷的窑口有 300 多座，现已经发现江西景德镇以及景德镇周边，江西中部的南丰、南城，福建武夷山地区，陕西，山西，内蒙古包头附近，都有证据表明有元青花窑址。如此多的窑口烧造元青花，数量是很多的。而从收藏实践表明，元青花除了一部分是陈设器，绝大多数是日用器，如装酒、装茶等，其中酒器特别多。南京博物院陈列的“追韩信”梅瓶是酒瓶子，千万英镑拍卖的“鬼谷子下山罐”也是装酒坛子。元人好酒，酿酒业特别发达，酒器多，也属正常。

世界各地正式拍卖的元青花数量，据拍卖图录记载的已达 600 多件，所以，认为全世界元青花只有 300 件是很荒唐的，也是不应该的。元青花绝对数量多，但好的元青花并不多。在每次考察、调研和研讨中，我都注意优美的上品元青花出现的概率问题，很少啊！少到什么程度呢？占发现元青花总量的 1‰吧！所以，元青花既多又少，绝对数量多但值得收藏的精品少。

元青花的真假问题，对绝大多数收藏者来说，已经不成问题了。提出元青花的分级，一方面，元青花的级别是客观存在的；另一方面，也是为了便于收藏和流通。有人会去花钱，特别是花大价钱去买一只低档次的元青花吗？人们对元青花投资和收藏，只会集中在精美的物品上。于是，从普通器物中挑选精美的器物成为当务之急，而挑选的首要条件是看使用的是不是苏料——一种来自伊朗（波斯）的钴矿。

为什么了解伊朗钴矿很重要? 因为已知的中国各地的钴矿,烧成后都不具备伊朗钴矿那样的呈色特征。俗称国产料的中国各地的钴矿,发色都偏灰,而伊朗钴料的发色是正蓝、纯蓝色,最好的发色呈宝石蓝色。其主要区别在于伊朗矿的分子结构是“高铁低锰”以及砷等元素组成的伴生矿,而中国各地的钴矿是“高锰低铁”结构,不含砷。前者简称“砷钴矿”。

人与其他动物一样,先天具有审美倾向。幼年的儿童就懂得花朵的美丽。当然,人的社会性的审美能力是后天习得的。经历生活实践的人们,仿佛天然地具有识别美与丑的能力。比如在人群中一眼挑出美丽的身材与长相,那么,是什么特征构成一件元青花的美呢?

元青花的钴料发色差别很大,只有纯正的、亮丽的、明快的蓝色才具有最高等级的美。最好的元青花使用的钴料是波斯钴料,它的高铁低锰结构以及含有几十种稀有金属的分子结构,在1300摄氏度炉温中煅烧后,竟然出现波动的、有层次的晕散,如同“墨分五色”般的美丽。要知道,一件元青花的发色是在炉温中偶然形成的,达到“增一分则太浓,减一分则太浅”的效果实属不易。伊朗国家博物馆、土耳其托普卡比宫博物馆、大英博物馆有此类发色元青花的收藏,新疆伊犁出土的元青花凤首扁壶,以及最近北京故宫博物院和上海博物馆东馆展出的元青花,部分有这种效果。

上博馆藏元青花大罐局部

民藏元青花梅瓶局部 / 选自《苏莱麻尼 · 元青花》

当然,民间收藏中有这样的宝物。

而景德镇想仿进口料的元青花，就必须模仿伊朗砷钴矿烧成后的呈色、晕散、铁锈斑沉积等。仿家唯一的办法是在化学钴料或本地产钴料中加上氧化铁粉末,或者在瓷坯上用毛笔蘸上氧化铁粉末与钴料一起渲染。其烧成后的结果怎样呢?绝对没有伊朗钴矿那样自然的、有过渡的、从深到浅的晕散,也没有铁锈斑的自然沉淀。人为痕迹处处可见。

所以,景德镇仿家亲口对我说,我们仿不出元青花的“炸”来。

有此说法是10年以前的事了。近年仿家的水平提高了吗? 2023年、2024年,我又带着伊朗钴料的“炸”能否仿出来的问题再去景德镇,在此告诉大家:依旧如故。唯一不同的是,景德镇某民间博物馆把过去元青花真瓷片的标牌撤换了,对外解释是“仿品”。

伊朗钴料的呈色特点,在微距拍摄下显示得非常清楚。这首先归功于照相机

民藏元青花大盘局部 / 选自《苏莱麻尼 · 元青花》

的革命性变革(数码工具出现),也得益于我本人曾经多次进入伊朗国家博物馆的库房,亲手拍摄了几百张元青花呈色特点的数码微距照片,并发现了这个呈色规律。

多年过去了,使用伊朗钴料着色的元青花呈色特点,被收藏实践证明是客观规律,不仅我本人受益无穷,而且公布于世后也使整个收藏界受益。我们多次举行的元青花展示活动,挑选器物的基本出发点,就是这种呈色特征。

当然,元青花的钴料有进口料,有混合料,也有国产料。判定元青花的真伪,仍然摆脱不了胎、沁、釉下气泡、画工、器型等综合因素,但对挑选出来的发色优美的顶级元青花器物,看呈色的晕散即可一锤定音。这是不容置疑的。

另外,关于元青花器上的人物故事图问题,元青花器上的人物故事很多。有的藏友统计,大约有百种之多。大多是宋元时代流传于民间的话本故事,如《西厢记》、"水浒"、《东周列国》、"三国"、"二十四孝"等,而绝不是什么某些人说的"人物八大罐""连第九个也没有"云云。确切地说,全球官方博物馆只收藏到了八个有人物故事的元青花罐,民间存在的则未加统计。

元青花人物故事的特点具有明显的宋元民俗画的风格,故事性强,线绘人物,衣服装饰之类有盛唐"吴带当风"的余韵,当然,唐代张扬的风格变得收敛、平俗,更与生活相近,从北宋《清明上河图》的人物画可见其些许特征。

我不失时机地与两岸藏友们讨论元代青花器上的图案来源,这对当代的收藏者、研究者来讲始终是个谜。终于有信息透露出来,来源之一找到了,就是秘藏在日本的元代《全相平话》。据日本研究者泷本弘之 2009 年撰文介绍《全相平话》已经问世,其影印本收录于《中国古典文学插图集成》第六册。

所谓"全相平话五种"包括:《新刊全相平话武王伐纣书》《新刊全相平话乐毅图齐七国春秋后集》《新刊全相秦并六国平话》《新刊全相平话前汉书续集》《至治新刊全相平话三国志》。这些版本皆为元至治年间(1321—1323)福建安肆所刊行。日本国立公文书馆中内阁文库所收藏的版本,是绝无仅有的天下孤本。

《全相平话》于日本大正年间(1912—1926)发现,从未完整印制发行过。2009年的出版是首次将五种版本合于一册,成为元代青花瓷人物图研究的一大契机。

而中国大陆则在几十年中分别刊印的《全相平话》,特别是进入 21 世纪,已经多次出版。然而,真正引起注意的,只是近 10 年的事情。这种图文并茂的元代原典出版发行,给元青花研究者、解密者带来无限生机。我从书中找到了元青花鬼谷子下山图的原型,其中人物关系、构图、画法等,明显看出元瓷的图案来自此书。这个线索可以说明:元青花器物上的图案《全相平话》是来源之一,其他宋元话本的插图也可能是来源,假以时日,终会有所发现。

元青花鬼谷子下山图罐 / 选自《苏莱麻尼·元青花》

《全相平话》"鬼谷子下山"(插图拼接)

第二章

书斋里的探寻

Rubai'yat (Quatrains) Omar Khay
GOOYA
青花瓷器鉴定
藏在古画里的大元史
黑水城出土赋役文书研究
列仙全传
元大都元上都研究
中国文学图像关系史
元代丝绸之路史论稿

马克思与列宁在自己的写作生涯中，都作了大量的笔记。所谓笔记，就是把有用的资料从已阅读的书籍中摘抄下来，如列宁的《哲学笔记》，大量的摘录略加评论，蔚然成篇。我在本章中所陈列的内容，可谓元代与元青花研究笔记。下面我大致将所阅读的相关书籍用笔记的办法将有用的材料摘录下来，以为本书的写作提供文字资料依据。

本章是我在准备正文写作时阅读相关文献资料时的部分笔记。在此过程中，我充分利用了上海社科院图书馆、上海图书馆的丰富藏书以及现在十分方便的网络购书条件，购买到了大量所需要的相关著作；同时，又通过“知网”等现代传媒查阅文献资料。将近 10 个月的时间，我沉浸在元代文化和波斯文化的信息氛围中，逐步形成了元青花研究的思路。这些资料经过我编辑选择，表达了我对元青花研究相关背景的认识。

写下这段文字的时候，我已经完成了全书的写作。元史、波斯文化史、古陶瓷史的种种知识，都为我解决元青花研究的疑难问题提供了理论支撑。其中特别重要的是，关于元代“回回人”与波斯人、“回回青”与“苏麻尼青”、元青花人物故事器物制作年代以及出处、元青花的美学特征，以及元青花与波斯文化、蒙古文化、汉文化、宗教文化的综合关系等问题，似乎从这些资料中寻找到了解密的线索。

第一节 大蒙古国和元代史

1.元史研究的参考书——《元史》

蔡东藩,名郕,字椿寿,号东藩,清山阴县临浦(今属浙江萧山)人,光绪十七年(1891)秀才。辛亥革命后,应邀到上海会文堂新纪书局任编辑。1916—1926年,写成《中国历朝通俗演义》,被誉为“一代史家,千秋神笔”,《元史》① 就是其中一部。该书不是严格意义的元史研究著作,但对于研究了解元青花的社会背景而言,是足以参考的。对我写作有意义的是蒙古开国的神奇故事。故事细节出神入化,让人如亲临其境,其实都是后人演绎编造,为了渲染大蒙古国创立者铁木真的家世和出身。中国传统中圣人出生总有奇异之事发生,铁木真出生时头部“棱角分明”,手握红色的血块,坚硬如石,此为“吉祥之先兆”云云。其他蒙古史的著作关于铁木真身世的描写也是大同小异。可想而知,在英雄崇拜的中世纪草原上,在没有文字的社会环境中,口口相传的故事成为后来正史的一部分。但是,铁木真(成吉思汗)是蒙古高原上体力、智慧都有过人之处的英雄,是无疑的。

中华书局繁体字校本《元史》②,是公认的权威版本。简体字《元史》③ 以史为基础,只在个别地方作了技术处理,订正了书中的一些错误。由于借阅方便,堪称研究元青花的最佳参考资料。该书大量引用《元史》各章,其中关于元代用酒由中宫节制,两都分置(上都、大都),规格之高,历史上无出其右,可想而知元朝酒业的发达程度。此条信息在元代瓷器的研究中首次被发现,也是首次使用。

---

① 蔡东藩:《元史》,北京联合出版公司 2014 年版。

② 宋濂等撰:《元史》,中华书局 1976 年版。

③ 中华书局编辑部编:《二十四史》之《元史》,中华书局 2000 年版。

2. 大蒙古国—元代时的东西文化交流

《蒙古帝国视野下的元史与东西文化交流》一书使用波斯语、中文、阿拉伯语等语种处理蒙古史资料。其中对我的研究特别有用的史料是大蒙古国南下扩占汉地(如山西等地)后的社会治理状况,以及蒙古统治下的跨欧亚商业及人员流动所带来的物质、知识的接触与交流,使用史料具体,力图复现具体的历史场景。蒙古统治者在大元国成立之前,有将近50年的时间统治和治理汉地,其中的政治、经济、文化、宗教政策,对元代瓷业生产以及元青花的诞生有极为重要的起源性作用。

书中关于"窝阔台合罕时期的分封情势""拖雷家族之山西分地考述""大德二年(1298)伊利汗国遣使元朝考""对内陆亚洲物质交流的一个考察""14世纪马穆鲁商人所述哈剌和林情报考"等议题,对元青花的早期生产和交流史研究特别有参考价值。例如,今人普遍重视元青花与藏传佛教的关系,甚至认为元青花只是藏传佛教的物质产物,西亚元青花是忽必烈宫廷对西亚各国的"赏赐",元青花与佛教的关系由于蒙古族皇室的信仰与佛教文化相关,等等。

但实际上,作为一种商品而不是一种神祇的象征物,元青花还同波斯文化、汉传文化和道教以及蒙古草原的文化传承密切相关。以蒙古国的统治者在山西为例,元代大量的石刻文献流传于世。如《草堂寺阔端太子令旨碑》《八不沙令旨碑》等元代碑刻的拓片,日本学者早就关注并研究。元代令与碑刻录了大元国建立以前,山西等地蒙古人治理下汉地的社会经济政治状况。其中对我的课题研究特别有启发的是,当年先行治理山西等汉地的忽必烈与道教的关系。元延祐年间赵城县尹王剌哈剌撰有《重修明应王殿之碑》,提及平阳路(大德七年后改为晋宁路)赵城县广胜寺中,供奉有世祖薛禅皇帝御容、佛之舍利。帝后御容的寺庙、道观……大部分皆是由其原先分地中寺观升格而来。如位于真定的玉华宫考思殿为"世祖所立。以忌日奉祀太上皇、皇太后御容",最初为忽必烈母亲唆鲁禾帖尼的分地中旧立道观。

同属平阳路的浮山、洪洞、赵城地区的道教宫观也受到拖雷—忽必烈家族的保护。拖雷—忽必烈家庭圣旨、令旨多通，如元宪宗八年《蒙哥皇帝圣旨碑》(发布于戊午年,1258 年,三月十一日)、《□□大王令旨碑》(发布于戊午年,1258 年,四月十三日)两通，发布对象均为高平县浮山天圣宫。碑文内容大致是重申蒙古大汗保护宗教，禁止侵夺寺产的命令。同时，忽必烈在蒙汗后期因参与南征，频繁遣使召见山西南部之三教士人。有意思的是，忽必烈大王亲启令旨道士姜善信，姜由于“宅心清静、禀气冲和,未来未筮而可知,所过不言而自信”,分析军国大事“莫不济矣”,深得忽必烈赏识,遂有发布令旨加以褒扬之举。①

大蒙古国大王与道教的关系，还可见于中统三年至四年(1262—1263)② 忽必烈颁发给赵城县道士姜善信圣旨四道，内容为特旨“赐靖应真人号”，命其代为“虔告禹皇”等。1275 年又发《龙门禹王庙圣旨》,1276 年再发《龙门禹王庙令碑》。

以上史料可佐证大蒙古国—元代时期的宗教政策是开放包容的，中原本土道教也令忽必烈等君王高度关注与重视。元代瓷器制作与元青花图案的宗教来源,恐怕不能从单一的藏传佛教去说明。该书引用了一些一手资料,值得参考。

关于伊儿汗国和大元国之间的海上贸易，书中说：法合鲁丁怀着欣悦之情与使臣们一起坐着 23 艘配有坚固的航海风帆的“艅船”,以及另一些装满财宝的“私舶” 动身驶向世界的新国土。在如野马般飞驰的风涛间像大山般飞驰。护送法合鲁丁返航的船队共由 23 艘“艅船”组成,这仅仅是构成船队核心的“巨舶”数目,而体积较小的“私舶”则未计入。比照马可·波罗离境时的舰队规模加大近一倍。

关于波斯与大元朝的贸易，书中说：由 13 世纪波斯大诗人萨迪(Sadi)的诗篇可直观地感知,这是怎样一个安居户牖之下就可畅谈“元方时习”的黄金岁月。

“我认识一个商人,他有一百五十头骆驼,四十名奴仆和伙伴。一天晚上,在怯

① 参见张江涛编著:《华山碑石》,三秦出版社1995年版,第262—263页。

② 元世祖中统三年为1262年,大元国建号是1271年,是元代正式建号之前9年。此时蒙古国统治者已在北京对汉地实行有效控制了。

失岛上，他把我请到自己的屋子里。整夜喋喋不休地闲聊着，说：‘……萨迪啊，我还有一次旅行在即，如果此次成行，则余生将终老户牖，不再远行。……我要把波斯的硫磺贩卖到中国(Chin)，再从那儿把瓷器带到鲁木(Rum)，把阿勒颇的玻璃卖到也门(Yama)，把也门的花布卖到法儿思(Pars)，以后我就放弃行商而坐守店铺。’”

忽必烈时期的南海政策，以及伊利汗国对波斯南部诸地的经略，初步构建出这个横跨东亚海域—印度洋—波斯湾的海洋贸易图。

关于大蒙古国国都，书中说：“哈剌和林作为蒙古帝国的首都，其名声也随之远播西方。无论在波斯语、拉丁语、亚美尼亚还是斯拉夫语文献中，其拼写形式大都是古蒙语名称的转写。日本松田孝一等学者也指出，在哈剌和林城旧址发现的元代汉—波斯双语碑铭中，其波斯语部分数次将之省称为‘和林’(Qurum)，作者不讳这是受汉语影响的结果。”

3. 忽必烈尊孔崇儒

忽必烈为了标榜文治，采取了若干尊孔和抬高儒学地位的措施，如在各地建立宣圣庙，恢复或新建各地地方官学，建立中央国子学，整顿和推行儒户制，等等。成宗铁穆耳下诏中外尊奉孔子，建立大都宣圣庙。武宗海山加封孔子为大成至圣文宣王，这是一个“阔得可怕的头衔”，“后代一直沿用”。[①]

4. 忽必烈推行汉法

1259年，忽必烈登上大蒙古国的汗位。以忽必烈的即位为标志，蒙古的国家本位和统治政策都发生了重大改变，草原本位的大蒙古国开始转变为汉地本位的

① 鲁迅：《且介亭杂文二集》，人民文学出版社1973年版，第79—85页。

元王朝。

“选人以居职,颁俸以养廉,去污以清政,劝农桑以富民。”“不及三年,号称大治。”①

5. 忽必烈降诏

“复《春秋》之正始,体火《易》之乾元。”

“宜弘远之规”“祖述变通”“与民更始”“与物以更新”。②

史家评论:“用能以夏变夷,立经陈纪,所以为一代之治者,规模宏远矣。”③

“中统二年(1261)正月,王恽等奉命图写历代君臣可法正要及古太子贤孝等事备进讲。”④

中统四年,忽必烈“问尧舜禹汤为君之道”,因命徐世隆、安藏释译《尚书》进读。至元三月十二日,传谕儒臣:“朕宜听何书,其议选来讲。”至元五年十月六日又下旨:“令自尧、舜、孔子以下,经史所载嘉言善政,明白直言,奏得来者。”⑤

中统二年(1261)八月降诏,设立诸路提举学校官,秩从六品,选博学老儒充任。

至元二十四年(1287),设国子监。

6. 忽必烈即位后,制定若干新政

“定儒户”“尊孔”。至元三十一年(1294)元成宗初即位,“诏中外崇奉孔子”,表示“孔子之道,垂宪万世,有国家者,所当崇拜”。

---

①陈高华、张帆、刘晓:《元代文化史》,中国社会科学出版社2020年版,第125页。

②陈高华、张帆、刘晓:《元代文化史》,中国社会科学出版社2020年版,第125页。

③陈高华、张帆、刘晓:《元代文化史》,中国社会科学出版社2020年版,第129页。

④陈高华、张帆、刘晓:《元代文化史》,中国社会科学出版社2020年版,第139页。

⑤陈高华、张帆、刘晓:《元代文化史》,中国社会科学出版社2020年版,第139页。

7.元帝师制度初创,忽必烈请八思巴为帝师,藏传佛教成为国教

“国家岁以二月八日迎佛于城西高良河,京府尽出富民,珠玉奇玩、狗马器服、俳优优杂、子女百戏,眩鬻以为乐。禁卒外卫中宫贵人大家,设幕以观,庐帐蔽野。诸王近侍贵臣,宝饰异服驰骏盛气以相先后。国家一日之费巨万,而民间之费称之。”①

己丑年(1229年)二月八日,在当时的燕京城,“四众奉迎释迦遗像行城,欢声沸沸”②。

8.元代的海外贸易

在忽必烈统治的末年,曾一度“禁商泛海”。但成宗即位(1294),立即取消了这一禁令。大德七年(1303),又“禁商下海”,取消市舶机构,武宗至大元年(1308)恢复。至大四年(1311),再次革罢市舶机构。仁宗延祐元年(1314)复兴,延祐七年(1320),又“罢市舶司,禁南贾人下番”,但到至治二年(1322)“复置市舶提举司于泉州、庆元、广东三路”。前后四禁四开。自此以后,一直到元朝灭亡,没有再发生变动。

在元代的对外贸易港中,以泉州、广州、庆元三处较为重要,其中尤以泉州占首位。马可·波罗曾对这个海港的规模和繁荣情况称赞不已,认为其是世界最大的海港之一。马可·波罗说,印度一切船舶运载香料及其他一切贵重货物咸莅此港。摩洛哥人白图泰曾在此港看见大舶百数,小船不可胜计。当时我国的记载也称它为“番货远物、异宝珍玩之所渊薮,殊方别域,富商巨贾之所窟宅,号为天下最”③。

根据元成宗大德八年(1304)刊印的《南海志》中有关市舶的记载,当时与广州发生贸易关系的国家和地区,已达140个以上。这些国家和地区,东起菲律宾诸岛,

---

① 陈高华、张帆、刘晓:《元代文化史》,中国社会科学出版社2020年版,第151页。

② 陈高华、张帆、刘晓:《元代文化史》,中国社会科学出版社2020年版,第152页。

③ 陈高华:《元史研究论稿》,中国社会科学出版社2020年版,第86页。

中经印尼诸岛、印度次大陆，直到波斯湾沿岸地区、阿拉伯半岛和非洲沿海地区。①根据《南海志》遗留下来的信息，元朝商舶遍及东、西洋各地，经常出入于波斯湾的波斯离（今巴士拉）、层拔罗（今桑给巴尔）等处。中国商船已经成为波斯湾和非洲各大海港的常客了。

元代输出的商品以手工业为主，其中瓷器有青白花碗、瓦瓮、粗碗、罐、壶、瓶等。至今西南亚地区，伊朗、土耳其等不少国家的博物馆中都保存有元代的瓷器，非洲不少地区也有元代瓷器遗物出土。②

元代的海外贸易极为发达，当年的泉州港（剌桐港）为东方第一大港，兴盛时出现“千帆竞发”的壮观场景。元代瓷器（包括元青花）作为大宗商品瓷，源源不断向海外运输，由此可追溯研究元青花的生产规模。

9. 宋元小说

宋元小说《五代史平话》《京本通俗小说》《大唐三藏取经诗话》《宣和遗事》《水浒传》，特为盛行。③

10. 大蒙古国—元代时期北方的烧瓷背景

大蒙古国，广义上讲，从1206年成吉思汗统一漠北建立大蒙古国算起，狭义上说的则应从1260年忽必烈将大蒙古国统治中心移到汉地，建立中原模式的中央集权官僚制统治算起。1206年到1260年是大蒙古国阶段，更精确地说是元朝的前身，其间，有半个世纪之久。在这半个世纪之中，大蒙古国灭掉金朝。大蒙古国统治的汉地包括今河南、河北、山西等地。1268年，元世祖忽必烈发起灭南宋之战。1274年攻下襄阳，1275年，元水陆联军于芜湖击溃南宋水军。1276年，元军攻陷临安，宋恭帝投降元军。1278年，南宋朝廷退至广东崖山。1279年，元朝灭南宋统一全国。

---

① 参见陈高华：《元史研究论稿》，中国社会科学出版社 2020 年版，第 186 页。

② 参见陈高华：《元史研究论稿》，中国社会科学出版社 2020 年版，第 83 页。

③ 参见邓之诚：《宋辽金夏元史》，应急管理出版社 2022 年版，第 472—473 页。

也就是说，忽必烈1260年执政大蒙古国，1268年改国号为元，经10多年战争，1279年灭南宋统一全国。

1206—1260年，大蒙古国前四汗阶段的活动中心在蒙古高原，政治经济中心是哈剌和林。在这期间，大蒙古国势力已经渗入北方汉地，与金国交集。蒙金之战从1211年开始，1234年结束，进行了13年。1234年后，大蒙古国完全统治金代所占北方汉地。从1234年开始到1268年，忽必烈改号建元，其间，共有34年时间，加上大蒙古国在灭金以前所占汉地，加起来应有半个世纪之久。北方汉地在元代正式建元以前，有半个世纪是受大蒙古国统治的。目前已发现有1264年烧制的青花五彩瓷器，有年号纪念款。所以，大蒙古国—元代时期北方的烧瓷情况究竟如何值得深入探讨。

11.推进汉地汉用政策的大蒙古国关键人物有两人

耶律楚材和忽必烈。耶律楚材，契丹人，辽太阳长子东丹王耶律倍八世孙。自幼博览经史，旁通天文、地理、律历、数术、释老、卜医等多方面知识。蒙古既入中原，耶律楚材被成吉思汗召至漠北。窝阔台在位时，主掌管汉文文书，参与机要。汉人按汉地制度称之为“中书令”。他向蒙古统治者的建言是“虽马上得天下，不可马上治天下”，推行一系列有利于恢复中原正常统治秩序的措施。

耶律楚材为保护、发展儒家传统文化进行了不懈的努力。在他的努力请求下，大蒙古国寻访得孔子51代孙孔元措，仍命袭“衍圣公”之爵。又在燕京设立编修所，刊印经史等著作。金亡前后，“士大夫混于杂役，堕于屠沽(沽)，去为黄冠”，耶律楚材奏准在1238年大蒙古国在中原开科取士，4030人中选，其中约1/4人来自“驱口”，重获自由，其中一些人后来成为元朝重臣，史称“戊戌显选试”。此为大蒙古国统治者自进入中原汉地后“以汉制汉”的一个生动体现。虽然此项政策后来不断遭到蒙古贵族“以草原为本”思想的抵制，但历史车轮总是朝前滚动。蒙古汗室内部终于出现了倾向于汉化的代表人物，即元代开国之君忽必烈。①

① 参见张帆等：《辽夏金元史》，中信出版集团2023年版，第250—252页。

12. 忽必烈建元后推行汉法的五个方面

根据《辽夏金元史》一书，忽必烈建元后推行汉法有以下五个方面。

（1）建立年号、国号以及有关礼仪制度。忽必烈一即汗位，即采用中国传统的王朝纪年年号，定年号为“中统”。中统五年八月，阿里布哥归降后复改年号为“至元”。至元八年（1271）十一月取《易经》“大哉乾元”之意定国号为“大元”。在此前后，忽必烈还下诏在燕京（今北京）设太庙祭祀祖先，并按照中原仪制供节日、庆典使用的朝仪。

（2）定都汉地。至元九年（1272）正式定新城为大都（今北京），这是北京在历史上第一次成为统一王朝的首都。

（3）建立汉式官僚机构，设吏、户、礼、兵、刑、工六部等。

（4）实行重农政策。除推出各项兴农举措外，还汇集历代农学著作，删繁撮要，编成《农桑辑要》一书，颁行全国。

（5）遵从儒学。重建地方官学体系，又在中央设立国子学，任命大儒许衡为国子祭酒。

忽必烈用汉制，但蒙古贵族的传统力量顽固，在执政中二元性思路十分明显，若干事关政权进一步汉化的重大举措屡议屡置，悬而未决。例如科举未开，“士无入仕之阶，或习刀笔以为吏胥，或执仆役以事官僚，或做技巧贩鬻以为工匠商贾”，以至“天下习儒者少”。忽必烈即位以后，很多大臣一再提议开设科举，但最后总是“议者不一而罢”。

忽必烈掌权以后，他长期与汉族士人接触，他周边的金莲川谋士集团都是汉族文人政客，所以，推行汉法态度很坚决，但蒙古贵族的本质和旧势力的牵制使他的推行汉制政策难以彻底，对元代文化的影响而言，不少文人雅士沉落底层，“以为工匠商贾”，以致“天下习儒者少”。[①]

元代的文化政策就是这样在两者之间摆动。但对瓷器生产而言，由于属于民间商业行为，这与元曲、元杂剧一样，统治者并不严加干涉与限制。杂剧的汉族题

① 参见张帆等：《辽夏金元史》，中信出版集团 2023 年版，第 266—279 页。

材丰富多彩，并且从宋、金时代已形成规模，元代以来更是兴旺发达，成为民间文艺和文化的一种景观。

13.元代的赏赐制度

大蒙古国时期，大汗向诸王贵族赏赐大量金银财帛。除即位时颁发巨额赏赐外，平时还有固定的岁赐。入元后，有关制度仍然沿用。中统元年（1260），岁赐总额为银60850两，帛3050匹，钞141锭，绢5098匹，绵5148斤，“自是岁以为常”。

元中后期暂时的排汉政策持续不长久，据《脱脱传》，“顺帝在位前期，权臣伯颜当政，仇视汉人，推行了一些反汉化的措施，科举一度停摆。伯颜倒台后，脱脱任相，改元至正，实施‘更化’，恢复科举取士，太庙四时之祭，整顿国子监，遴选儒臣辅导顺帝读书，一时‘翕然称为贤相’”。

上述信息所反映的历史，被明代及以后的文人带着种族偏见夸大、渲染，最后成为历史的一部分。今人所知元代的排汉、仇汉的传说，大多出自对伯颜时期历史的夸大和片面理解。从总体上看，有元一代还是对汉文化采取了亲和的态度，只因为鸿沟不易打消，而使元代的统治上层与民间社会一直无法真正融合，这与清代就完全不同了。

14.《辽夏金元史》中的元代民族大融合

书中如是说，在大一统的局面下，元朝出现了引人注目的民族杂居现象。首先是一些周边民族，主要是漠北的蒙古人和西北的色目各族人，因从政、驻防、屯田、谪戍、流亡、经商等原因大量涌入内地，与汉族混杂而居。如方志记载元朝后期镇江城的侨寓人口即达13000余人，其中包括蒙古、畏兀儿、回回、河西（即西夏）、契丹、女真等多种民族。不同民族文化相互影响，交相辉映，成为元朝显著的时代特色。

钦察汗国是由成吉思汗长子术赤封地发展而成的国家。术赤之子拔都在完成蒙古第二次西征之后，将营帐迁至伏尔加河下游，形成了以钦察草原为中心，东起额尔齐斯河，西包俄罗斯平原的庞大汗国，亦称金帐汗国。元朝与金帐汗国之间建立的经济、文化联系，是其他朝代无法比拟的。其首都萨莱当时是沟通东西陆路交通的国际性都市，输入的中国商品十分丰富，还有不少工匠在那里从事工业生产。

伊儿汗国东起阿姆河和印度河，西达小亚细亚，南抵波斯湾，北至高加索山。其汗室在四大汗国中与元朝皇室血缘最近，因此与元廷的关系一直很好，来往最为密切。伊儿汗国以波斯为中心，与中原元王朝发生密切联系。①

15. 花剌子模的10万工匠

成吉思汗派自己的儿子术赤、察合台、窝阔台向花剌子模进军，征服了花剌子模国，位于现在的乌兹别克斯坦。花剌子模的历史可以追溯到公元700年前后，当时被阿拉伯人征服。在11—13世纪，花剌子模受塞尔柱突厥统治，领土扩至波斯、阿富汗一带，强盛时期扩展到伊朗高原大部分，1231年被蒙古帝国征服。人种主要由波斯人和突厥人组成。《史集》第一卷第二分册中描述了蒙古骑兵攻占花剌子模城“玉龙杰赤”的情景。“蒙古人展开激战，将城内一个街区接着一个街区，一个院子接着一个院子地攻占下来，然后拆毁、付之一炬，这样花了七天时间才将全城整个儿占领。他们将居民一下子全部驱到野外，从他们中间将十万名左右的工匠分出来，押送到东方去，青年妇女和孩子们也驱入俘虏队，剩下的人则分配给军队屠杀。据人们确切地说，五万蒙古人每人分配到二十四人。”②

请注意：蒙古大军攻击花剌子模国以后，10万名左右的工匠被押送到东方。这段由13世纪波斯人所写的文献，确切地记载了波斯工匠到东方中国劳作的历史事实。

---

① 参见张帆等：《辽夏金元史》，中信出版集团2023年版，第378—379页。

② 拉斯特主编：《史集》第一卷，商务印书馆1983年版，第326页。

16. 忽必烈依汉制治理元朝的人才基础——金莲川幕府

历史上著名的"金莲川幕府"是忽必烈日后主政元朝依汉制治理元朝重要的人才基础。他在受命管理漠南汉地前，已经在四处寻访人才，加入自己的幕府。其主要人物在历史上赫赫有名的有：刘秉忠、赵壁、姚枢、许衡、赵良弼、扬奂等。这些人都是中州精英和贤能智士。他们分别从自己的学术志趣出发，阐扬各自的政治理想，希望为忽必烈所采用，竭力在总领漠南的施政下留下一些属于己方主张的印痕。

忽必烈重用汉族上层知识分子，在大元国的早期年岁中成为社会稳定发展的前提。

刘秉忠学贯儒、佛、道三教，"通晓音律，精算数，善推步，仰观占候，六壬遁甲，易经象数，邵氏皇极之书，靡不周知"。不仅"学术通神明，机算若龟策"，而且娴熟治国之道。到漠北之初，刘秉忠曾经屡次上书献策，"皆尊王庇民之事"。但忽必烈最欣赏的是其"阴阳术数之精，占事知来，若合符契"，而且有所谓"唯朕知之，他人不得与闻"的神秘约定。

刘秉忠与忽必烈"情好日密，话必夜阑，如鱼得水，如虎在山"。

刘秉忠在日后的元朝历史上起了巨大的作用。

在战马倥偬之际，忽必烈在前线将战事抛在一边，接连面见著名儒士宋子贞、商挺、李昶与相州隐士杜瑛，询问治理天下大计。名儒建议攻占敌城，用兵以"伐罪、救民、不嗜杀"为准绳。忽必烈听众劝告，"分命诸将毋妄杀，毋焚人室庐，所获生口悉纵之"。对违命者，忽必烈杀之以儆效尤。①

各种历史的因缘，亲汉文化的忽必烈治理漠南而后建立大元国使得汉文化在几乎不受阻挡、不受压制的情况下得以生存和发展，也使元代制瓷工业获得了空前的发展。同时，忽必烈的亲弟弟旭烈兀被其兄蒙哥先行派往西亚一带，攻占伊朗、伊拉克等地，建立了伊儿汗国，大元国与占据现俄罗斯、中亚各国地盘的金帐汗国、窝阔台汗国关系疏远甚至敌对，但与伊儿汗国关系密切，经济贸易关系畅通，保持

① 参见班布尔汗：《细读元朝一百六十年》，华文出版社 2021 年版，第 71—73 页。

了13—14世纪的丝绸之路的畅通，也为波斯—阿拉伯科技、文化、工艺生产等通过畅通的丝绸之路的交融，提供了保障。

17.蒙古汗统治时期的治国特色

据《蒙古考古》，在蒙古汗的统治下，这一时期的中国在经济和文化方面都得到了迅速发展。蒙古汗尽量最大限度地保留原有的国家机构和制度，与当地官员共同治理国家，并尊重他们的意志。

“近年来十分重要的发现是，在距离宫殿不远处发现4座烧制陶质建筑饰件和砖的圆形砖窑。”①

元 / 刘贯道 / 元世祖出猎图(局部)

① D. 策温道尔吉等：《蒙古考古》，上海古籍出版社 2019 年版，第 105 页。

第二节 元代文化

1.“元朝”的两种理解方式

1206 年成吉思汗建立大蒙古国。大蒙古国的第五代大汗忽必烈仿效“汉法”，建号改元。他在至元八年(1271)颁布的《建国号诏》中说:“可建国号曰大元，盖取《易经》乾元之义。”大蒙古国前四汗的历史，是元朝历史的组成部分。元朝这个概念,可以有两种理解:一种指1271年以“元”为国号起到1368年灭亡为止,前人有“元朝享国不及百年”之说，即指此而言;另一种指成吉思汗1206年建国到1368年灭亡为止。明人编《元史》,即是从太祖成吉思汗开始的。

忽必烈以前,大蒙古国先后有四位大汗,即成吉思汗、窝阔台汗、贵由汗和蒙哥汗,分别尊称为太祖、太宗、定宗、宪宗,忽必烈被尊称为世祖。如此算来,元朝的历史,始于1206年,终于1368年,共14帝,延续了162年。前四期时期,官方使用畏兀体蒙古字、汉字和“回回字”(波斯文)。忽必烈命八思巴创造“蒙古新字”(后称蒙古字,俗称八思巴字)[1]。

2. 院本与杂剧

关于院本与杂剧，元初人胡祇遹说:“乐音与政通，而使剧亦随时所尚变。近代教坊院本之外,再变而为杂剧。所谓之杂,上则朝廷君臣政治之得失,下则闾里市井父子兄弟夫妇朋友之厚薄,以至医药卜筮释道商贾之人情物理,殊方异域、风俗语言之不同,无一物不得其情,不穷其志。”

蒙古统治者在征服中原过程中,十分重视各类技术人才,对汉地的歌舞艺术

---

① 参见陈高华、张帆、刘晓:《元代文化史》,中国社会科学出版社 2020 年版,绪论。

也比较喜爱。早在进入中原之初，每遇屠城，采工与工匠、僧、道均在被保护之列。①

据《长春真人西游记》一书记载，丘处机于辛巳年（1221）二月自宣德州（河北宣化）出发，一路向西，历抚州（今内蒙古兴和）、盖里泊（今内蒙古太仆寺旗克勒湖）、盘儿泊（今内蒙古达赖诺尔）、陆局河（今古鲁伦河）、曷剌肖城（今蒙古国乌里雅苏台）、金山（今阿尔泰山）、阴山（今新疆境内天山）、赛蓝（今哈萨克斯坦境内）等地。

“四月到达阿富汗北部成吉思汗营地，并于次年辞别成吉思汗东返，九月回到燕京。可见大元国初期，成吉思汗向西扩展疆土之盛、之烈。”②

“丘处机一行西行时，听说‘西北千余里俭俭州出良铁，多青鼠，亦收穈麦。汉匠千百人居之，织绫罗绵绮’。俭俭州，即清代的唐努乌浔海，元代纳入版图。”③

8世纪中叶以后，在很长一段时间内，中原的汉文化文献中已经没有关于高昌（今新疆的吐鲁番）、于阗（今新疆和田）历史地理、风土人情的记载，此书开阔了视野。它们对研究13世纪及其以前中亚、西南亚历史和蒙古历史具有重要参考价值。④

3.书院兴盛

元代书院“布满于四方”“比比皆是”“视前代倍百矣”。后人也称“书院之设，莫盛于元”。⑤

有人曾检索史料，列举出408所元代书院的名称，元代书院实际数量肯定远在此之上。⑥

---

①参见陈高华、张帆、刘晓：《元代文化史》，中国社会科学出版社2020年版，第108页。

②王国维《长春真人西游记校注》。

③陈高华、张帆、刘晓：《元代文化史》，中国社会科学出版社2020年版，第120页。

④参见陈高华、张帆、刘晓：《元代文化史》，中国社会科学出版社2020年版，第121页。

⑤参见陈高华、张帆、刘晓：《元代文化史》，中国社会科学出版社2020年版，第383页。

⑥参见徐梓：《元代书院研究》，社会科学文献出版社，第162—164页。

元代是程朱理学在全国范围内确立统治地位的时期:“国家提封之广,前代所无。而自京师通都大府,至于海表穷乡下邑,莫不建学立师,授圣贤之师以教乎其人。群经四书之说,自朱子折衷论定,学者传之。我国家尊信其学,而讲诵授受必以是为则,而天下之学皆朱子之书。”①

4.元代话本早已记载的传奇和故事

陈垣:《西域人华化考》,上海古籍出版社,2000年版。此书于我的研究极为重要,关于西亚波斯人为主的“回回人”东来问题,有极为丰富的阐述。

5.元代后期演三国

元代后期,著名文士杨维桢在《送朱女士桂英演史序》中写道: “朱氏名桂英,家在钱塘。世为衣冠旧族,善记稗官小说,演史于三国,五季。因廷至舟中,为予说道君艮岳及秦太师事。座客倾耳。”②

6.现存可以确定的8种元代讲史类话本

《武王伐纣书》《乐毅图齐七国春秋后集》《秦并六国》《前汉书续集》《三国志》《薛仁贵征辽事略》《宣和遗事》《三分事略》。前五种合称《全相平话》,有元至治建安虞氏刻本。版式一致,上图下文,故有此称。这五种平话分别叙述商亡周兴,战国时乐毅伐齐和孙膑破燕,秦朝统一和灭亡,汉初吕后专权和文帝复兴汉室,以及魏、蜀、吴三国鼎立和晋朝统一的历史故事。《薛仁贵征辽事略》见于《永乐大典》卷5244“辽”宗门。《宣和遗事》这部平话叙述的主要是宋徽宗一朝的历史故事,其中有宋江等36人的事迹。《三分事略》有元刊本,可能刊刻于福建建安书坊,内

---

① 参见陈高华、张帆、刘晓:《元代文化史》,中国社会科学出版社 2020 年版,第 390 页。

② 参见陈高华、张帆、刘晓:《元代文化史》,中国社会科学出版社 2020 年版,第 436 页。

容与《三国志平话》大体相同。[①]传世的《五代史平话》，一般认为是宋或金刻本。

7.《宣和遗事》中已有“水浒”故事的雏形

元代杂剧中也有许多以“水浒”故事为题材的作品，如《燕青博鱼》（李文蔚作）、《李逵负荆》（康进之作）、《黑旋风双献功》（高文秀作）等。宋末元初的画家龚开作的《宋江三十六人赞》，已经流传很广。在元代，经过说话人和书会才人的共同努力，“水浒”的故事的基本轮廓已经形成。《水浒传》正式成书的执笔人实际上是以书会才人撰写的有关话本、杂剧为基础，加工、改写而成的。[②]

8.关羽崇拜在元代盛行

三国故事在唐代已经在民间流传，两宋时期传播更广。元代三国故事深入人心，不少作家诗文中涉及三国故事。关羽崇拜在元代盛行。[③]

9.元青花器物上的图案来源

元青花器物上的图案来源，大多是元代工匠按照宋元话本、杂剧等插图本故事临摹，题材丰富多彩。《元杂剧史》可提供有价值的资料参考。

我们今天还有其他的重要资料可利用，那就是在山西、河南和陕西等地发现的大量戏曲文物（包括戏曲壁画、舞台戏俑等）。如果说，早年发现的山西洪洞明应王殿壁画，由于它对研究元剧的演出形式具有重要价值，因而曾经引起元剧研究者的惊喜，那么，40多年来出现的戏曲文物，如河南偃师宋墓杂剧砖雕、山西侯马金代董氏墓中的戏俑和山西芮城元代潘氏墓椁石刻演剧图等，都从不同的方面为

---

① 参见陈高华、张帆、刘晓：《元代文化史》，中国社会科学出版社 2020 年版，第 437 页。

② 参见陈高华、张帆、刘晓：《元代文化史》，中国社会科学出版社 2020 年版，第 438 页。

③ 参见陈高华、徐吉军主编：《中国风俗通史》，上海文艺出版社 2001 年版，第 361—363 页。

元剧形式的研究提供了重要材料。[①]

10.元代杂剧元刊本:《元代杂剧三十种》

1962年有郑骞《校订元刊杂剧三十种》,1980年有徐沁君校注《新刊元杂剧三十种》,1988年有宁希元校点《元刊杂剧三十种新校》。元刊本原是明代文学家兼藏书家李开先(1502—1568)的旧藏,清代归藏书家黄丕烈(1763—1825)所有,后此书为罗振玉(1866—1940)所得。1914年,日本京都帝国大学从罗振玉处借出原书,请当时著名刻工陶子麟复刻,题为《覆元椠古今杂剧三十种》。1924年,中国书店又将复刻本照像石印,题为《元刻古今杂剧三十种》,王国维又对其考订排次序,并作序《元刊杂剧三十种序》一文。

与元代瓷器图案相关故事还有"周公摄政""追韩信""关大王单刀会"等。关于元杂剧,还可参考山西师大戏曲文物研究所的成果:"山西洪洞县明应王殿元杂剧壁画可以看到当时杂剧作场的场面,元大德七年(1303)庙重建,壁画成于泰定元年(1324)。"[②]

11.俗文学已成为元代文坛的新盟主

郑振铎在《中国文学研究》中谈道:歌唱诸宫调的人们也成为一种专一的职业,与演剧的团体、说书的先生们有鼎足三分当时之文坛之势。

12.元青花人物故事之《西厢记》,作者王实甫,名德信,大都人

"新杂剧,旧传奇,《西厢记》天下夺魁。"戴不凡《王实甫年代新探》一文认为,

---

① 李修生:《元杂剧史》,江苏古籍出版社2002年版,序。

② 山西师范大学戏曲文物研究所编:《宋金元戏曲文物图论》,山西人民出版社1987年版,第59页。

③ 参见《戴不凡戏曲研究论文集》,浙江人民出版社1982年版,第62—81页。

《西厢记》杂剧作于金代，王实甫至少和关汉卿同时，甚至比关汉卿更早。[3] 王实甫撰杂剧14种，其中《崔莺莺待月西厢记》为全本流传下来的四种之一。《西厢记》是一部以多本连演一个故事的杂剧，"崔莺莺夜听琴""草桥店梦莺莺"为元青花器物上常见图案。"拷红"故事如下：莺莺终于冲破精神束缚，与张生在西厢相会。老夫人察觉崔莺莺精神恍惚，便拷打红娘。红娘说出真情，并指责老夫人失信背义，建议成全他们的婚事。老夫人被迫答应云云。郑振铎在《文学大纲》中说："中国文学史上，描写如此细腻青年男女恋爱心境的过程的，除《西厢记》外，无第二部。"这部宣传"有情人终成眷属"的剧本成为家喻户晓的作品。

13. 杭州成为杂剧活动的中心

杭州，宋为临安府，北宋时已是"东南第一州"，南宋为首都。元世祖至元十三年(1276)平江南，立两浙都督府，又改为安抚司。至元二十一年(1284)立江浙行省，为省治。元江浙行省，包括今江苏省长江以南部分和福建省。杭州虽然经历了元灭宋的战争，但并没有受到大的破坏。关汉卿所写的《杭州景》套曲，描写杭州当时的面貌为："普天下锦绣乡，寰泊内风流地。大元朝新附国，亡宋家旧华夷。山秀水奇，一到处堪游戏。这答儿忒富贵，满城中绣幕风帘，一哄地人烟凑集。"[1]

杂剧的演出和刊刻，都以杭州为盛。

14. 元代杂剧家郑光祖

郑光祖在两浙行省建立后到江南任吏官，作为来寻找出路的儒生，一生都没有跻身于要官显爵，而是终老沉埋下僚。郑光祖饱读史书、极有才华，而官运不济，沉埋下僚作杂剧而享誉市井，符合元朝的实情。

郑光祖所作杂剧，据《录鬼簿》记载有17种，其中与元青花器上常见故事纹饰有关的有《周亚夫细柳营》《秦赵高指鹿为马》《虎牢关三战吕布》《周公辅成王摄

---

① 隋树森编著：《全元散曲》，中华书局1964年版，第171—172页。

政》等。其中《周亚夫细柳营》故事图在元青花器物上大量复制，家喻户晓。《虎牢关三战吕布》也是元青花器物上的常见图。《周公辅成王摄政》，今存有元刊本，题为“古杭新刊”，这是元代中后期至明初很流行的故事题材。

15.《虎牢关三战吕布》也是元代常演出的剧目

元曲杂剧大家武汉臣也有一本剧名完全相同的杂剧。这本杂剧情节与《三国志平话》基本相同，袁绍等18路诸侯在虎牢关前与吕布交战，不能取胜。曹操催粮路过德州平原县，得了刘备、关羽、张飞三人，修书举荐至孙坚军前，孙坚轻视三人。孙坚与吕布交战大败，丢下衣甲头盔。吕布的部将杨奉拿着孙坚的衣甲去献功，被张飞夺回。孙坚谎报军情，被张飞拆穿。最后刘、张合力战败吕布。这个杂剧以张飞为主角，张飞的形象还保留着元代通俗文学中的粗犷本色。

16. 宋元杂剧为元青花和元彩瓷的烧造提供取之不尽的素材

《元代杂剧全目》一书中著录元代杂剧曲目737种，包括元人杂剧作品550种，元明之间无名氏作品187种。

在传承前代故事、话本的基础上，大量失意文人在江南繁华之都创作元代杂剧，并在民间舞台上演出这些脍炙人口的民间故事，使俗文化的花朵绽放，成为有元一代文化景象的一道独特风景。这些杂剧中的诸葛亮、关羽、张飞、百花亭、鲁智深、刘玄德、萧何、韩信、二郎神等都是元青花器物上常见的人物图主角。《随何赚风魔蒯通》演的是韩信功高震主，蒯通装疯避祸的故事。事迹出自《史记·淮阴侯列传》《汉书·蒯通传》，《前汉书评话》也有此情节，但略有出入。《锦云堂暗定连环计》讲的是王允等剪除董卓事，剧本故事当依据传说，《三国志平话》载有此事。《庞涓夜走马陵道》演的是孙膑、庞涓同在云梦山师从鬼谷子学习兵法，下山后进取功名，庞涓妒忌其才华，设计陷害，孙膑受辱复仇的故事。《史记·孙子吴起列传》记孙武后人孙膑事，其内容与讲史评话相同，明、清均有传承改变并有弋腔、京剧、秦腔、豫剧改本演出，可见其故事在民间流传之广。

当今元青花研究中有一种主流说法，认定元青花上的人物故事大多是汉族历史人物，而且是元末农民起义军占领景德镇后为新主人时烧造的。从以上材料可知，元青花上的人物故事，宋元话本杂剧早已流传，怎么可能在瓷器烧造中被禁止呢？以杭州为中心辐射福建、江苏的杂剧创作与演出的兴盛，无疑为景德镇窑工的元青花和元彩瓷的烧造提供了艺术灵感和取之不尽的素材。

17. 关于元朝的曲与话本

曲包括散曲和杂剧。散曲是继词之后新出现的一种用于演唱的韵文，有小令、套数两种形式。小令为单曲，体裁与词相近，较多采用口语，语言风格倾向于俚俗、诙谐。散曲起源于宋、金的市井小曲，大致形成于金朝后期。到元朝，散曲的发展进入鼎盛时期。而元杂剧有更为丰富复杂的内容。上则朝廷君臣政治之得失，下则闾里市井父子兄弟夫妇朋友之厚薄，以至医药卜筮释道商贾之人情物性，殊方异域风俗语言之不同，无一物不得其情不穷其态。《单刀会》《西厢记》《汉宫秋》《赵氏孤儿》等杂剧广为流布，家喻户晓。[①]

“说书”是宋、元城市中比较常见的娱乐活动，时称“说话”。说书内容的底本则为话本。它主要由白话撰写，编印后形成通俗读物。代表作品为元英宗时书商辑刊的《全相平话五种》，包括《三国志平话》《武王伐纣书》《乐毅图齐七国春秋后集》《秦并六国平话》《全汉书平话续集》等。[②]元朝话本（尤其是长篇讲史）的发展，直接孕育了元明之际的两部长篇小说巨著《水浒传》和《三国演义》，两书的内容直接来源于宋元话本。

18. 与元青花图案或有关联的作品

宋元话本、元曲、元杂剧不仅是戏曲文化的主要呈现样式，也是元青花及元

---

① 参见张帆等：《辽夏金元史》，中信出版集团 2023 年版，第 411 页。

② 参见张帆等：《辽夏金元史》，中信出版集团 2023 年版，第 412 页。

代瓷器上故事图案的直接来源。元人将元曲，包括其他种种话本名录收辑成书，明人补充校订，让后人得以一窥元曲名录的真面目。现将与元青花器物上有关的元曲故事篇目作一辑录，以资研究用。《录鬼簿》收录100多位散曲艺人的作品目录，其中已经或疑似与元青花有关的是：

(1)关汉卿：《拜月亭》《哭昭君》《进西施》《单刀会》《敬德降唐》《闹荆州》《救周勃》《管宁割席》《孙康映雪》；

(2)白仁甫：《高祖归庄》《斩白蛇》《墙头马上》；

(3)庾吉甫：《买臣负薪》《周处三害》《鸡鸣度关》；

(4)高文秀：《谒鲁肃》《打瓦罐》《廉颇负荆》《黑旋风牡丹园》《病樊哙打吕青》《黑旋风乔教学》《黑旋风双献头》《刘先生襄阳会》《子胥走樊城》《班超投笔》《禹王庙霸王举鼎》《黑旋风借尸还魂》；

(5)马致远：《汉宫秋》《岳阳楼》《踏雪寻梅》《陈抟高卧》；

(6)王实甫：《西厢记》《破窑记》《芙蓉亭》《多月亭》《曹子建七步成章》；

(7)李文蔚：《圯桥进履》《燕青射雁》《燕青博鱼》；

(8)史九散仙：《庄周梦》；

(9)尚仲贤：《张生煮海》《柳毅传书》；

(10)张时起：《昭君出塞》；

(11)纪君祥：《赵氏孤儿》；

(12)李寿卿：《斩韩信》；

(13)武汉臣：《三战吕布》；

(14)王仲文：《五丈原》《锦香亭》《王祥卧冰》《诸葛祭风》；

(15)于伯渊：《斩吕布》；

(16)岳伯川：《铁拐李岳》；

(17)康进之：《黑旋风负荆》《黑旋风收心》《细柳营》；

(18)赵文英：《武王伐纣》；

(19)红字李二：《武松打虎》。

以上所抄录仅十之有二，元代曲、剧之丰富，实在出乎常人之想象。坊间所流传的官方承认的元青花“八大码”，如“昭君出塞”图罐、“三顾茅庐”图罐、“周亚夫屯兵细柳营”图罐、“尉迟恭单骑救主”图罐、“西厢记焚香”图罐、“百花亭”图罐、“追韩信”图罐、“锦香亭”图罐的故事，都可以在《录鬼簿》中找到出处。“鬼谷子下山”人物图则可以在《全相平话》中找到出处。元人所撰编的《录鬼簿》中，这七个故事仅仅是数百个曲目之中的一个极小的部分。

元曲、元杂剧，用今天的话来讲是通俗文化，街头巷尾、市井酒肆都有戏班子在演出，除看《全相平话》这样的小人书外，不识字的大众的最大文化消费就是在街头欣赏元曲与杂剧了。所以，在民间收藏的元青花中，还有大量的“三国”“水浒”“西游记”以及“春秋战国”故事，就不足为奇了。

19.《宋元戏曲考》

“凡一代有一代之文学：楚之骚，汉之赋，六代之骈语，唐之诗，宋之词，元之曲，皆所谓一代之文学，而后世莫能继焉者也。独元人之曲，为时既近，托体稍卑，故两朝史志与《四库》集部，均不著于录；后世儒硕，皆鄙弃不复道。而为此学者，大率不学之徒；即有一二学子，以余力及此，亦未能观其会通，窥其奥窔者。遂使一代文献，郁堙沉晦者且数百年，愚甚惑焉”。

20. 王国维所录元杂剧之目录①

吴昌龄：《唐三藏西天取经》，金有“唐三藏”；

王宝父：《崔莺莺待月西厢记》，宋有莺莺六公；

无名氏：《逞风流王焕百花亭》，宋末有王焕戏文；

金仁杰：《萧何追韩信》，王国维注，“元刊本，录鬼簿正音谱著录，录鬼簿作‘萧何月底追韩信’”。

---

① 明初人记载元杂剧 560 种，单单作于至顺元年至至正五年所记有 458 本。见王国维《宋元戏曲考》第 80 页。

21.平话《乐毅图齐》与元代杂剧《后七国乐毅图齐》有密切关系

其人物有“燕王”“乐毅”“燕王攻齐”“乐毅伐齐”“燕昭王”,见《三国故事在元代》,载赵景深《中国古典小说戏曲论集》,上海古籍出版社1985年版,第287页。“三顾茅庐”图像为封面。①

《汉文帝看细柳营》故事凸显了周亚夫治国之严、军纪严明。见《全相平话》,解释文见《中国文学图像关系史》,第285页。参见周心慧:《中国古代版刻版画史论集》,学苑出版社1998年版。

参见蒋星煜《〈西厢记〉的文献学研究》,上海古籍出版社1997年版,第25页。“元刊《西厢记》插图为单面方式图,完整保存下来的一幅图题‘孙飞虎升帐’”,另半幅栏目无存,似为“月下听琴”一出的插图。②

22.《西厢记》插图数量最多的是弘治岳刻本

刊刻于弘治十一年(1498)的弘治岳刻本《新刊大字魁本全相参增奇妙注释西厢记》依据情节绘制,共有156个长短不一的标题,一出一图,共计273页。少则一页一图,多则两页、三页乃至八页一幅完整的图,共计156幅图。图片连贯,与文本相吻合。③

---

① 参见赵宪章总主编:《中国文学图像关系史》(辽金元卷),江苏凤凰教育出版社2020年版,第220页。

② 参见赵宪章总主编:《中国文学图像关系史》(辽金元卷),江苏凤凰教育出版社2020年版,第297页。

③ 参见赵宪章总主编:《中国文学图像关系史》(辽金元卷),江苏凤凰教育出版社2020年版,第303页。

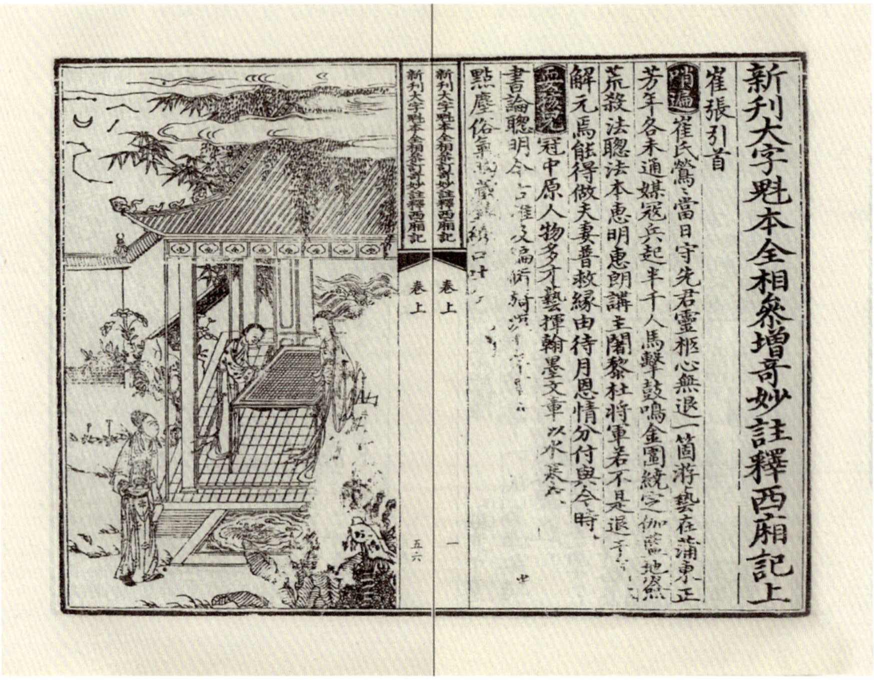

弘治岳刻本《新刊大字魁本全相参增奇妙注释西厢记》

23. 元青花人物故事图的出处

元青花人物故事图的出处和来源一直是个谜，文物圈里只承认“八大码”，即现在已知的基本上是国外收藏的八个人物故事罐，而且真的以为元青花人物故事器物全世界仅存八个。这个结论，与收藏实践完全不符。根据已有的资料，元青花上的人物故事图基本上都源自元代的“平话”“杂剧”“元曲”等相关故事。特别是“半图半文”的平话，类似现今的连环画，故事是现成的，图案也是现在的，现以《全相平话》为例，再论其他，寻找元青花人物故事纹的来龙去脉。

参看《全相平话》所刊图案，可见元青花鬼谷子下山图出处，三国故事也有大量情节人物关系与元青花器物图类同的页面。

金 / 张瑀 / 文姬归汉图（局部）

第三节 其他

1.哈剌和林有大量外来工匠和窑厂

《世界征服者史》是了解元史的必读书。其中关于工匠问题，有一条信息特别重要："哈剌和林也有大量外来工匠。自窝阔台建立哈剌和林始，从契丹往这里送各类工匠，从伊斯兰各地也送来各类工匠。"①

另据白石典之《考古学的研究》，"和林城东门是通往漠北交通干道的交会点，从东门向市中心沿途多分布有中型建筑物，经考研后发现了冶炼作坊和窑厂遗迹"。在大蒙古国时期发现哈剌和林有"窑厂"，这对我们了解元瓷的早期历史提供了视点。

2.《伊朗细密画中的中国元素》

"面对外来侵略，伊朗人采取了折中的办法：接受了新的宗教，同时没有放弃自己的古老的风俗习惯。他们通过整合两种文明，创造了新的文明——其中健康自身的元素得到了保留而且更为突出。"②伊朗绘画中融入了中国元素，表明：中世纪的伊朗和伊朗人对多元文化的包容和创新，而元代宽松的环境使这种包容能够产生新的工艺产品——元青花。

---

① 志费尼：《世界征服者史》上册，内蒙古人民出版社1980年版，第277页。

② 纳思霖·达斯坦：《伊朗细密画中的中国元素》，大象出版社2022年版，序。

3.《中国伊朗文化交流史》

叶奕良,北大外国语学院教授,《伊朗通史》的译者。他撰写的《中国伊朗文化交流史》(国际文化出版公司,2020年版)提供了塔里木盆地克孜尔千佛洞的壁画,画中人物穿着萨珊式样的服装,还有其他图像值得参考。

4.“帖里干道”

燕京至和林的路线,就是元代有名的“帖里干道”,连接中原与漠北的“兀鲁思两道”之一。“帖里干”是蒙古语“东”的音译。“兀鲁思”在蒙古语中原意为“国家”“人民”。“兀鲁思两道”是两条“官道”之一。①

5.六种西域、蒙古行纪专著

(1)耶律楚材撰著《西游录》。足本藏日本宫内省图书寮,中文本收入《中外交通史籍丛书》。

(2)李志常编写《长春真人西游记》两卷,常见有王国维《长春真人西游记校注》,收在《古行纪国各校录》内。

(3)刘郁记录旭烈兀西征的《西使记》,收于元人王恽的《玉堂嘉话》内。

(4)张德辉《纪行》(张德辉1247年夏应藩王忽必烈之聘到漠北,走帖里干道)。《纪行》最早收在王恽《玉堂嘉话》,见《秋涧集》卷100。姚从吾有《张德辉〈岭北纪行〉足本校注》,收入《台湾大学文史哲学报》1962年第11期。

(5)刘祁《北使记》。王国维《古行记四种校录》收有此文,见《王国维遗书》。

---

① 陈得芝:《元岭北行者诸驿道考》,载《元史及北方民族史研究集刊》1977年第二期。

(6)彭大雅《黑鞑事略》。王国维评注:“蒙古开创时,史料最少。此书贡献,当不在《秘史》《东征录》之下也。”

以上史料,可以窥见大蒙古国初创期间向南、向西扩展疆土,气吞万里之势不可阻挡。特别是打通了以哈剌和林为中心的东西两段的陆路疆域。西部直达西亚诸地,东部到达中原汉地。陆上丝绸之路由此开通。其间,大量的西亚商人,特别是波斯人进入蒙古高原和中原地区,形成东西方商业大流通的格局。

6.藏传佛教的影响

延祐初,有僧人上言:“帝师八思巴,制蒙古字以利国家,乞令天下立祠比孔子。”延祐五年(1318)十月,仁宗正式下令:“建帝师八思巴殿于大兴教寺,给钞万锭。”又“命天下各省各路起立帝师寺以示褒崇”。仁宗去世,英宗即位,即位后的英宗,不仅将仁宗的诏令加以全面贯彻,而且所定规格甚至还超过了孔庙,“更比文庙盖得大,随处行文书,都教大如文庙,八思巴帝师根底教盖寺者”。到泰定帝即位,又于泰定元年(1324)八月,命“绘帝师八思巴像颁各行省,俾塑祀之”。

7.《宣和遗事》记宋江三十六人事

北宋文献记宋江36人,卢俊义作李俊义,杨雄作王雄,关胜作关必胜,其余俱小不同。并花石纲等事,皆似是“水浒”事本。①

8.元代瓷器上出现汉文简体字

在元代,简体字使用相当流行,现存元代刻本《元典章》《全相三国志平话》等书中,都可以看到这种现象。据统计,元刻本《元典章》出现的简化字不下四五十个,

① 邓之诚:《宋辽金夏元史》,应急管理出版社2022年版,第474页。

其中多数与现在的简化字相同，如“粮”“鉴”“宝”“园”“碍”等，还有一些则与现在的简化字有些差别，如“⿱冂六”（兴）等。《全相三国志平话》中，大多数与《元典章》中相同，亦有未见于《元典章》者，如“独”“刘”“泪”“乱”等。①

9. 研究元代艺文志，可参看钱大昕全集相关著录

钱大昕在《十架斋养新录》中谈道：“予补撰《元艺文志》，所见元明诸家文集志怪小说，无虑数百种，而于焦氏《经籍志》、黄氏《千顷堂书目》、倪氏《补金元艺文》、陆氏《续经籍考》、朱氏《经义考》，采获颇多。”

有的研究者说：根据钱大昕《补元史艺文志》统计，元代刻印、流通的图书，经、史、子、集，共为3142种，其他各类也丰富繁杂。忽必烈即位后，推行“汉法”，社会经济文化全面恢复，汉地民间印书业亦得到大发展。原来宋朝统治下的南方，图书出版事业兴盛，改朝换代，对此并无大的影响。元朝的印刷出版业，可以分为官府、学校、民间和寺院四个系统。元代民间出版业最发达的地区是建阳县（今福建南平市建阳区），在中国出版史上享有盛名的麻沙和书坊（即崇化）就在这里。②

关于元代瓷器上人物故事的来源，现在的资料说明：大多数来自福建民间刻书中的话本等书刊。全相平话中的人物、故事、服饰、山水等，均与元代瓷器，特别是与青花器上的人物故事相一致。汉地印刷业发达，改朝换代对此并无大的影响，使元青花人物故事来源有了可探究的空间。

10.《重修明应王殿之碑》碑载

“询之故老，每岁三月中旬八日，居民以令节为期，适当群卉含英，彝伦攸叙时也。远而城镇，近而村落，贵者以轮蹄，下者以杖履，挈妻子，与老羸而至者，可胜计哉！争以酒肴香纸，聊答神惠……此则习以为常。”③

① 参见陈高华、张帆、刘晓：《元代文化史》，中国社会科学出版社 2020 年版，第 508 页。

② 参见谢水顺、李珽：《福建古代刻书》，福建人民出版社 1997 年版，第 118 页。

③ 谢水顺、李珽：《福建古代刻书》，福建人民出版社 1997 年版，第 140 页。

此段描写元代民间戏俗甚浓，逢年过节、婚丧喜事都有演出，就像鲁迅小说里的“社戏”，民间习俗从宋元时代已经成形，蔚为壮观。元青花上描绘各代情节曲折的故事，实在情理之中。

11. 金仁杰（？—1329），字志甫，杭州人。他辞世前一年，被授建康崇宁务官。著杂剧《追韩信》《秦太师东宫事犯》等

今只有《萧何月下追韩信》传世，也是元青花器上最著名的故事纹饰之一。剧写：韩信未遇时，受胯下之辱，得漂母一饭之恩。后投奔项羽，仅为执戟郎。又投刘邦，仍不被重用，连夜出走，萧何月下追韩信，将他劝回。此剧元代在民间广为演出，流传至明。明沈采《千金记》中《北道》的《新水令》《驻马吟》两曲的曲词与之完全相同，可见《追韩信》的舞台影响。

12. 八思巴文

八思巴文是一种拼音文字，由大蒙古国时期的藏族人八思巴创造。八思巴文在元朝时大量使用，成为官方通用文字，用于书写蒙古语、汉语、藏语等各种语言。八思巴文有三种主要的书写风格：标准体、印章体和藏文体。现有八思巴文对照表可查。元代瓷器上可见八思巴文的落款、签名和赞语。[①]

13. 元代的商贸

元朝的对外贸易十分发达，自中唐以来逐渐衰落的丝绸陆路贸易重新兴盛。不仅旧有的交通线再次畅通，而且还开辟了一些新的商路。如由漠北经阿尔泰山西行，以及由西伯利亚西行的道路等。元朝通过钦察汗国与欧洲建立贸易关系，通过伊儿汗国可沟通阿拉伯及小亚细亚。中西陆路交通线之复杂、商旅之频繁，都

---

① 参见张帆等：《辽夏金元史》，中信出版集团 2023 年版，第 305—309 页。

达到了空前的规模。海路贸易的兴盛犹有过之。忽必烈一朝先后设七个市舶司，后来到元中期合并为泉州、广州、庆元（今浙江宁波）三处，其中泉州是东方第一大商港。“东至于海，西逾于昆仑，南极交广，北抵穷发，舟车所通，货宝毕来。”①

14. 元朝的“四等人制”

元朝统治者对不同民族实行差别对待政策，大致上可以分为蒙古人、色目人、汉人、南人四个阶层，被后人概括为“四等人制”。在中央或地方政府，汉人、南人只能担任副职。军事方面“汉人不得与军政”。在地方监察方面，“各道廉访司必择蒙古人为使，或阙，则以色目人世臣子孙为之，其次参以色目、汉人”，南人则完全排斥。科举开设后，总人数悬殊的“四等人”在录取名额上却平均分配，蒙古人、色目人的考试难度又明显低于汉人、南人。但也要注意，此等政策并非是完全的等级差别。汉人、南人待遇的差异主要表现在官吏使用上，其他场合基本没有区别。蒙古统治者对少数较早归顺的汉族军人、官僚家属，如真定史氏、保定张氏、藁城董氏等，都有特殊优待，视同国人。②

15. “回青”这个名字在历史文献中多次出现，主要集中在明清时期的著作中

《天工开物》：明代科学家宋应星所著的《天工开物》中，明确提到了“回青”，并指出它是西域的一种优质大青，品质上乘的甚至被尊称为佛头青。这表明在明代，回青已经被广泛认知并应用于各个领域。

《明史》：在《明史》的某些篇章中，如《吕坤传》，也提到了“回青”。书中描述了饶州瓷器制作过程中，西域的“回青”被视为非必需品，却常常导致平民百姓的负担加重。这反映了“回青”在当时社会中的重要性和稀缺性。

《窥天外乘》：此书也记载了“回青”的相关内容。据载，“回青”原产自外国，

---

① 张帆等：《辽夏金元史》，中信出版集团 2023 年版，第 360 页。

② 参见张帆等：《辽夏金元史》，中信出版集团 2023 年版，第 376 页。

明朝正德年间,云南大铛镇发现了这种物质,其价值一度高达黄金的两倍。后来人们发现,“回青”可以用于烧制高质量的窑器,效果显著。

《江西省大志·陶书》: 此书详细描述了回青在瓷器烧制中的应用。书中指出,“回青”与石子青的配合至关重要,不同的配比会产生不同的色泽效果。同时,也提到了“回青”过多会导致颜色分散而失去凝聚感,而石子青过多则会使成品显得沉闷而不明亮。

此外,还有一些其他的历史文献,如《南村辍耕录》《中西交通史料汇编》等,也或多或少地提到了“回青”或与“回青”相关的内容。这些文献共同构成了对“回青”的历史、产地、用途以及文化意义等方面的全面认识。

总的来说,“回青”这个名字在明清时期的历史文献中频繁出现,不仅反映了它在当时社会中的重要地位,也为我们今天了解和研究“回青”提供了宝贵的资料。但是,我所查找的一些资料,几乎所有回答都把“回回青”“回青”混在一起,有的说就是苏料,有的说明嘉靖才使用,几乎没能搞清“回回青”与嘉靖“回青”、与苏麻尼青钴料的关系。本书将会对此问题予以有力的回答。

16. “元代古籍集成”丛书第二辑,子部艺术类

“元代古籍集成”丛书① 是研究元青花的重要参考文献,其中《图绘宝鉴》与《元代画塑记》特别重要,对元青花研究有重大启迪的是: 元代宫廷制作书画、佛像等大量使用“回回青”名称,令人惊喜万分。这是我第一次在古代典籍中发现这一材料。现将其中部分材料摘录如下:

《元代画塑记》即《经世大典》中的“画塑”一门,原书已佚。清末文廷式于光绪十二年(1886)从《永乐大典》中辑出。其中多次说到使用“回回青”几斤几两,对理解西亚钴料极为有用。

《元代画塑记》记载,元将作院下文“诸色总管府”绘画御容三轴云云,所用材料白丝、土粉、胡麻、西碌、心红等,其中“回回青三斤”。又,仁宗延祐七年十二月

---

① “元代古籍集成”丛书,韩格平总主编,北京师范大学出版社出版,包括《图绘宝鉴》《元代画塑记》等多卷。

十七日，敕平章伯帕木儿"画仁宗皇帝及庄懿圣皇后御容"，用物细白丝、回回胭脂、朱砂、"拣生石青三十斤"云云。又，天历二年二月十三日，敕画"皇妣、皇后御容"，除用各式彩料外，用"回回青八两"。同年十一月八日，又敕画皇后皇帝共坐御影，其中用"回回青八两"。至顺元年八月二十八日，敕绘太皇太后画像及佛坛两轴，用"回回青一斤八两"。元代宫廷又下令画了许多佛道像，除各式用料外，用"回回青四十六斤"。大德元年九月，敕建文庙，所用各式用料中，"回回青三斤六两"。大德八年三月，敕建三清殿，塑三清圣像，使用生石青110斤，熟石大青30斤，"回回青七斤"。

在塑造佛像方面，元廷也不惜工本。武宗皇帝至大三年二十一日，"奉旨新建寺后殿五尊佛"等，使用料"石青三百九十斤""回回青一十斤"。仁宗皇庆二年八月十六日，敕建庙宇大殿等，使用"石青八百五十五斤""回回青五十三斤"。延祐四年八月十一日，奉旨塑青塔寺山门内四天王，用生石青420斤，熟石大青60斤，回回青38斤。十月二十五日，塑文殊菩萨一尊、普贤菩萨一尊等，用料"回回青一十二两""汉儿青五斤"。至治三年十二月三十日，敕建佛像，使用"回回青五斤二两"[1]，等等。

以上资料表明，元代宫廷绘画、塑像使用各种上等材料，也包括了"回回青""熟石大青""生石大青""汉儿青"等染料。其中使用"回回青"处很多，而且几斤几两都写得明明白白。"回回青"与"回青"出处与性质上似有不同，本书将有专门章节探讨。

17.关于"回回"的含义[2]

（1）回回令史：元代朝廷设吏员，"至元二十二年五月十六日，都省准设蒙古必阇一个，设回回令史""至元二十三年八月二十一日，都省准设回回令使一人"。

（2）回回文字：至元二十四年二月十六日，奉秘书（监）台旨："福建道……有知

---

① 魏崇武主编：《图绘宝鉴・元代画塑记・学古编・墨史》，北京师范大学出版社 2016 年版，第 297—320 页。

② 参见王士点、商企翁编次：《秘书监志》，上海古籍出版社 2022 年版，第 22、90、153、154 页。

海道回回文字剌那麻者，具呈中书省，行下合属取素者。奉此。”

（3）回回历日：“至元十五年十月十一日，司天少监可马剌丁，照得：在先敬奉皇子安西王令旨：‘交可马剌西每岸推算，写造回回历日两本送将来者是’，敬此。今已推算至元十六年历日毕工，依年例，合用写造上等回回纸札，合行中复秘监应付。”

18. 改历法

至元十二年八月，司天台算历简直主呈，建议改大明历法。因岁久渐疏，恐误国家大事。至元十三年六月十一日，奏奉圣旨，“教改演大元国新历”。

在元代朝廷，能著书立说的回回人，是西域人的统称，查清楚这些回回人是来自哪里的，包括弄清楚回历属哪个国家，“回回字”是什么，也许能搞清楚“回回青”是何许物种了。

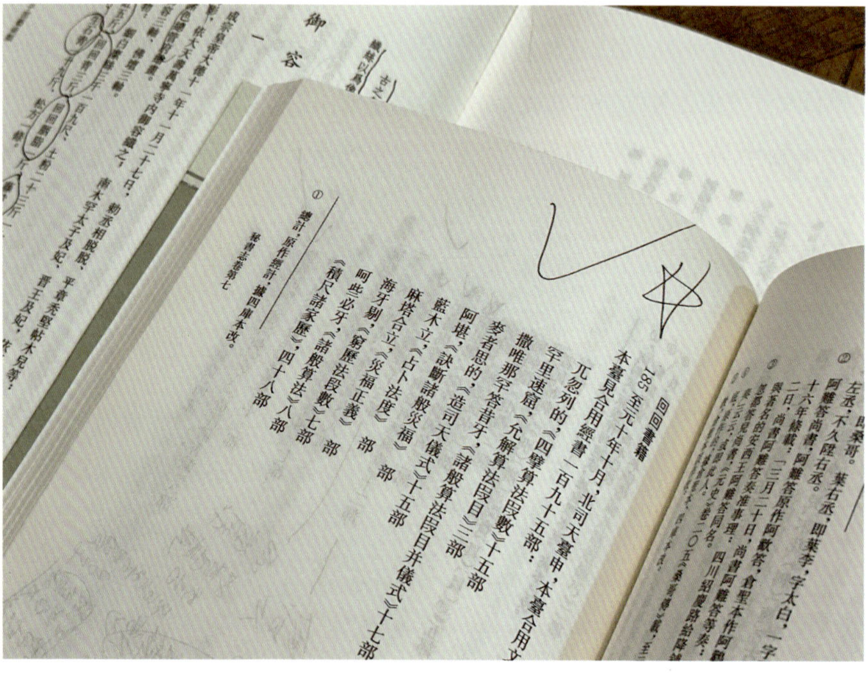

《秘书监志》

19.《元代社会日常生活》摘录[①]

元代时期,回回人具体包括来到中国的阿拉伯人、波斯人以及中亚突厥各族,属于外国移民及其后裔。

蒙古人攻陷西亚诸城时,掠回大批工匠。

元成宗时,曾有一回回富商将一块重一两三钱的红刺(意为红宝石)献给成宗。

元军南宋德祐元年攻陷江西抚州,是年为大元国至元十二年(1275)。至元十九年(1282)元军攻陷江西,而成吉思汗青花梅瓶年份测为1209年。

忽必烈至元元年(1264)青花加彩瓶已有生产。

---

① 参见翟禹:《元代社会日常生活》,中国工人出版社 2023 年版,第 113—114 页。

元 / 王振鹏 / 大明宫卷 / 大都会艺术博物馆藏

第三章

元代社会和元代瓷业

元/朱玉/太平风会图(局部)/芝加哥艺术博物馆藏

第一节 中原为本的国策

1. 大蒙古国的崛起

每一个对元青花感兴趣的研究者、收藏者,都应该对大蒙古国的崛起有个大概的了解,因为元朝是在大蒙古国的框架内形成并发展的。如果一个元青花的爱好者连忽必烈与成吉思汗是什么关系,忽必烈与波斯又是什么关系都弄不清楚,对元青花的了解是无论如何都无法深入的。

《蒙古秘史》记载,公元1189年,铁木真被蒙古草原上的几个部族推举为可汗,即称为"成吉思汗"。而《元史》记载,公元1206年,在铁木真真正统一了蒙古各部落后,才得到"成吉思汗"这个称号。成吉思汗,意即"像大海一样的伟大皇帝"(蒙古语中"汗"是皇帝之意)。这个称号象征着他对蒙古高原诸部有着至高无上的统治权。公元1227年7月12日,成吉思汗在今甘肃清水县附近去世,寿66。如果从1206年铁木真称汗算起到1227年,铁木真(成吉思汗)在位21年。这段时间说长不长,但也足够让这个蒙古大汗好好地在13世纪的历史舞台上表演一番了。

在位21年的成吉思汗成就了哪些伟大的事业?

通过一系列战争,结束了蒙古草原长期混战的局面,统一了蒙古高原。

发动了多次对外征服战争,占领了东亚金朝的大片领土,并灭亡了西夏、西辽及中亚西亚的花剌子模,其征服足迹远抵黑海海滨。

不仅统一了蒙古高原,还建立了大蒙古国,实行千户制和颁布蒙古成文法《大扎撒》,为后来元朝的建立奠定了基础。

开创了民主推选可汗的先河,凡是重大问题决策,都是召开大忽里勒台(部落议事会)讨论决定。

以其独特的军事才能,创立了依托骑兵的闪电战战术,强调速度、突然性和猛烈性,使蒙古铁骑在战场上所向披靡。

创立世界上版图最大的帝国,其疆域相当于今日的 3000 万平方千米,是现在中国版图的 3 倍之多。

促进了欧亚大陆间的相互影响,对之后的世界历史进程产生了深远的影响。他为元朝的建立奠定了基础,并对蒙古民族共同体的形成起到了重要的作用,也深刻影响了汉民族与其他民族的交往、交融和新的文化高地的形成。

成吉思汗如此强悍、如此气吞山河地攻城略地,短短 21 年,就塑造了东西绵延几千里的地域阔大的蒙古帝国,值得我们深刻地反思历史,特别是这段历史中的文化。

成吉思汗晚年,根据公元 13 世纪波斯历史学家志费尼的记载,他将庞大的蒙古帝国版图分成了五个部分。

- 成吉思汗的兄弟及其子孙:原契丹境内的土地,从海押立(今哈萨克斯坦东部)和花剌子模部分地区(今乌兹别克斯坦和土库曼斯坦的部分地区)。
- 长子术赤:撒哈辛(位于伏尔加河下游)及布加里亚国(今喀山附近),建立金帐汗国。
- 次子察合台:畏兀儿(今中国新疆)至撒马尔罕和不花剌(今乌兹别克斯坦部分地区),建察合台汗国。
- 三子窝阔台:今俄罗斯境内的中密立河流域和霍博地区,建窝阔台汗国。
- 四子拖雷:蒙古高原本部,日后建立了元朝。

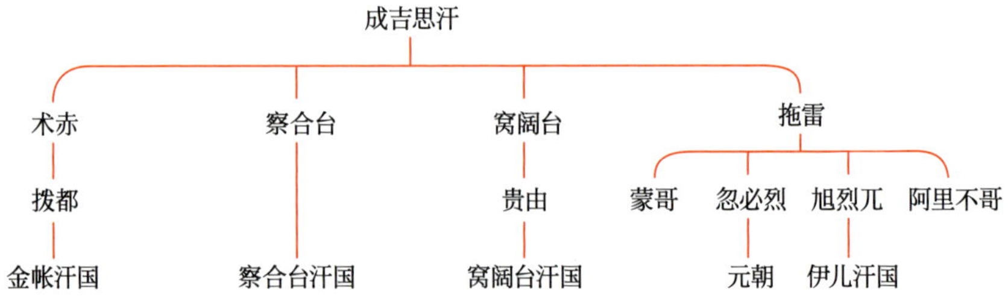

成吉思汗四子谱系图

蒙哥是成吉思汗四子拖雷的儿子，成吉思汗的孙子。蒙哥的两个弟弟——忽必烈和旭烈兀，在蒙哥的照应下，分别在中原和西亚壮大了自己的势力。蒙哥上台即命其三弟旭烈兀总领波斯之地，并统兵西征。公元1256年，旭烈兀在西亚建立了伊儿汗国，作为蒙古帝国的一部分，伊儿汗国的领土范围包括今伊朗、伊拉克、阿富汗、土库曼斯坦、亚美尼亚、阿塞拜疆、格鲁吉亚、土耳其等国的大部分地区以及巴基斯坦的西部。

元太祖成吉思汗画像

四年之后，公元1260年，忽必烈继承了他大哥蒙哥的大汗之位。忽必烈掌政后，1271年改国号为元，定都现北京。

至此，与本书密切相关的情节简述如下：

伊儿汗国是拖雷的儿子、忽必烈的弟弟旭烈兀建立和治理的，金帐汗、察合台、窝阔台三家都是他的伯父们建立的。忽必烈与旭烈兀的兄弟之谊，使中原汉地与西亚伊斯兰世界在近百年的历史中密切交往，书写了一段可歌可泣的文化交融和发展史。

1271年，忽必烈改大蒙古国的国号为“元”，事实上与他的几个伯伯分了家。自此，金帐汗国、察合台汗国、窝阔台汗国，虽然名义上承认大元国仍为宗主国，但关系自然疏远，唯有伊儿汗国完全承认自己是大元国的属国，两地进行密切交往，甚至达到了文化互融。伊儿汗国的主体就是现今的伊朗，古称波斯，元青花的诞生与它密切相关。

忽必烈在1268年成为大蒙古国大汗之前，曾统治北方汉地（河北、河南、山西、陕西等地）将近50年。北方汉地是由大蒙古国统治的，但不能算元朝，因为那时还没有“元朝”这个称号。

综上，有两个特点值得注意：第一，大元国与以波斯为主的伊儿汗国是兄弟关系，经济、文化、贸易、人员往来极为频繁，在此背景下产生元青花瓷——这个时代之奇葩是必然的了；第二，元朝以前，大蒙古国统治的北方汉地的瓷业生产面貌如何？有没有元青花烧造？景德镇被元朝军队占领是公元1278年（至元十五年），这一年，元朝在景德镇设立了浮梁瓷局，专为皇家烧造贡品。景德镇1278年以前烧制的瓷器属于南宋，绝对不可能生产元青花。但是，宋代早期就有了青花瓷生产，大元国建立之前就没有了吗？

这是历史之谜、历史之问。

14—15世纪波斯细密画中的青花瓷

2. 从大蒙古国到元代的转型

元代是一个什么社会？

元代蒙古统治者究竟如何治理自己的国家？

元代文化是衰落了还是发展了？

这些问题对现阶段的元史研究者来讲，都不应成为问题，但对古陶瓷研究、收藏者来讲，却成了大问题。这是因为，被人们口口相传所描绘的元代社会，是一个可怕的社会，是文化凋落、士人受迫害，蒙古统治者只知道饮酒作乐、荒淫无道的社会，同时又是强烈排斥汉文化的时代，所以，所谓元青花上出现汉族历史故事是绝对不可能的，元代没有人物故事纹青花器！——几乎是主流古陶瓷研究界的共同观点。即使承认一些人物故事纹青花瓷，如“萧何月下追韩信”，也羞羞答答地认为是元末明初的，或认为只能是红巾军占领景德镇以后［至正十三年（1353）后］生产的瓷器。真相如何？我们将在后面陆续揭秘。

大蒙古国—大元国从草原本位的治理方式转向汉式王朝统治，其核心人物是忽必烈。忽必烈之前，蒙古统治者采取了以漠北草原为本的统治政策。成吉思汗以后，窝阔台时才开始在漠北草原中心营建国都，定名为哈剌和林。窝阔台还进一步完善了治理这个草原牧民之国、适合游牧生活和管理统治的牲畜抽分之法（百头抽一），健全传驿制度（驿站）等。随着一系列适应草原游牧生活的制度逐步完善，波斯史家志费尼也不禁赞扬说：“蒙古人的境遇，已从赤贫如洗变成丰衣足食。”①

1260 年忽必烈继承汗位后，大蒙古国由半奴隶、半封建制向大元封建王朝的转化进程由此拉开帷幕。以忽必烈为代表的元朝新贵族开创了中国历史上一个具有开阔胸襟、广泛对外交往和文化大幅提升的新时代。

3. 忽必烈重用亲汉重臣

忽必烈知道，如大元国依旧用草原的旧制——本质上的奴隶加自由民制度，他的王朝终有一天也将生存不下去。马队和战刀可以杀戮一时，但无法消灭全体居民——消灭了全体居民，统治者的统治也失去了意义。要统治占大蒙古国—大元国人口绝大多数的汉族居民，忽必烈必须顺应改制，这是历史要求，蒙古统治者必须这样做。

在忽必烈改制之前，蒙古统治者占据灭金以后的北方汉地有数十年，由于制

---

① 志费尼：《世界征服者史》上册，内蒙古人民出版社 1980 年版，第 24 页。

度不明，草原旧制勉强实施，汉地混乱不堪。也不是没有人意识到这种水土不服问题的严重性。值得提到的人物，是窝阔台时期的耶律楚材。

耶律楚材，契丹人，辽太祖长子东丹王耶律倍八世孙。他出生在一个汉化、儒化程度相当高的金朝官僚家庭，自幼博览经史。窝阔台在位时，他主掌汉文文书、参与机要，汉人按照汉地制度称其为“中书令”。他经常向窝阔台陈说“虽马上得天下，不可马上治天下”的道理，推行了一系列有利于恢复中原正常统治秩序的措施。

元世祖忽必烈画像

耶律楚材为保护、发展儒家传统文化进行了不懈的努力。在他的请求下，大蒙古国寻访得孔子 51 代孙孔元措，仍命袭封“衍圣公”之爵。又在燕京设立编修所，平阳设立经籍所，编纂、刊印经史等著作。经耶律楚材奏准，大蒙古国于 1238 年（戊戌年）在中原举行了一次儒士考试，以经义、辞赋、论分为三科，结果共有 4030 人中选，中选者可在本地担任“议事官”，免其家赋役，其中一些人后来成为元朝名臣。史称此事为“戊戌选试”。同年在耶律楚材支持下，燕京建立了太极书院，由从南宋俘获的儒士赵复主讲经书，程朱理学因而在北方传播开来。

耶律楚材的上述措施，使大蒙古国在汉化方面作出了试探性的迈进。草原本位政策的放弃毕竟是历史趋势所在，稍后在蒙古汗室内部也出现了倾向于汉化的代表人物，即拖雷四子、蒙哥之弟忽必烈。

忽必烈年轻时与汉族士大夫有较多接触，征召刘秉忠、赵璧、王鹗、张德辉、姚枢等人为幕僚，咨询儒学及治道。一些儒生给他奉上“儒教大宗师”的称号，希望他充当儒家文化的保护人，他也欣然接受。忽必烈受命统领漠南汉地军务后，采纳汉人幕僚的建议，推行“汉法”的改革试点，结果“不及三年，号称大治”。

4. 忽必烈推行汉法

忽必烈登上大位之际已经主政北方汉地多年,他是以汉地的经济、军事力量为后盾夺取汗位的,统治的重心放在汉地。忽必烈批评前代大汗的政治路线,认为其“武功迭兴,文治多缺”,提出了新的立国方针,“爰当临御之始,宜新弘远之规,祖述变通,正在今日”。(见王鹗《即位诏》)这是蒙古大汗第一次向汉地颁发以文辞典雅的汉文文言写成的即位诏,它足以向中原百姓表明:新即位的忽必烈不仅仅是大蒙古国的大汗,同时也是中国一个新王朝的皇帝。中原士大夫经历过长期北方民族统治(辽、金),民族意识并不强烈,又饱尝战乱之苦,渴望安定。在他们看来,“今日能用士,而能行中国之道,则中国之主也”(见郝经《陵川集》卷三十七《与宋国两淮制置使书》)。

忽必烈正是这些汉族士大夫的新主人。

忽必烈作为一代开国明君,他使用汉法治国是有渊源的。忽必烈早在领衔治理中原汉地之前,就有意识地组成了一个以汉族士大夫为主的幕僚集团,即金莲川集团。金莲川谋士集团共有60余人,其职责是总领汉地军国诸事。金莲川幕府人士后来被忽必烈称为“潜邸旧臣”,享受着特殊的礼遇。1256年,忽必烈为了让金莲川幕府的大多数汉族知识分子安心辅政,命富有政治才干的名臣刘秉忠选址金莲川营造宫城,历时三年,于1259年建成,命名为开平府。1264年诏令改为上都,也就是大名鼎鼎的元上都。

在金莲川集团的出谋划策和参政议政下,忽必烈一执大汗位,便积极推行汉法。

⑴建立年号、国号及有关礼仪制度。

⑵定都汉地。

⑶建立中央集权的中原模式官僚机构(大蒙古国时期)。

⑷实行重农政策。

⑸尊崇儒学。

忽必烈即位后推行的一系列汉法,奠定了汉式王朝的基本框架。

所谓推行汉法,用当时人的另外一个表述,就是“帝中国当行中国事”(见《元史》卷160《徐世隆传》)。正因为有了这一点,才有了忽必烈时代开启的元朝文化的繁荣。也就是说,后来传说的元朝只赏武功不要文治、迫害汉人、压制汉文化等历史叙述,有不实之处,有的根本是颠倒黑白。这大致是因为大蒙古国灭金时期的战争杀戮行为被后代知识分子加以夸大渲染,明代人为了新建王朝的利益,而有意曲写这段历史吧。而更大的曲写历史在古陶瓷方面,明人对于元代瓷器生产,基本上是"俗不可耐"的一个评价。元代瓷器不被后人认识,明代人有很大的责任。

为了更翔实地说明忽必烈的政治生活特点,我插录一些关键引文以供参考。

忽必烈擢用儒臣:《国朝文类》卷40《经世大典录·礼典·进讲》云:"世祖之在潜藩也,尽收亡金诸儒学士及一时豪杰知经术者而顾问焉,论定大业,厥有成宪。在位三十余年,凡大政令、大谋议、诸儒老人得以经术进言者,可考而知也。"忽必烈初即位时,宰相机构中书省的主要官员,以及地方"监司"长官十路宣,抚使和副使大部分是汉族儒士。其中有金朝进士王文统,金末状元王鹗等,"国家累圣相承,兴崇活化,凡议大政,皆命文学老臣共之"(见《吴文正公集》卷14《送卢廉使还朝为翰林学士·序》)。对敌对阵营的重要谋士不仅不加以杀戮,而且既往不咎加以重用,这在中国古代史上是屡见不鲜的,但与当代人对元史的一些观点格格不入,值得深思。让我们看看,忽必烈采取了哪些重要措施。

一是重视学习儒家典籍。中统二年(1261)正月,王恽等奉命"图写历代君臣可法正要及古太子贤孝事"备进讲。中统四年(1263),忽必烈命徐世隆、安藏释疑《尚书》进读。至元三年(1266)十二月,传谕儒臣:"郑宜听何书,其议选来进。"至元五年(1268)十月初一又下旨:"令自尧、舜、孔子以下,经史所载嘉言善政,明白走直言,奏得来者。"忽必烈的皇太子真金"每日与诸王近臣习射之暇,辄讲论经典","尊师问道,日御经筵"。蒙古统治者对汉文化的学习,对儒家经典的追从,是元代朝廷一个重要的政治文化特征,它在整个元代起起落落,但方向没变,宗旨没变。元代文化能在宽松的环境中得到发展,统治者这种态度是起决定作用的。

二是大兴学校。中统二年(1261)八月,忽必烈降诏,设立诸路提举学校官,秩从六品,选博学老儒充任。北方各地官办儒学,得以恢复。至元七年(1270),颁布立社法令，规定农村中50家立为一社，互助劝农，同时每社均立社学，择通晓经书者为师，在农闲时进行教学活动。至元八年（1271），正式设立国子学，儒学名士许衡为国子监祭酒——中央一级的科研教学机构。

三是制定特殊政策定儒户。通过考试等方法，忽必烈定出大约11万户儒户，其中南方约10万户，北方约1万户。国家规定，每儒户至少遣一名弟子入学读儒，入学读儒的学生可以享受官供的膳食，用现今的话说，可免费用餐。法律还规定，如儒户不认真履行入学读书的义务，就会给予削籍为民、“一体当差”的惩罚。就是说，不去读书就去当兵！

四是尊孔。元朝统治者对孔子的崇奉，由忽必烈开其端，以后逐步升温。中统二年六月，忽必烈发布圣旨，要求各地对孔庙“岁时致祭”“洒扫修法”，“禁约诸官员使臣军马，无德于庙宇内安下，或聚集里问词讼及亵渎饮冥，管公匠官不得不于其中营造，违者治罪”。（参见《庙学典礼》卷一《先圣庙岁时祭祀禁约骚扰安下》）

五是奉行“三教九流，莫不尊奉”的态度，也崇奉佛、道两教。大蒙古国时期佛、道两教的地位并未下降，仍是大元国的主要宗教势力。尤其是藏传佛教势力继续上升。至元六年（1269），忽必烈加封藏传佛教萨斯迦派首领八思巴为帝师、大宝法王，赐玉印称“皇天之上，一人之下”，并亲自从八思巴受戒。以后元朝诸帝都沿袭其例，信仰藏传佛教。（参见《元史》卷202《释老传》：“元兴，崇尚释民，而帝师之盛，尤不可与古昔同语。”）“百年之间，朝廷所以敬礼而尊信之者，无所不用其至。”道教虽然不及佛教如此风头十足，但其诸派领袖仍有很高的地位。

后来史学家萧启庆指出：“元室对各民族的文化采取一视同仁的态度，对各种思想与宗教也不偏不倚，并予尊荣。儒家思想遂从‘道’的地位转变为‘教’的一种。”①

以上综述，元初刚立国，忽必烈推行了汉制、汉法，并复儒尊孔、立佛教为国教，容道教为支脉，完全与唐宋以来的汉族为主的社会异曲同工。大体上讲，元代文化环境是相当宽松的，汉民族的知识分子是完全可以发挥自己的作用的。

元史专家陈高华认为，忽必烈及其继承者在文化政策方面的一个重要特点，

① 陈高华等：《元代文化史》，中国社会科学出版社2020年版，第142—143页。

就是文化领域内的专制色彩相对来说不算突出，基本不以文字疑似之事治人重罪，较为宽松。[①] 有学者举出不少元诗当中语及“虏”“胡”“腥膻”等字词，以及体现“颂汉”“怀宋”心理的作品，并未遭到问罪，说明有元一代在思想文化领域中，在对文人写作上是宽容、放任的。

有元一代，虽然并未彻底汉化，社会发展上有时有点曲折，元后的宰相伯颜想完全排汉，彻底回到草原奴隶制上去，但并未折腾起什么大的风浪。

关于元朝将各式人等分成四等之说，看看真实的情况究竟如何。

所谓四等人制，即元朝统治者按照被征服次序的先后，将全体百姓分成蒙古、色目、汉人、南人四等级，各有不同的地位和待遇。蒙古人作为元朝的国族，也称“自家骨肉”，是统治者依靠的基本力量。蒙古以外的西北、西域各族人，包括唐兀（即西夏）、汪古、回回、畏兀儿、哈剌鲁、钦察、吐蕃等统称为色目人，他们是蒙古统治者的主要助手。四等人中的“汉人”是一个狭义概念，主要指淮海以北原金朝统治区以及较早为蒙古征服的四川、云南地区的汉族。另外，长期以来居于北中国的契丹、女真人也包括在“汉人”之内，他们中绝大多数在元朝已趋于汉化。南人则指最后被征服的原南宋统治区（元朝江浙、江西、湖广三行省）内的居民。

元廷规定：“以蒙古人充各路达鲁花赤，汉人充总管，回回人（即指色目人）充同知，家为定制。”（见《元史》卷六《世祖纪三》）

在中央机构官员的任命上，也逐渐形成一套不成文的规定：以蒙古人为长，以下参用汉人和色目人。平宋以后，忽必烈亦酌情起用南方降臣。四等人制总的精神是确保蒙古人的种族优先权，确保其统治地位。但被视为“四等人”的江南汉民，却是元朝统治来源的主要支柱，所以，实际上，除了政权机构主要负责人严格以蒙古人掌控，有明显四等人的区分外，在元朝的日常生活中，由于它的文化政策等的宽松和经济活动的需要，江南一带的日常生活极为繁华，文化创造十分丰富，南曲、杂剧丰富多彩，瓷业生产兴旺发达，泉州港成为当时世界第一大港，哪有什么悲悲戚戚的“下等之人”惨状！

---

① 参见陈高华等：《元代文化史》，中国社会科学出版社 2020 年版，第 145 页。

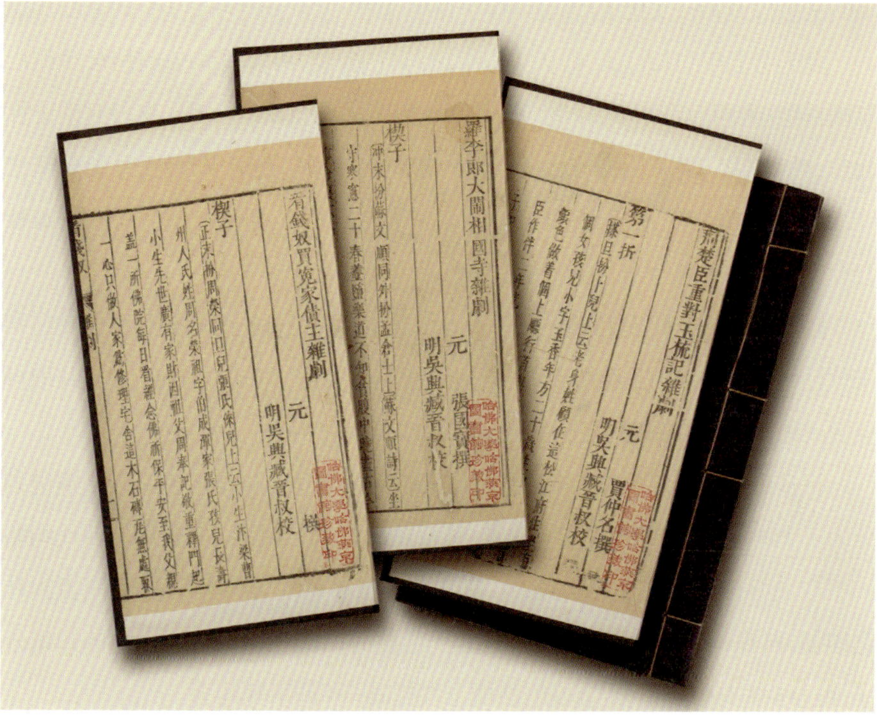

万历四十四年版元曲剧本(哈佛大学哈佛燕京图书馆藏)

5. 元代文化的特色

蒙古占领汉地成立元朝,如此庞大的一个帝国完整地交给了他们,人口之众,土地之广,物产之丰饶,习惯于骑驰草原马夺天下的区区 200 万蒙古人,如何能成为长久统治者?凡统治者都会用脑想一想,一味蛮干,只有速败;它能征服,但无法驾驭。

还好,忽必烈是一代明君。他推行汉制,又不失威严地维护了蒙古家族的统治。上台之初,他客观面临的必须要解决的深层次的文化选择将会是什么呢?上文已经初步描述了他广纳四方、开放宗教、采用汉制、倚用儒生的政策,但要去陈推新,难题重重、行程遥远,终元一代,也没有真正创建出汉蒙结合的元代文化核心理论,但却有了多种文明综合的器物层面的创造——元青花。

说元代之前,先说说元代统治者面临的前朝、前代。首先是金代。元代直接面临的是金代政治—文化遗产。金代存在百年有余。

金天会五年（1127）灭宋，天兴三年（1234）初，蒙、南宋联军攻破蔡州，金朝亡，享国百年。金朝前是宋朝，宋朝自公元 960 年建国，到 1127 年南迁，这段时期史称北宋，共 167 年，即宋朝统辖北南全境共 167 年。1127 年是南宋起始，直到南宋亡（1279），又是 153 年。总体上，宋（北宋、南宋）共 320 年，这不仅仅是一个政权、社会存在，更是一个巨大的文化存在。

整个宋代的文化在北宋已经基本定型。经过唐帝国的繁盛，封建时代发展到宋代已经完全成熟，社会生产力发展达到新的高度，科学技术的发明和普及取得显著成果，海外贸易的繁盛加强了与世界的交流和了解。

许多史学家把宋代作为中国近代历史的开端。钱穆将中国文化的历史演进划分为三个时期，先秦之上是第一时期，秦汉隋唐是第二时期，“宋元明清四代约略一千年，这可说是中国的近代史”①，即宋代揭开了近代史的帷幕。宋代是贵族社会崩溃，科举社会或平民社会取而代之的重要时期。大批出身平民阶层的知识分子通过科举步入仕途，参与政治，造成士农打成一片的平等社会。

宋代思想文化进入封建时代的总结时期，集历史之大成。儒学的复兴和理学的盛行，成为中国思想史上一个划时代的阶段。周敦颐、邵雍、张载、“二程”、朱熹、陆九渊等不仅在宋代，就是在整个思想史上都占有重要的位置，对后世产生了深远影响。文史学术研究也成就斐然，陆续完成了一批卷帙浩繁学术著作和资料汇编，如宋代“四大书”的《太平御览》《太平广记》《文苑英华》《册府元龟》，司马光的《资治通鉴》及纪传体的《新唐书》等，建立了记述当代事迹的制度。史学是宋代学术中最有成就的领域。

北宋时杭州城的繁华，见柳永的《望海潮·东南形胜》词：

东南行胜，三吴都会，钱塘自古繁华。烟柳画桥，风帘翠幕，参差十万人家。云树绕堤沙，怒涛卷霜雪，天堑无涯。市列珠玑，户盈罗绮，竞豪奢。

重湖叠巘清嘉，有三秋桂子，十里荷花。羌管弄晴，菱歌泛夜，嬉嬉钓叟莲娃。千骑拥高牙，乘醉听箫鼓，吟赏烟霞。异日图将好景，归去凤池夸。

①钱穆：《中国文化史导论》，上海三联书店1988年版，第139页。

从中可以看到北宋时期杭州的风光和习俗。从作者充满感情的描述中，不难看出当时人们的追求和趣味。北宋如此，南宋更甚。不仅当地人，就是不曾涉足杭州的外地人，甚或外族人，闻此都会产生一种向往和野心。据说，柳永这首《望海潮·东南形胜》南宋初传至金主完颜亮耳中，完颜亮就被杭州“三秋桂子，十里荷花”的醉人景象所着迷，以至于激发起“立马吴山第一峰”的野心。

市民的审美趣味与传统士大夫文人不同，往往既非静止的，又非案头的，而是活动的、集体广场式的。它有专门的演出场所，叫“瓦子”，是一种游艺性场所的总称。《都城纪胜》中说：“瓦者，野合易散之意也。”这是瓦子的特点，也可视为是对市民艺术、市民审美趣味的极好注释。开封和杭州瓦子不仅数量多，而且规模大。如开封“桑家瓦子”，其中大小勾栏50余座。内中瓦子、莲花棚、牡丹棚、里瓦子、夜叉棚、象棚最大，可容数千人。[①] 而勾栏瓦舍中各种戏剧和说唱技艺，内容包括：小唱、嘌唱、杖头傀儡、悬丝傀儡、药发傀儡、讲史、小说、杂剧、影戏，诸宫调、商谜、合生、说浑话、说三分、五代史等。这种技艺的表演，在当时甚为流行，观众“不以风雨寒暑，诸棚看人，日日如是”。

平民艺术的显著特点，就是通俗，从形式到内容，追求趣味。上述各种戏剧和说唱技艺的表演者是专业艺人，其作品不是某一个作家创作的，而是集体创作的，包括艺人，甚至受众，其作品不存在版权问题。而且，是在城市作营业性表演，关乎生计，必须将接受者置于首位。所以，这些表演往往明白晓畅、通俗易懂。宋代有话本留存下来，如《碾玉观音》《西湖三塔记》《冯玉梅团圆》《错斩崔宁》《西山一窟鬼》等，皆取材于社会下层市民的日常生活，叙述方式和语言既要生动，又要俗白，更为重要的是，它的表现视角，它的精神和审美追求是市民化的，具有市民生活的所有特点。

新起的曲子和词不仅盛行于民间，连文人学士、达官贵人甚至帝王都迷恋此道。宋初词人柳永在继承唐五代词特别是民间词的基础上，对慢词的内容和形式加以革新，制作了许多篇幅较长又音律和谐的“新词”。这种“新词”内容比较多样，语言通俗流畅，深受市民大众的欢迎，“好之者以为无以复加”（见胡寅《酒边词

①参见孟元老等:《东京梦华录》(外四种)，中国商业出版社1982年版，第15页。

序》)。很快就流传开来,当时有“凡有井水饮处,即能歌柳词”(见叶梦得《避暑录话》卷三)之说。

总之,宋代文化思想集封建社会之大成,而且审美风尚变化最引人注目的是市民阶层的兴起,他们的趣味和追求有了新的特点。

作为一个经济文化都落后的少数民族政权,金朝以强力占据宋代半壁江山。它面对的是一个自汉唐以来有巨大传统的政治—文化力量,只能顺之而无法逆之。金朝100年的北边中国的治理状况全盘宋化,是有历史惯性的。

金之立国之初,始建官属,基本采取汉制。

金代同样设国子监。金朝依汉制,还设乡试、府试、会试、殿试,开科取士,选中则官之。金朝的冠服,据《金史・舆服志》所载,冠冕五服,及后妃之服,“略同中国,存女真之俗”。

如上可知,就中国北方区域的情况而言,宋金文化一体相承,并无本质区分。金朝的政治在建国后迅速走向单一的汉制,在文化方面也快速汉化,杂剧与戏曲在金朝得到继续发展,陶瓷业也高度发展。宋金杂剧成为中国文化史上的一个成熟的范型。

金代百年,是宋到元的重要过渡时期,这个时期,由于金从汉制,基本全盘继承宋代传统,除换统治者外,对民间生活并无重大影响。所以,宋代已经有的文化样态,在金代继续发展,直接承接了元代。

中原汉族知识分子很快与新主人合作,在金代入仕做官的很多。100年间,金代已形成了汉族知识分子的官场体制性文化。在这种上层政策的影响下,金代百姓生活依旧蓬勃前行,直接影响了元代。近期出版的专门性研究著作就有《宋金元戏曲文物图记》《宋金杂剧概论》《宋金元戏曲文物与民俗》《宋金杂剧考》《金代墓葬研究》《晋南金墓砖雕中的戏曲图像》等。其中保留的墓穴壁画,完美展示了源于宋代的金代杂剧图像,以“杂剧图”为代表的墓穴壁画保存完整,细腻、生动、传神。这是一个研究元代瓷器上绘画来源的极其丰富的宝库,而且这个宝库远未被世人认识和开发。

就瓷器而言,金代北方窑场各式瓷器生产的丰富程度,足以令世人惊叹。只要看看当前已经发表的新一代学人的论文,就知道元代瓷器生产的多样化是顺

宋/货郎图(局部)

应时代之势的一种发展。元青花绝不是天外来客、空谷足音、无源之水，也绝不是突然成熟的。

综上，元代的文化就是在宋、金两朝文化发展的基础上，再加上蒙古族草原文化和西域各国文化的交融基础上发展起来的。

简言之，元代文化的特色是：上层政策遵汉制，用儒生、举汉学、容教派，虽有偏执，但笼络汉族上层知识分子的大政方针未有变化。因故，使大批优秀的汉族知识分子服务于元廷。到了元中后期，不仅汉文化占了主流地位，各地兴办儒学，按汉人传统举行科举选贤，有更多的色目人汉化，史称“华化”。

6. 色目人“华化”

过去提起中国的盛世，不是汉代的文景，就是唐代的贞观、开元和清代的康乾。提到元代，最多说它武功显赫，更多地注意它的残暴统治。写了《元西域人华化考》的陈垣先生，在辛亥革命前所写的抨击清朝政府的文章中，有一些也是借揭露元代的民族压迫和专制统治而影射清朝的。清朝的统治被推翻了，形势发生了变化，启发他从另一个角度来审视元朝的得失。中国积贫积弱的现实，使他想起了正是元朝在中国历史上建立了空前规模的大帝国。他在《元西域人华化考》中写道：“自辽金宋偏安后，南北隔绝者三百年，至元而门户洞开，西北拓地数万里，色目人杂居汉地无禁，所有中国之声明文物，一旦尽发无遗，西域人羡慕之余，不觉事事为之仿效。故儒学、文学，均盛极一时。而论世者轻之，则以元享国不及百年，明人蔽于战胜之余威，辄视如无物。加以种族之见，横亘胸中，有时杂以嘲戏。元朝为时文化者，亦指此西纪一二六〇年到一三六〇年之中国文化耳。若由汉高、唐太论起，而截至汉、唐得国之百年，以及由清世祖论起，而截至乾隆二十年以前，而不讲其乾隆二十年以后，则汉、唐、清学术之盛，岂过元时！”

陈垣先生是著名史学家，他这种观点在当时是石破天惊。即使现在，也是一声炸雷，对中国文博界、收藏界更是如此。当今相当一部分国人没有真正理解元代在大一统的政治局面下，各种文化大交融、大发展而呈现繁荣昌盛的大局面。

西域人,在陈垣的书中特指色目人。元代将各式人等分为“蒙、色目、汉、南人”,特指色目,是将议论的重点放在以波斯人为核心的高文化人群上。正是以波斯人为核心的高文化人群,在东来中原以后,快速华化,融入中国社会,接受汉文化熏陶,甚至成为管理地方的一代长官,一时连景德镇陶官都是波斯人。

陈垣在《元西域人华化考》中从五个方面认证色目人的“华化”。

第一,儒学:“儒学为中国特有产物,言华化者应首言儒学(卷二第一节)。”

第二,佛道两教:道教是中国土生土长的宗教,自不必说。“佛教非出自中国,然元时佛教之入中国,已千三百余年,本分禅、密两大宗,其禅宗早已成为华化。倘其人之佛学得自梵文,或得诸西域,固不可谓之华化;倘其佛学系由汉译经论,或由晋、唐以来之支那撰述而得,而又非出家剃度,自附于居士之林,则不得不谓之华化。”

第三,文学:包括诗、文、词典。这当然指的是中国诗、中国文以及在元代文学中最具特色的元曲。

第四,美术:包括书法、绘画和中国建筑。关于书法,陈垣说:“书法在中国为艺术之一,以其为象形文字,而又有篆、隶、楷、草各体之不同,数千年来,遂为艺术史上一大观。然在拼音文字种族中,求能执笔为中国书,又极不易得,况云工乎!故非浸润于中国文字经若干时,实无由言中国书法也。”

第五,礼俗:包括名氏、丧葬、祠祭、居处之仿效华俗。陈垣说:“试一检元人文集,种人(此处指色目人)之请字请名者触目皆是,其人皆慕效之华风,出于自愿,并非政策之奖励及强迫,而皆以汉名为荣。”又说:“封建社会最大之莫过于丧葬。”

由此可见,陈垣所说的华化或同化,是指文化上的影响、吸收、接受或认同。

陈垣关于元代西域人(色目人)华化的研究,涉及材料之广,前无古人。全书7万余字,共用材料220种,以金、石、碌和诗文集为主体,所引元、明人诗文集约百种,在一般史家常用的正史、方志、杂记、随笔外,连画旨、画谱、进士录等,亦搜罗无遗。这是一部证据翔实的西域色目人进入中原汉地以后被中国文化同化的史实记录,有力地说明了在大元国时代汉文化不仅没有被摧残,反而更加顽强、更加自主地生长起来。

奇葩的是,西域词人的佛老功夫也很深厚。西域人作诗写词,还成功名出文集，入华之深，一般人无法理解，污元者也无法理喻。陈垣在《西域人华化考》中，举著名词人迺贤为例，元人称他为合鲁易之，或称葛逻禄迺贤。迺贤善歌诗，一再游京师，尽交名士，性好古，访求名迹，摩挲断碣，发为咏歌，爱慕道家，为道士赋者占其诗十之一。如：

“明年我亦山中去，剩采瑶芝满药囊。”（《玄圃为上清周道士赋》）

“我昔扪萝探幽谷，青精煮饭松旁宿，至今瞳子有神光，细字犹能夜深读。”（《桃花山水图为桃源屠启明题》）

“君还鍊石髓，九转成玄霜，他时肯分赠，碧落同翱翔。”（《送道士袁九霄归金坡道院》）

“茯苓倘可餐，永矢谢城邑。”（《松巢为钱塘谢尧章先生赋》）

“悬崖芝草承甘露，溜雨松根长茯苓。”（《望泰山》）

“后夜相思京洛士，黄精还许寄来尝。”（《送道士张宗岳奉贺正旦表朝京竣事还龙虎山》）

“坐久镫华落，秋清木叶闻。明朝得强健，长礼紫虚君。”（《病中答张元杰宗师惠药》）

“小瓮春风紫术香，长镵落日黄精熟。”（《赠空谷山人徐君归武当》）

“山中芝草还分得，赠我能令白发稀。”（《送陈鍊师奉香归四明庆醮玉皇阁寄王致和真人》）

你能想象这是一位色目人的汉语诗作吗？陈垣说他极具香火气，实质上说的是他入华之深、华化之博，已经是一般汉族士大夫不可比较的了。

更有意思的是，在华化的西域人中，还出了不少用汉语创作的文学家、作曲家，如贯云石词曲在历史上如雷贯耳，他创作的词曲如《塞鸿秋》《殿前欢》《水仙子》《清江引》《凭阑人》《阳春曲》《醉高歌》《上小楼》《点绛唇》《新水令》《斗鹌鹑》《好观音》诸调，元曲中赫赫有名，不独在西域人中有声，即至汉人中亦可称绝唱。

西域之中国书家也是元代的一道风景线，请看陈垣选择入书的廉希贡等 25 人，个个身居高位。有昭文馆的大学士、翰林侍读学士、通六国书的豫章、中书检校、翰林学士承旨、中书平章政事、大司徒等，个个是熟悉汉文化又身居高位的大文人。

西域之中国画家陈垣选 5 人，这 5 人在元代美术史上都赫赫有名。如高克恭，西域人，后居燕京，官至刑部尚书。善山水，师承米芾、米友仁，后学董源、李成，墨作学黄华，大有思致。高克恭能与赵孟頫比肩。他还有诗名，诗选入《元文类》。

更能说明问题的是，西域人入华，见元人文采，其人皆慕效华风，出于自愿，并非政府之奖励或强迫，皆以汉名为荣。元制不禁他人学习汉文，故色目人多以汉语为名，亦一时之风会。入葬、祠祭，西域人也纷纷仿效华俗。而西域人也喜欢像传统中国文人那样，让住处题为“山房”“清堂”“乐堂”“九思堂”“近思斋”“守居园地”“去溪小泉”等，以附雅风会为荣。

参看元西域华人著述表，可知元代上层文化人士中西域人汉化程度之高，不是专门研究，难以了解。如历史再给元朝 200 年，像清朝一样，元朝的全部汉化是可能的。一个文化欠发达的民族入侵和占据了文化处在高位的民族，最后势必会被高位民族吞噬和融化。这种文化的力量消长、浸入、交融、变化、流动在世界史上屡见不鲜，似乎可以看作是一个历史规律。强大的中华文化，在多次外族入侵的历史境遇中，不仅不被剿灭，而且在生生不息的斗争中，顽强成长，同化他者。

福建省永春县蒙古官大禄华池的墓碑
约 13 世纪。正面引用了《古兰经》的阿拉伯语草书，背面是死者的中文头衔和职位。
花岗岩，44.1 厘米 ×42.5 厘米。福建泉州海事博物馆藏

元・巢云图(高克恭)

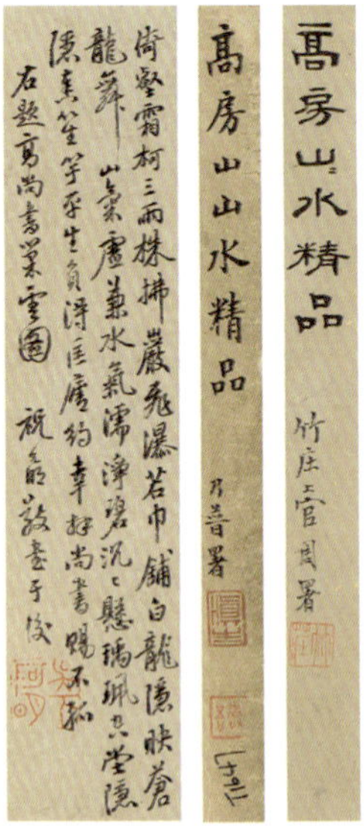

巢云图题跋

第二节 元代社会状况和审美追求

1. 繁华的社会生活和自由汲取的精神创造氛围

元代蒙古统治者虽然没有像宋朝一样的独尊儒家式的意识形态，但是有极为宽容的精神和心态。他们遵汉制，举儒生，容释道以及西方的景教、伊斯兰教等各式宗教，对汉文化不仅不禁，还大力提倡，包括色目人华化成为一种风气。因此，元朝是在比较宽松的社会氛围中发展的。

在叙述元人生活的著作中，《马可·波罗行纪》是最著名的一种。1270—1295年，马可·波罗来华、返乡。他为忽必烈朝廷服务出使17年（1274—1290），经历华夏各地。他所看到的元代社会和精神创造氛围是十分繁荣和自由的。

在《马可·波罗行纪》（沙海昂注，冯承钧译）第18章中，他是这样描写刺桐港（泉州）的繁华程度的："复命备船13艘，每艘具4桅，可张12帆。"在《马可·波罗游记》（陈传英译）第六章中，他说："这次远航，共准备了十四艘船（航）舶，每船有四根桅杆，可扬九帆。……其中至少有大船四五艘，每艘有水手二百五十或二百六十人，护送王后的三男爵和尼可罗、马飞阿以及马可·波罗，都乘坐在这些大船上。"

以上简单介绍的情况，也足以想象得到，元代的社会经济文化交往是十分繁荣的。

忽必烈对汉文化和社会风俗的热爱和关注，在马可·波罗的书中也有记载。如《马可·波罗行纪》第15章《大汗遣马可出使》里说："马可慎重执行他的使命。因为他从前屡见使臣出使世界各地，归时仅知报告其使之事。大汗常责备他们说：'我很喜欢知道各地的人情风俗，乃汝辈一无所知。'大汗既喜欢闻异事，所以马可在往来途中注意各地之事，以便为归向大汗言之。”马可这一说法，陈得芝教授曾经用元人虞集写的《司执中西游漫稿序》加以证明。序文里说：集大德初至京师，客授藁城董公之馆，因得见世祖皇帝禁近旧人间言：中统至元间，方有事于四方，每小大使者之出，比还奏毕。必从容问所过丰凶险易，民情习俗，有无人才治迹，或久之，因事召见，犹问之也。是以人人得尽其言，尝以此观人而得之；由是凡以使行者，莫敢不全心省察，以等顾问。（见《道园类稿》卷十九）

史料证明，忽必烈是一个亲民、亲躬的大汗，也是个有雄才大略的一代明君。大元国在他治理之下，社会有过相当长的繁荣昌盛的阶段。试看当时元朝中心都城的情况。

刺桐港的繁华景象

大元一朝，计建有元上都、元中都、元大都三个行政经济中心。

13 世纪下半叶，我国华北平原上出现了一座规模巨大的城市。它的雄伟壮丽，在当时世界上是首屈一指的。

忽必烈即位后，即考虑在金代的都城燕京旧址附近建新都，并命令刘秉忠筑中都（即大都）城。整个大都城的建造，都是在刘秉忠的“经画指标”下进行的。“岁在丁卯，以正月丁卯之吉，始城大都”（见虞集：《道园学古录》卷二三，《大都城隍庙碑》）。这是至元四年，1267 年。至元十三年（1276）大都城墙建成。

元大都建造规模、用工用时用材都是惊人地大。可以想象，忽必烈治中原汉地几十年所营造的社会生产能力如此强大，和汉、亲汉政策造就的社会活力，可见一斑。

元大都建成后，各种统计表明，人口在 50 万左右[根据《元史·地理志》记载，至元七年（1270）的统计，中都统共有户 147590，口 401350]。而到了元顺帝后至元六年（1340），丞相脱脱等说“大都人烟百万”（见《庚申外史》卷上）。可见当时元大都的繁华程度。

看看元人的诗作是如何赞美元大都皇宫的：

“栏马墙临海子边，红葵高柳碧参天。”［张昱：《张光弼诗集》卷三，《辇下曲》。皇城北部靠近海子（积水潭），“栏马骑临海子边”即指此］

“人间天上无多路，只隔红门别是春。”（王冕：《竹斋诗集》卷四，《金水河春兴》）

“大都周遭十一门，草苫土筑哪吒城。”（张昱：《张光弼诗集》，《辇下曲》）

大都之所以开11门，是象征神话中哪吒传说的结果。哪吒三头六臂两足，南面三门象征三头，东西六门象征六臂，北面两门象征两足。郑所南《心史》中提道，“二月哪吒太子诞日”，大都举行盛大仪式庆祝。可见哪吒及“西游记”相关的传说在元代已经盛行。皇城内一处还种植着从蒙古高原移植过来的莎草，这是忽必烈为了使子孙不忘创业之艰而特意安排的。

“墨河万里连沙漠，世祖深思创业难。数尺阑干护春草，丹墀留与子孙看。”（柯九思：《草堂雅集》卷一，《宫词》）

“宫内小桥流水，水桥相通。”（叶子奇：《草木子》卷四上，《识薮篇》）

“何处蓬莱通弱水，仪天殿在画桥东。”（柯九思：《草堂雅集》卷一，《宫词》）

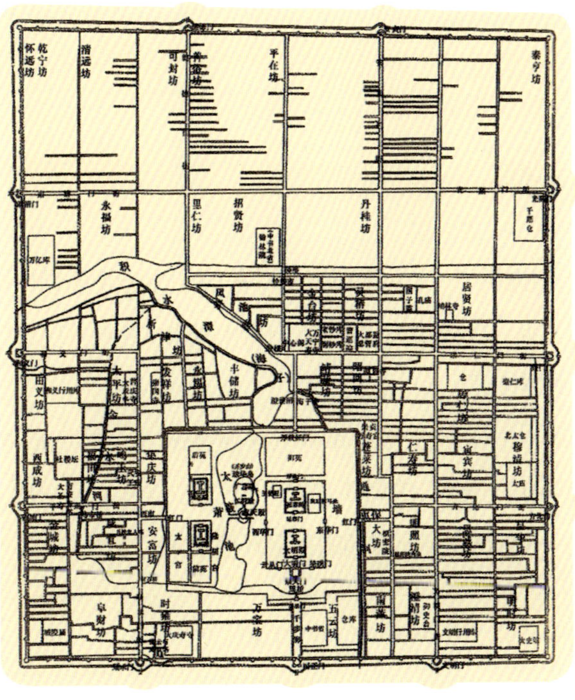

元大都平面图

从以上元人的诗作中,我们可以窥见元大都皇城的辉煌和壮阔。

大元皇城和皇宫为楼台亭阁起的名称,也极具汉文化的高雅与丰富内涵,如光熙门、崇文门、齐化门、文明门(哈达门)、丽正门、顺承门、平则门、和义门、肃清门、健德门、安贞门,“憧憧十一门,东马如云烟”(见延贤:《金台集》卷一,《京城杂言六首》)。而皇宫里的楼台亭阁的名称更有传统文人雅趣的味道:隆福宫、兴圣宫、崇天门、星拱门、云从门、西华门、东华门、金水河、大明门、清宁宫、延春阁、玄武池、仪天殿、万寿山、隆福宫、兴圣宫、宣文阁……

看这个宫廷建筑的阵势和所起名称,忽必烈哪里只是蒙古草原的“汗”,他想做的是大中国的一个汉文化传承和有历史渊源的帝王!

本书是为研究元青花而写的。当代中国,与元青花相关的古陶瓷界、收藏界、景德镇的考古界、各个学校相关专业的年轻学生都在对元青花发表意见。但是,查阅他们的言论,都显示出其对元代社会的整体面貌不够了解。文博、考古、古陶瓷研究界的一些专业人员太拘泥于元青花本身,对元代社会局限于明代人和清代人相传的误读、误解,总体上把元代社会看成是排斥汉族,拒绝汉文化,把儒生贬为三教九流底层阶级,元朝上层则只知道马背上打天下,不使用瓷器,粗疏汉文的社会,所以,元青花只是“横空出世”,成为没有来源、没有前奏、没有继承的“天外之物”。

2. 元人的社会风俗

“元代为人们提供了一个文化环境相对宽松、比较自由的创作空间。元代没有真正意义上的文狱,文化创作极为自由,自唐宋以来文化向平民、基层倾斜的趋势,在元代依然得到继续。”①

元代留给后人最伟大的、更有市井气味、更贴近平民的是元曲、元杂剧。王国维指出,元曲是足可与唐诗、宋词鼎立的“一代之文学”。有元一代,元曲如日中天,云蒸霞蔚,繁荣兴盛,这是与元时期的社会环境密不可分的。

---

① 班布尔汗:《细读元朝一百六十年》,华文出版社 2021 年版,第 141 页。

元/王振鹏/货郎图（局部）

元代早期因为没开科举，大量素质极高的文人不再专注于科场，为了养家糊口，也为了立身扬名，纷纷投入杂剧、散曲创作之中，使元曲迅速崛起，使市井文化的繁荣更上一层。如此，也从正面影响了元代瓷业和元代青花瓷的生产。元青花上包罗万象的人物故事就是从这种文化氛围中产生的。

元青花图案中的伊斯兰教元素、佛教元素、道教元素、蒙古族元素、中国传统故事元素交织在一起，堪称奇观。然而，只要你深入元史就会知道，这一切都不是无缘无故产生的。

我们看看元代对待宗教的态度和宗教文化的发展。

伊朗史学家志费尼在他所著的《世界征服者史》中，曾对成吉思汗的宗教态度有所评价，认为“他没有偏见，不舍一种而取另一种，也不尊此而抑彼；不如说，他尊敬的是各教中有学识、虔诚的人”。成吉思汗信仰萨满教。萨满教信仰的核心是“万物有灵”，无论是天、地、月、日、水、火等自然事物，还是熊、虎、貂、蛇、鹰等动物，一切均有灵魂，人们的生老病死、悲欢离合都受到神灵的影响。在萨满教中，也有主宰一切的主神，这便是“天神”或者“长生天”。对天的崇拜是信仰中最重要也是最核心的。天，长生天主导一切，主宰万物，所以成吉思汗对其他宗教的接纳与包容在历史中达到空前绝后的程度。

成吉思汗制定的《大扎撒（法典）》中明确规定：“尊重任何一种宗教信仰，任何一种宗教都不得享有特权。”①

元朝的皇帝不是民间传说的“只识弯弓射大雕”，除极为推崇汉文化外，这里也要介绍一位文艺气质极高的元朝皇帝：元文宗。

元文宗，孛儿只斤・图帖睦尔（元朝第八位皇帝）被拥立为帝后，办的第一件事就是建立“奎章阁学士院”，正三品，并任命两位大学士负责“奎章阁”。“奎章阁”是元大都皇宫收藏文物书画、图书宝玩的殿阁，文宗一立奎章阁，当时元朝有名望的文人学者纷至沓来，如：自许才名今独步，集诗人、书画家、金石学家为一身的大才子柯九思；名相不忽木之子、大诗人泰不华；木华黎九世孙，并立于“元诗四大家”的虞集、揭傒斯；有“将之以忠义，守之以清介，饰之以文学”之誉的

---

① 转引自班布尔汗：《细读元朝一百六十年》，华文出版社 2021 年版，第 23 页。

赵世延；有“鸿笔”之称的欧阳玄；以及当世大儒许有壬、苏天爵、宋本、李好文、贡师泰、郑深；等等。他们全都进入奎章阁，成为文宗的座上宾。

至顺元年（1330）四月文宗下诏，命赵世延为总裁，编修《皇朝经世大典》，一年后编成，全书880卷，目录12卷，成为元代立国近百年的典章制度的集大成者。

史称，元文宗在位期间，是元朝宫廷文化达到成熟的时期。

文宗以后，经过一系列复杂的宫廷变化，元惠宗即位。惠宗立马兴文倡儒、重开科举，而且其认真程度、规模超过了前朝所有皇帝。有元一代一共进行了16次廷试，其中10次是在惠宗时期举行的。元朝总计录取进士1139人，而惠宗时期就录取了700人。惠宗“以文治国”，开经筵，选儒臣，加封孔子公裔，译《贞观政要》为蒙文，下旨纂修辽、金、宋三史，仅仅用了两年多的时间，完成了116卷的《辽史》、135卷的《金史》、496卷的《宋史》。惠宗的“旧政更换”虽然维持时间不长，但对元代后期的文化振兴起到了极为重要的作用。

关于元代汉族士人与汉文化的境遇问题，元末动荡有一段插曲为后世人不闻。至正二十三年（1363），朱元璋在鄱阳湖大败陈友谅，在反元军中占据了绝对优势，元朝政权开始步入最后阶段。恰恰在这个时候，汉族士大夫都表现得格外忠于朝廷，而不是对反元农民军的胜利欢欣鼓舞。他们早已认为：华夷之辨不是主旨，忠君才是天下之定理。“能用士而能行中国之道者，则中国之重”。这些士大夫用古人进行类比，指出“舜生于东夷，文王生于西夷”，但“后世称圣贤焉”，只要“谙于中国之道”，那便不能“以夷独外之”。元朝虽然是蒙古人做皇帝，但“以天数之正，华统之大，属于我元”。

所以，江南地区以汉人为主的士人们无不奋勇争先，为了忠于朝廷而与红巾军等队伍殊死作战。不但在任官员鲜有临阵脱逃者，就算隐居乡野的士人，也认为自己有“散储蓄，聚丁状”，各地士人纷纷组织“义兵”“义旅”与起义军对垒，这些“义兵”，少则数千，多则上万，一度颇有声势。[①]

元朝的官场，皇家的价值取向，元朝社会的变迁与形形色色的生态都说明了元代是一个正常的环境变更后的社会，由于皇室的汉化政策使汉文化和中国传统

① 参见陈高华、张帆、刘晓：《元代文化史》，中国社会科学出版社2020年版，第289—297页。

得以发扬。我们再从元代的宗教状况看看,也可以见证这一历史景象。

大蒙古国统治者与著名宗教人士的友好交往,在各种史书上都有记载,比如与全真派第五任掌教丘处机的往来在历史上留下了美谈。1148年(南宋高宗绍兴十八年,金熙宗皇统八年),丘处机生于山东登州栖霞县一个农人之家,自幼失去双亲,由兄嫂抚养成人。丘处机拜创始人王重阳为师。金世宗去世,丘处机特撰《挽世宗词》悼念:

哀诏从天降,悲风到陕来。

黄河卷霜雪,白日翳尘埃。

自念长松晚,天恩再诏回。

金盘赐桃食,厚德实伤哀。

可见丘处机与皇室的人际关系是处得相当好的。成吉思汗举兵伐金,得闻丘处机大名,也派人延请丘处机,恰逢成吉思汗西征,丘处机不顾年迈,万里西行,历时一年有余,终于在1222年初夏到达大雪山(今阿富汗兴都库什山),谒见了成吉思汗。

丘处机与成吉思汗图元青花梅瓶 / 选自《苏莱麻尼·元青花》

元/马君祥/永乐宫三清殿壁画（局部）

丘处机与成吉思汗相处一年，不断地对成吉思汗讲授“敬天爱民”的道理，提出“欲一天下者，必不嗜杀人”，留下了“一言止杀”的佳话。

由于丘处机与成吉思汗的亲密关系，道教在整个元代，虽不能算是首屈一指的大教派，但道观林立、教徒广众，甚至达到可与佛教一争高下的地步。

而元朝最大的宗教是佛教，特别是藏传佛教被立为国教，当然是影响巨大，教徒甚众，在元代社会中举足轻重。

元代佛教之盛，唯有唐代可比。

中统三年（1262），忽必烈即位，年仅28岁的八思巴被“尊为国师，授以玉印，任中原法主，统天下教门”。八思巴曾多次为元朝皇室22成员讲授佛经，蒙古宫廷的佛教气氛日渐浓厚。而忽必烈本人身体力行，“万机之暇，自奉施食，持珠而课颂”。并宣称：“朕以本觉无二真心，治天下国家，如观海工东青取天鹅，心无二故。”（见《佛祖历代通载》卷二十一、二十二）

在这一时期，大型佛事之盛，历史上也极为罕见。仅在成宗大德年间，竟达500余种。可见当时整个社会的香火之盛。佛事深入民间，已成为全民性的节日。

出乎不少今人的普遍见识，元代是一个有系统教育体系的社会。在这个社会中，理学盛行，书香扑鼻，读书风气之盛，也是出乎曲写元史人的意料的。元代早期即“建国学教胄子”（见《元史》卷159《宋子贞传》）。中统二年（1261）、至元四年（1267）两次颁布“以许衡为国子祭酒的任命”（见《元史》卷4《世祖本纪》）。此后元代儒学教学始终没有停止，一度达到中兴程度。

元代有这种儒学中兴的现象，与元朝统治者重视汉化、重视国学教育有关。

至元二十四年（1287）闰二月元廷颁行国学条例，具体内容非常丰富：恢复、完善了国子学教官建置，并且在国子学上增设教学管理机构国子监，设国子祭酒、国子司业、国子监丞以及国子博士、国子助教、国子监秩、国子学定秩等各级官员，学生名额多达200人，学舍则改建、新建，包括讲堂、学官厅、斋房、厨房、仓库等几十间。学生饮食、日用杂物、该县和学校教学经费等一律由官方支付。而其教学内容则涉及《孝经》《小学》《论语》《孟子》《大学》《中庸》，然后是《诗经》《尚书》《礼记》《周礼》《春秋》《周易》。教学考核方式与宋儒官学无异，包括作对联、诗文、经解、史译等。这种制度的形式，使元朝国学教育进入了稳定和正规化的状态。

到了元成宗（忽必烈之子）时期，元朝的国学教学更是上了新的层次，兴建校舍、扩大招生、新建孔庙、创办上都分学（蒙古草原），其国学校舍之大，时人记述说："不独圣师之宫巍然为天下之极，而首善之学亦伟然耸天下之望。远迩来观，靡不惊骇，叹羡其高壮宏敞。"（见《国子学先圣庙碑》，《国朝文类》卷十九）

元朝的地方学校，除官办儒学外，还有书院、蒙古文学、医学、阴阳学和社学。至元七年（1270），元朝廷颁布立社法令，农村中大致每 50 家立为一社，作为生产互助和基层管理组织。收服江南后，又将社制推广到南方。"每社设学校一所，于农隙时分各令子弟入学，读《孝经》《小学》《大学》《论》《孟》经史，务要各知孝悌忠信，敦本抑末。"［见《元典章》卷二十三（户部卷之九）］

除此之外，元朝还注重蒙古文学，对汉、蒙各族的优秀青年进行本族语言文字教学。值得一提的是，元代在大都还设有一种文学专科学校——回回国子学，用以教学波斯文。（见《元史・选举制一・学校》）

以上等等，均表明元朝社会生活的上层生活以及对文化、宗教、教育等的管理是很规范的，而且是鼓励多种文化共同发展繁荣的。当时的文化政策宽松，还出现了历史上任何专制政权都不可能容忍的事，如对待南宋遗民怀旧、悼亡、恋岁、排遣遗民情怀的文学作品，特别是"反诗"，元朝廷采取了不闻不问的态度。现在，我们可以看看这些"反诗"的内容：

"岁寒心肠如铁石，不与万物同摧残。"［见谢枋得（1239—1289）《赠画梅吴雪坞》］

"宁可枝头抱香死，何曾吹落北风中。"［见郑思肖（1239—1316）《寒菊》，载陈福康辑校《郑思肖集》，上海古籍出版社 1991 年版，第 290 页］

南宋遗民诗作怀旧、怀故园，叹丧国之痛，结社吟诗，而且是在入元多年之后，而未遭元朝廷追责、捕杀。元统治者没有兴文字狱，随意放任这种情况在中国历史上是罕见的，更不见于明清两朝。明清两朝的文字狱是出了名的残酷和血腥，一诗、一句甚至一词不当而被灭九族的，大有史实存在。这种宽松的社会政策难怪元亡之后许多汉族士人甚至百姓恋旧。

联想元青花器上的汉族文人将相故事图，那些认为元朝不可能容忍汉族故事的云云，可想而知都为不实之词。

3. 元代的“回回人”

在元代的典籍中，关于“回回人”的论述非常多。与此有关，“回回青”“回回书籍”“回回炮”“回回令史”“回回历”的用词也频频出现。

关于“回回”的含义：

（1）《秘书监志》（元人王士点、商企翁编次，上海古籍出版社 2022 年版）载：元代朝廷设吏员，“至元二十二年五月十六日，都省淮设蒙古必阇一个，设回回令史”。

（2）“回回”文字：至元二十四年二月十六日，奉秘书（监）台旨：“福建道骗海行舡回回每，有知海道回回文字剌那麻（老），具呈中书省，行下合属取索者。奉此。”（见《元史·选举志》）

（3）“回回”历日：“至元十五年十月十一日，司天少监可马剌丁，照得：在先敬奉皇子安西王令旨：‘交可马剌西每岸推算，写造回回历日两本送将来者是，敬此。’今已推算至元十六年历日毕工，依年例，合用写造上等回回纸札，合行中复秘监应付。”

（4）“回回”书籍：《秘书监志》罗列 26 位回回人写的书目，总数竟达 242 部。在元代朝廷，能著书立说的回回人，是西域人的统称，查清楚这些回回人是来自哪里的，包括弄清楚回历属哪个国家，回回字是什么，也许能搞清楚“回回青”是何许物种了。

（5）“回回”青：《元代画塑记》一书，详尽记载了绘人物像和彩绘佛像时所需颜料的配比、名称、重量。其中特别有意思的是，竟然列出所需“回回青三斤”“回回胭脂一斤”“回回青八两”“回回青一斤八两”“回回胡麻一十三斤”“回回青四十六斤”等上百处，使用“回回”两字的频率之高，实属罕见。[①]

上述资料告诉我们，元代的“回回人”是一个能量很大、创造能力极高，而且

---

① 参见《元代古籍集成》第二辑，上海古籍出版社 2022 年版，第 302—315 页。

在元朝统治阶层人数占比很大的族群。他们到底是什么人?

笔者手头有一部著名的西域回族史专家杨志玖先生的文集《元代回族史话稿》(中华书局 2015 年版),十分权威地详细考订了元代社会的回族问题,讲清了“回回人”的来龙去脉,兹摘要介绍如下。

杨志玖认为,“回回”一词最早出现在北京沈括的《梦溪笔谈》(成书于 1088—1095 年)中,是回纥、回鹘的通俗化的转音,和元朝所称的“回回”一词涵义不尽相同,但“回回”一词从此渐渐流行通用。最初泛指回鹘以及中亚其他突厥人,最后(当在元世祖忽必烈时),则专指信奉伊斯兰教的中亚人、西亚人,而把唐宋时的回纥、回鹘称为畏兀儿(即今之维吾尔)人。

这是当今中国最权威的中国元史研究会名誉会长、中国民族学会顾问、《中国历史大辞典》主编、南开大学历史系教授杨志玖先生的研究结论。认识到这一点非常重要,因为元代文人的著作和《元史》的一些传记中,又常把回回、回纥、回鹘三词交互使用,混淆了三者的应用界限。如《元史・阿合马传》说“阿合马,回纥人也”,这是把回回称为回纥。《元史・撒吉思传》说“撒吉思,回鹘人”,又把回鹘代替畏兀儿了。这些地方,要根据历史事实,具体分析,否则容易混乱。

1219 年,成吉思汗率蒙古大军西征花剌子模(回回国)后,回回人大批来到东方。

花剌子模王朝是一个历史上的国家,存在于 11—13 世纪,强盛时期囊括中亚河中地区、霍拉桑地区与大伊朗地区,是波斯逊尼派的一个王朝。1231 年,花剌子模被蒙古帝国灭亡。花剌子模的宗教是拜火教,拜火教是波斯帝国的国教。

可以见到,12、13 世纪的花剌子模国,其领土包含今日伊朗的大部分以及土库曼斯坦、乌兹别克斯坦、哈萨克斯坦、伊拉克东部等地。中心城市是乌尔根奇(属今日乌兹别克斯坦),历史上被成吉思汗夷为平地。

也就是说,被元代人称为“回回人”的,不是别人,正是历史上以花剌子模国人为核心的西亚人。花剌子模国包括今日的伊朗、苏联地区的五个斯坦国(哈萨克斯坦、塔吉克斯坦、吉尔吉斯斯坦、土库曼斯坦和乌兹别克斯坦)的大部分领土以及伊拉克东部、阿富汗西部等地。

花剌子模国的主要语言文字是什么?宗教是什么?

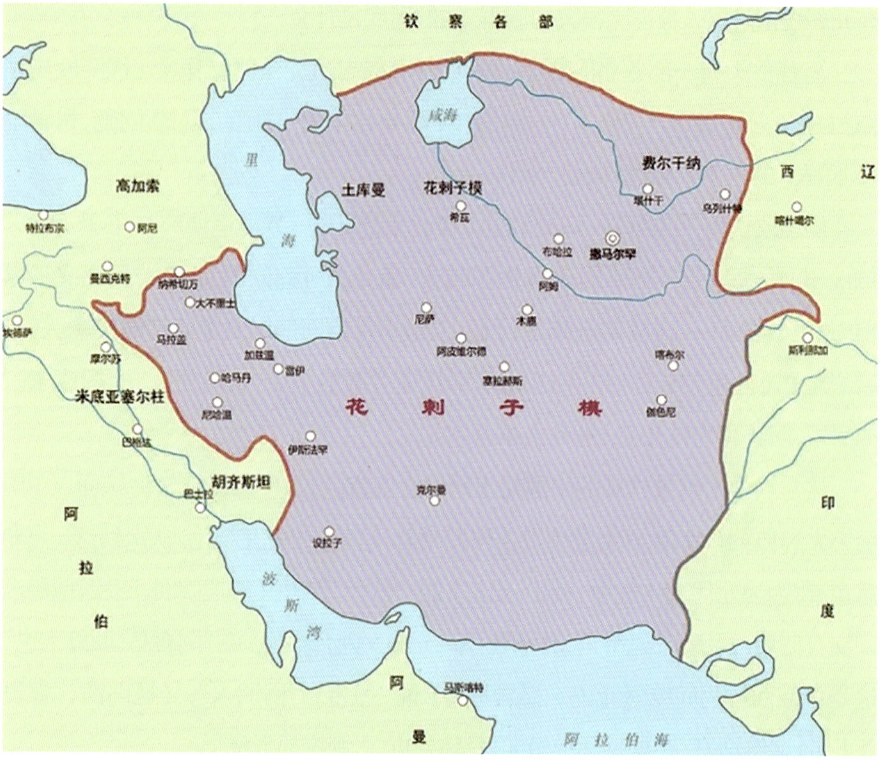

12、13世纪的花剌子模国

花剌子模语归属印欧语系伊朗语族。花剌子模人主要由波斯人和突厥人组成。波斯人在花剌子模地区的影响非常深远,他们不仅传播了自己的文化,而且在政治上也扮演了重要的角色。花剌子模的许多统治者都是波斯人或者有波斯血统的人。鼎盛时期的花剌子模横跨整个波斯。

在13世纪,花剌子模国未被蒙古人征服之前,是伊朗高原和中亚地区的唯一强国,以波斯人和部分突厥民族为主的多民族混合体组成花剌子模国,也成为与中原大蒙古国经济交往的主要伙伴。13世纪初,大蒙古国周边的形势是这样的:在它的西部有畏兀儿和西辽,在它的南部有西夏和金朝。花剌子模国则在畏兀儿的西部和西辽的南部。

畏兀儿是突语系中比较发达的一个古老民族,唐朝称回纥,后称回鹘,曾在蒙古高原建立过回鹘汗国,后被黠戛斯击败,被迫西迁。其中有一支迁到今新疆吐鲁番盆地一带,到公元10世纪末期时,建立了高昌回鹘政权。其都城在高昌(今新疆吐鲁番盆东）。公元10世纪的高昌回鹘，信佛教，还没有伊斯兰化。

1223年，成吉思汗军队打到今俄罗斯境内，1225年，成吉思汗西征结束，成功将今西亚、东欧大片土地纳于囊中。

在征服花剌子模的过程中，成吉思汗军队进行了残酷的屠城，劫持了大批他们认为用得上的人口，其中大部分是各种工匠手艺人和妇女儿童。

有学者推算，蒙古人在呼罗珊地区掳掠的人口应在80万—90万，在河中地区劫掠的人口超过40万。除掉战争中的损失（按1/4）后，蒙古人从中亚掳掠的人口接近100万。

这些不同种族但大多具有同一信仰（伊斯兰教）的中亚人，跟随蒙古军队转战于各地，其中就有不少人来到了中国（元朝）境内，逐步站稳了脚跟。可以说，今天生活在西北地区，以回族为代表的多个民族，多多少少都与这些“移民”存在一些渊源。

在元明两朝的中文史料中，这些以穆斯林为主的中亚人被泛称为“回回人”。他们来到中国后落脚的第一站，便锁定在了西北地区。西北地区离中亚最近，人口相对稀少，选择这一聚集地极具“性价比”。另外，金朝和南宋仍然占领着中原和江南地区，迁居内陆难度很大。

当时，宁夏地区生活着数量众多的回回人。定居于宁夏的回回官兵有5万—7万，加上他们的亲属合计10万人左右，大多数居住在黄河至六盘山麓条件较好的地区。

在甘肃地区，尤其是河西走廊一带，同样生活着数量不少的回回人。为数众多的回回军士屯田耕牧于已垦或未垦的荒地上，肃州（今酒泉）东关内两条各一里多长街道的经商者中，番回居大半。

与宁夏、甘肃等相比，靠近中原的陕西地区，回回人的数量相对少一些，但也存在着多个“回族大姓”。陕西平章政事的纳速剌丁，为回回政治家赛典赤·赡思丁（1211—1279，生于布哈拉）长子，其子孙众多，分为纳、速、剌、丁四姓，留居各省，故宁夏有纳家户，长安有剌（拉）家村。

另外，在新疆地区，也生活着不少回回人。史料记载，仅至元年间（1264—1294），今新疆昌吉州阜康市地区，就“有屯田回回3000户”。新疆地区当时称西域

古伊朗细密画 / 作者 Abu'l Qasim Firdausi（935—1020） / 美国大都会艺术博物馆藏

为“回回人”。

至元二十五年（1288）十一月，忽必烈令甘肃、陕西等租户屯田生产约 5000 户。[①]

这些来到西北各地屯垦的回回人，“就地”成家并娶妻生子。随着时间的流逝，逐渐成了当地的居民。除从事屯田等农业生产活动外，还有一些回回人从事手工

① 参见杨志玖：《元代回族史稿》，中华书局 2015 年版，第 77—130 页。

业、商业和畜牧业。忽必烈曾在河西地区“置织毛缎匠提举司”,工匠主要来自中亚的回回。[1] 另外,还有不少中亚商人来到西北地区,进行贸易活动。元朝诗人马祖常(1279—1338)写道:“波斯老贾度流沙,夜听驼铃识路赊。采玉河边青石子,收来东国易桑麻。”

请注意,马祖常在此使用了“波斯老贾”一词,说明在当时元人称波斯人为“回回人”。

随着地理环境的改变,迁徙到西北的回回人的生活方式,也逐渐发生了变化,最终形成了集农业、手工业、商业和畜牧业等多种形式的“多元化”经济体制。

实际上,今天生活在西北的保安族,或许就与迁徙而来的回回人存在一定的渊源。

值得注意的是,在西北各民族将自己经济与文化上的影响施加于回回人的同时,回回人也将自己的经济与文化成分带了进来。善于经商的回回人,进一步活跃了西北地区的商品经济,并让西北其他各族同胞们掌握了经商技巧。

在文化方面,最显著的例子无疑是“西域的伊斯兰化”。根据史料记载,一些回回人进入青海后,一些笃信喇嘛教的藏部落“改信”了伊斯兰教。原因很简单,按照当时的伊斯兰教传统,与这些“回回”官兵和工匠结婚的各族妇女,几乎全部“跟随”丈夫“皈依”了伊斯兰教。

元代回回人札马鲁丁著有《万年历》。《万年历》又称《回回历》,当时有回回司天监,创制七种天文仪器以观天象。其中一种叫“苦来亦阿儿子”,是波斯文的音译,即地球仪。

阿拉伯、波斯的医学知识到元代已经有了很大的影响,从波斯文译出的《回回药方》,原36卷,今存4卷。杨志玖写道:“回回文字主要是波斯文。波斯文是当时流行于中亚各族的通行文字,在中国被广泛使用。除一般波斯文以外,波斯文中还有一种‘亦思替非文字’,在元代很受重视。元世祖至元二十六年(1289)设置回回国子学(后改为回回国子监),令益福的哈鲁丁为翰林院学士,以教授公卿大夫和富民子弟入学学习亦思替非文字。它是专用于财务税收计算的文字。回回人在元

---

① 成吉思汗攻克花剌子模都城玉龙杰赤后,将超过10万的工匠、艺人掠去东方。《元代回族史稿》第89页。

代官府多有从事财政事务者，这种文字又有利于机密，所以它成为回回国子学中重要的教授学习科目。”[①]

在回回人的宗教生活中，有许多专用名词是波斯文的音译，如：“迭里威失”，是波斯文的音译，意为苦修者。《元典章》上有“一日五遍的纳麻思”，“纳麻思”今称“乃玛孜”，是波斯语的译音，从译名看，元代回回人以波斯人或中亚波斯化的突厥人为多。

元朝的回回人，在经商、法律、政治、文化等方面，具有比汉人和南人更高的地位。那些入仕元朝的回回官员和知识分子，也会利用自己显赫的政治地位，有效促进伊斯兰教的传播和发展。元朝《大一统制》的总策划，就是伊朗学者札马鲁丁。

前面提到，回族的形成与成吉思汗主导的第一次西征，有着密不可分的关系。当然，这并不是说，凡是进入中国境内的回回人“都是回族”。

进入蒙古高原的回回人，几乎尽数同化于蒙古族当中。

西征以后，蒙古人将从中亚掳掠来的妇女、儿童、能工巧匠和青壮年劳动力带回了蒙古高原。这些人从踏上蒙古高原的第一天起，就处于蒙古人的包围之中。随着时间的推移，他们日趋“蒙古化”。从元廷退居漠北后“不再有回回记载”的史实就说明，到了元末明初时期，这些回回人已经成为“蒙古族的一部分”。

而散居全国各地的回回人，同化于汉族或其他民族当中。回回人以善于经商而著称，蒙古统治者为了鼓励他们前来经商，给予了他们极为优越的条件。在利益的驱动下，很多中亚商人将长江以南的粮食、布匹和其他物资运往蒙古进行销售。在这样的大背景下，蒙古和中原汉族聚集区，均居住着数量不少的中亚商人。随着时间的推移，这些散居在全国各地的回回商人，逐步同化于当地的主体民族当中。

另外，元朝科举考试科目仍以《大学》《论语》《孟子》《中庸》等儒家典籍为主要考核内容。凡是参加科举考试的人，必须了解这些汉文化的精华著作。值得注意的是，色目人中举的比例为1/4。换言之，他们实际上成了汉文化的继承者。

至于回回人同化于其他民族的事例，同样不胜枚举。在云南，元朝委任了不少

---

① 参见杨志玖《元代回族史稿》，中华书局2015年版，第14—15页。

来自中亚和西亚的穆斯林，充任当地的地方官员和将领等职，并多次派驻数目不小的“回回军”，镇守南部边境。其中，在当地散居的回回人，逐步同化于当地诸民族当中。一言以概之，这些来自中亚的回回人，一经散居中国各地，便开始了与当地各族人民的同化过程。

经过元朝接近 100 余年的统治后，他们基本上完成了“中国化”进程，成为中华民族不可分割的组成部分，为中国政治、经济、文化、科技的发展作出了不可磨灭的贡献。

元 / 同胞一气图 / 台北故宫博物院藏

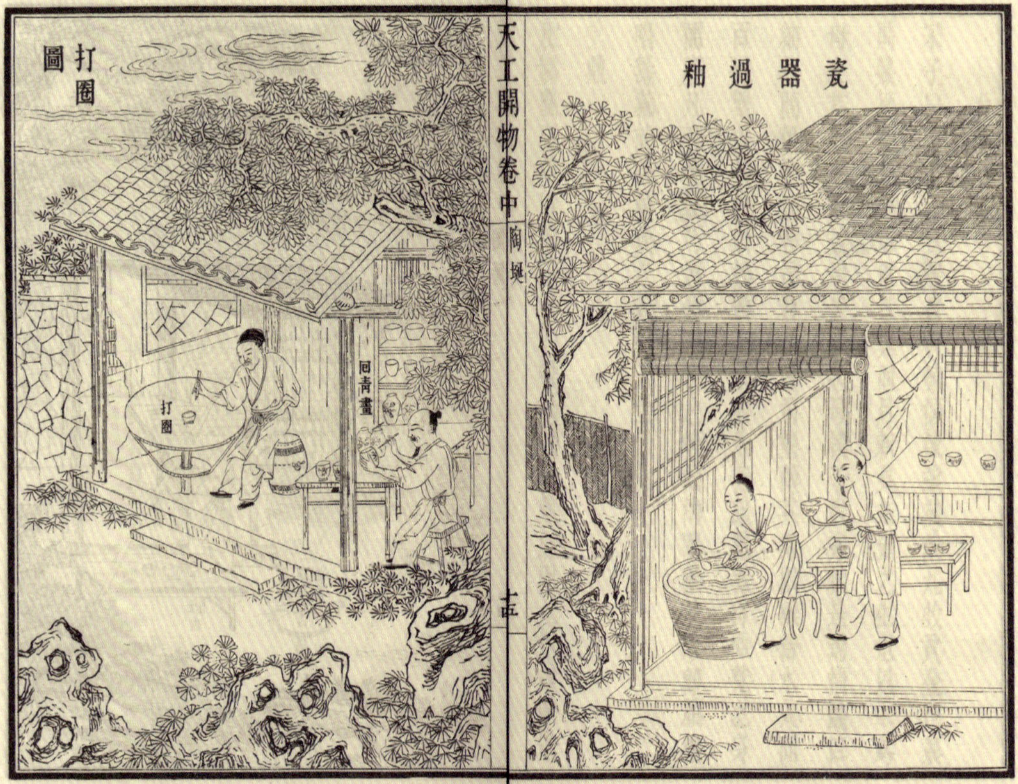

1927年罗振玉署陶本版画《天工开物》
第七卷《陶埏》（部分插图）

第三节 元代的瓷业生产

1. 金元时期北中国及汉地的瓷业生产

元代瓷业生产并不是从天上掉下来的,而是在宋、金瓷业生产的基础上发展起来的。特别是元青花器的生产,并不只能从元代景德镇开始算起,这样就会切断文脉,无法将元青花放在一个历史长河中准确定位。

大蒙古国本来自蒙古高原,有广阔天地。但统一的蒙古诸部落在成吉思汗的统领下,雄心勃勃,东进、西突、南下,在铁骑奔驰之处,领土迅速扩张。

也正是在这一历史阶段,成吉思汗与他的子孙们先后灭掉了花剌子模国、辽、西辽、西夏、金诸国,清理了周边的领土,并将领土扩张到地中海、伊朗高原和中国的东北、华北。这段时间,政权更迭频繁,人员流动加速,民族交融进程飞快,社会动荡不安。1279 年,元军攻占临安(杭州),南宋灭亡。从 1279 年往上推,大蒙古国灭金时间是 1234 年,其中北方汉地被蒙古人管理时间达 45 年。这段时间,原金朝统治区域以及周边地区既不属南宋,也不属还未出现的元朝,勉强属于以草原为核心的蒙古汗国的边缘地区,被称为“汉地”,任命了行政长官。

忽必烈管理北方汉地的时间是从 1260 年开始,即元朝建立前 11 年。在这以前,蒙古人对北方汉地的态度是十分暧昧的,是掠夺性的。灭金战争使北方汉地生灵涂炭,社会正常秩序恢复缓慢,生产系统受到大的破坏。建元之前的最后 11 年,忽必烈明确地实施遵汉方针,使用金莲川汉族幕僚,使得缓和的社会生态政策得以实施,北方汉地社会整体状况呈现良性发展状态。

所以,我们考察元代青花器的生产,不能不考察它的前世,即北方汉地的 40 余年甚至更早的瓷业生产状况。

从元青花器物繁密的装饰风格和丰富多彩的人物故事图的构成来看，它们绝对不只是秉承宋代青白瓷传统的产物，它有更广阔的文化来源，有传承、有不同文化板块碰撞的影响。

笔者人的思路是：

(1) 我们先看北方中国汉地在元建立以前百年左右的产业生产，从金朝与大蒙古国北方汉地50年考察开始。因为这是影响元朝建立后占领景德镇进行新的瓷业生产的一个极为重要的新文化来源——随着北方元朝大军南进而带来北方的工匠、设计理念等，这是一个随时会漂移的文化板块。这个板块的情况是怎样的？

(2) 鉴于金代至元代汉地50年的文化情况，它们的许多元素在元青花和元代瓷器上出现，绝对不是偶然的。

(3) 更细致地了解这个时段的两个重点领域：金代民间壁画（墓室绘画）和其他美术元素，以及北方汉地在磁州窑的生产。特别应该关注磁州窑的艺术元素。金代磁州窑极为民俗化的绘画，与景德镇生产的元青花上的绘画极为相似，从表现内容到表现风格、绘工细节，都有可溯源之处。

(4) 尽可能地掌握元军灭金以后以及掠夺性统治时期北方族群（包括窑工）南迁的情况，这段时间南方瓷业如何潜移默化地受到北方工匠，特别是磁州窑工的影响，待考察。

中国北方12世纪的瓷业生产大概情况是怎样的？

自宋代在中原地区和长江流域以及岭南形成以汉民族为主体的国家和以儒家文化为主体的文化格局后，宋代美学经过多年发展，稳稳地形成了以汉族儒家文化为核心的，以皇帝、士大夫和文人所主导的审美风尚。以宋徽宗为代表的宋人美学，主静、主素雅、主文人气，200多年的时段，如果没有外来变化，这将会是华夏民族形成稳定文化风格和审美特点的一个时代。但是，历史不是这样安排的。

一是东北方少数民族政权和文化力量的南移，辽、金对宋朝的压迫和侵入，带来了气氛热烈、色彩绚丽的北方民族的强烈色彩。它们对宋代社会审美观的改变形成了冲击。

二是北方蒙古高原游牧民族的文化冲击，通过西夏文化的过滤，也慢慢开始浸润和改变宁静致远、极富玄学神韵的老庄风度的宋韵美学。

三是军事入侵干脆改朝换代，先是金，后是大蒙古国，北方汉地的宋韵之源头被根本性地改造和冲击。

异族文化像北方来的漫天大水，一路向南，宋代的静谧慢慢变成金元时期的热烈，而且向南继续影响江南地区，瓷业生产影响到景德镇窑区和吉州窑等窑场。

我们只要在宏观上比较一下北宋与金代瓷业生产风格的特点，就可以了解到这两个时代的审美风格差异是如此之大。

宋瓷将装饰绘画与自身的造型完美地结合起来，给人一种既有现代气息，又富含强烈的民族视觉的印象。

“质朴”，朴素之意，喻指事物的质朴、自然、本色之美。中国古代美学推崇朴素美。宋苏轼认为朴素美是由艺术上的“老”“熟”达到的自然、纯朴，由绚烂之极而“乃造平淡”。

朴素美是人的素朴本真、坦荡自然的内在本质的对象化，其特征是自然、本色、质朴、纯真、清新活泼、平易近人。

宋代以前的陶瓷一直是重装饰的，到了宋代，突然转为简洁质朴，这同他们崇尚道家、禅学，含蓄内敛有很大关系，所以宋代艺术风格由唐代的热烈奔放逐渐转为严谨含蓄，由奢华转为质朴。

文人画的发展使得这一时期重视表达内心世界，文人士大夫喜爱画梅、兰、竹来表达自己高洁的品质，书法的精神是以意取胜，而这一时期画风、诗风、文风的基本精神是相通的，即气韵生动。

宋瓷被赋予了深厚的文化内涵，呈现出的文人气质与时代精神吸引了古今中外无数的学者来研究它。面对优美的历史文化的积淀，我们更多的是抚掌感叹。

而金代的主体民族是生活于白山黑水间的女真族。女真人的审美风格与汉人大相径庭，而女真人与契丹人及辽东半岛、渤海湾周边和蒙古东部、西夏等少数民族地区的宗教、风俗、审美都有关联之处；与宋代士大夫的审美取向，从而和整个宋代社会的文人化的审美风俗是大大不同的。可以从辽、金的文化遗存中看到强势文化——宋文化对其影响的痕迹。但我们也看到，随着北宋政权的衰落，

金 / 白地黑花龙纹大盆 / 磁州窑博物馆藏

北方民族文化的南浸进程是显而易见的。辽金的审美风俗主要体现在以下几个特点：

一是强烈的宗教色彩，在绘画、雕塑、建筑、青铜、瓷器生产上，宗教气氛浓烈，受佛教、道教影响浓重。

二是追求色彩浓烈，辽金壁画、红绿彩瓷器、绢画、鹿皮画，以及服饰头饰等，都体现了大红大紫、色彩浓烈的特点。

三是人物故事生活场景具像化，民俗风流行。这与民间文化发达而上层文化欠发达有关。辽金的文人书画单纯地模仿宋代，但技术和笔墨都欠一层，而与民间生活有关的直接反映生活的壁画、绢画、鹿皮画、瓷画，则精彩纷呈，令人目不暇接。特别是有故事人物场景的、具有强烈写实意义的绘画和装饰性图案，在辽金时代的墓葬壁画、庙宇绘画、瓷器建筑等上面，比比皆是。

金代的北方瓷业生产达到了什么规模呢？

在迁都燕京以前，金代陶瓷主要在东北地区生产，代表窑址有辽宁抚顺大收屯窑和辽阳江官屯窑。这一时期的陶瓷生产较为粗糙，胎质粗，釉色不匀，装饰较少，多为实用器。

迁都燕京以后，金代磁州窑、耀州窑在青釉上显现红斑，开创了彩钧的先声。

金/崇福寺壁画/弥陀殿北壁东梢间右侧胁侍菩萨（局部）

金代磁州窑是北方的大窑区，在继承宋代生产的基础上，装饰技法更加多样，包括黑、白、酱釉和茶绿色釉等。装饰技法多样，有刻、划、印、剔花和笔绘等。磁州窑的白釉黑花装饰具有代表性，画面生活气息浓郁：白釉黑花创造性地将中国画技法以图案构图方式巧妙地绘在器物的显著部位，使其呈现白地黑花纹样，代表了辽金磁州窑装饰技术的高度成熟。

北方（河南、河北）陶瓷生产重镇在金元时期有两次窑工大量南逃的经历。从“靖康之变”到金海陵王迁都近30年之间，金兵每次南侵，都是以掠夺人口、财产、土地为战争目的，河南、河北成为争夺地带，窑工南迁。一直到金世宗完颜雍即位五载，南北修好。在他执政的近30年间，宋金停止战争，金朝经济得以恢复，但基本上是模仿宋制。瓷器生产向黑花卉装饰道路发展，瓷绘技术越趋成熟。

北方窑工第二次南逃是元灭金控制北方汉地期间，也是在这段时间的前期，包括金朝后期，人口骤减，技工南逃。金朝一共百年，前30年和后30年都是乱局，稳定的中间30年瓷业生产稍有恢复，但并没有达到北宋时期的高峰。

但是，在低迷的社会生态之中，简单率意的民俗风十足的白地黑釉花卉人物故事绘画装饰却十分奇葩地发展起来，成为金代遗留下来的不可多得的一份工艺遗产。

这种双色的、白地黑釉软笔绘画的装饰思路，与日后的青花瓷绘画工艺如出一辙。

金代以及大蒙古国汉地时期的瓷业生产的总体面貌：北方区瓷业生产规模庞大，窑口众多，从西到东，计有陕西耀州窑，河南汝窑、钧窑，河北定窑等系列。再往东北走，也有一系列不太知名的窑口。本书的写作目的不是研究众多窑口，而是探究与元青花有关的北方瓷业生产的蛛丝马迹。有人说“元青花从天而降”“平地冒出一个成熟的瓷种”，就是不实之词。从道理上讲，任何事物都是有因果关系的，每种器物的诞生都有它的前世今生。

元至元十九年（1282），元军攻陷江西，景德镇易主。我们设定1282年为景德镇烧造元代瓷器的开始，同年元当局在景德镇设浮梁瓷局，秩正九品，掌烧造瓷器，并漆造马尾、棕藤笠帽等事，设大使、副使各一员。在瓷局的掌管下创烧了枢府釉瓷、青花、釉里红、蓝地白花、孔雀蓝釉等瓷器。

元代景德镇浮梁瓷局一成立，就有如此多的花色品种的瓷器出现，究竟从何而来？我们知道的北宋景德镇主要生产白釉瓷，湖田窑白釉是一种成熟的瓷种，驰名海内外。但一进入元，面貌就改变，这其中原因究竟是什么？

金代的瓷业生产与南宋时的瓷业有不同的面貌，这是肯定的。从陶瓷生产的基本技能来讲，南北窑口的差异也不是绝对的大，无非就是胎土、胎釉、拉坯、画工工艺、烧成等。北方少数民族多，民族风格各异，东北白山黑水地域与河南窑口的精细度不同，但北方地域的审美风格、装饰工艺强烈的民俗性、人物故事和装饰的少数民族特点非常明显。细细探究起来，到底有多少元素流向长江以南的南方的景德镇，使之生产出与原来青白瓷风格不同的新瓷器呢？

元 / 白地黑花龙凤纹罐 / 首都博物馆藏

金 / 磁州窑人物纹枕 / 私人收藏

金 / 磁州窑人物纹梅瓶 / 私人收藏

2. 工匠南下和浮梁瓷局

现在，根据已有的史料，北方工匠成批南下是肯定的。

景德镇瓷业的变化当然首先是生产者构成变化。成吉思汗三次西征花剌子模，首先掠夺的人口就是各种工匠。一个城市可以被大规模灭杀人口，但工匠一定会被留下来，大蒙古国早期，西亚地区的工匠和技术人员源源不断地流入中华腹地。到了大蒙古国后期，伊儿汗等四大藩国建立，人员和贸易更加方便。在长期征战中，蒙古军队通过俘获、拘刑和征招搜罗了大批工匠，仅一战就获工匠10万，强制东迁。

元朝政府设立浮梁瓷局，设政府管理职位，这就为做大景德镇，使各地手工艺人汇集景德镇创造了行政条件。

据现有的研究披露，第一，用钴料装饰陶瓷器最早可在唐代追溯到踪迹。唐青花、宋青花的存在已被官方考古、大量的民间收藏所证实。这一点，官民双方没有重大分歧。有些歧义是唐宋青花的规模大小、数量多少，等等。第二，元青花作为一种新的瓷种，与景德镇宋青花瓷生产的渊源关系不明显。第三，与北方磁州窑有密切关系的吉州窑和景德镇窑之间有工匠流动。

以上第三点受吉州窑系影响问题在本课题中似乎可以略去不说，江西本身相隔不到百千米的窑场相互影响是必然的趋势。笔者认为，真正的近亲是宋代磁州窑。

除磁州窑这个近亲外，普遍得到认同的是元青花与来自西亚伊斯兰地区的文化影响有关，但目前并未找到通过浮梁瓷局在景德镇安排回回匠户的记载。而根据目前出土瓷器上有波斯文的情况，则基本可以确定来自西亚的伊斯兰世界的工匠在元代景德镇从事生产，但是，目前的结论还仅仅是推测，没有确凿的证据。

这一现状也成了本课题往前推进的难题。

《陶瓷学报》2013年第3期披露了吴隽等人提供的材料，认为元代景德镇瓷业兴盛原因之一是，在宋末的战乱中，景德镇没有陷于战火而成了四面八方的陶工躲避战乱的好去处。从浮梁人口激增可知，在宋末元初之际，景德镇确曾出现移民潮。据清乾隆四十八年《浮梁县志》记载，宋代咸淳己巳年（1269）浮梁人口为137053人，而至元代至元庚寅年（1290）时，浮梁人口为192148人。在全国人口因战乱大为下降之时，浮梁人口却激增了55000多人，其中不乏各地逃难而来的陶瓷工匠。这些能工巧匠把南北诸窑的制瓷技艺带到了景德镇，并和景德镇原有的制瓷技艺交流融合，使景德镇制瓷技艺在原有的基础上不断丰富和完善，有力地促进了景德镇瓷业的日益繁荣与发展。

此则资料表明战乱中景德镇人口不减反增，“浮梁人口激增了55000多人”，似乎是可以推进论述往前一小步的根据。我们还需要进一步的材料来证明，元代制瓷中心人员结构上发生了重大的变化。新发现的一些史料对这一问题有力地作出了推进。

根据《元代回族史稿》《元代西域人华化考》《马可波罗来华史实》《录鬼簿》《图绘宝鉴》《元代画塑记》《秘书监志》《大元史》等有关章节，以及资深元史专家的著作，其中材料可综述如下：

成吉思汗率蒙古大军三次西征花剌子模国（回回国）后，回回人大量东来。《元史》记载，西征后来华的回回人难以计数，大致分为上层人士及其部属，如赛典赤·瞻思丁，在太祖西征时，瞻思丁率千骑携文豹归降。此外还有军事人员、工匠等，破撒马尔罕，虏工匠3万人；破花剌子模都玉龙杰赤，取工匠10万人。当然，商人也接踵而至，大有争先恐后来东方神秘大国淘金之势。周密《癸辛杂识》说：“今回回皆以中原为家，江南尤多。”元文宗至顺四年所修《至顺镇江志》中，统计当时在镇江居住的回回户口，有59户、244口，在镇江做官的回回人有姓名可查的有59个。“著名诗人萨都剌曾任镇江路录事司（掌城中卢民事）的达鲁花赤（首席长官）。”①

元代回回人的东来和分布是极为众多和广泛的，以至于《世界征服者史》作者说：“但到今天，许多真主的信徒已朝那边迈步，抵达极遥远的东方国家，在那里安家，以至多不胜数。”②

计有上层人士阿剌瓦而思，“回鹘八瓦耳氏，仕其为千夫长。太祖征西域，驻跸八瓦耳之地，阿剌瓦而思率其部来降”。（见《元史·阿剌瓦而思传》）

以上人等，只是举例。花剌子模国的不少上层人士降大蒙古国，并在大蒙古国—元朝入仕做官，单单杨志玖教授收集的元朝宫廷有名有姓的人士就有数百人之多，加上东来的工匠、军士、商人、教士、科技人才、医药人才等，人数足有数十万！

① 杨志玖：《元代回族史稿》，中华书局2015年版，第10页。

② 参见志费尼：《世界征服者史》上册，内蒙古人民出版社1980年版，第180页。

《马可·波罗游记》竟说杭州有回回人160万户。集庆路(今南京市)(据元人张铉所撰《至正金陵新志》所载,至元二十七年(1290)本略的户口数计有近200户)、镇江(元代计有回回人数千人)、庆元路(今宁波市)、泉州、广州、建昌府(今江西南城)、昆明、大理、建昌(今四川西昌),还有今新疆地区也有区别于畏兀儿人的西亚回回人居住。

从以上可以看出,元代中书省及所属十个行省中,除辽阳与湖广两省未做翔实资料工作外,其余八省都有回回人的踪迹,回回人分布之广,可见一斑。

这个情况,是本书企图了解江西回回人分布及景德镇瓷业受回回人影响的前提。元代回回人广泛融入中国汉地各处是一个事实,我们再来看看元代江西行省的回回人情况。

据《元史·地理志》和《元史·百官志》载,元代行中书省有10个。中书省除是全国最高行政机构外,也是一个地理区域。其中江西行省回回人任职的情况是:

人名	官职	任职时间
蒲寿庚	参政左丞	至元十四年(1277),至元十五年(1278)— 二十一年(1284)
麦术丁	左丞	至元十四年(1277)
伯颜	左丞	至元二十二年(1285)— 二十九年(1292)
阿老瓦丁	省臣	至元二十九年(1292)
阿里罕	左丞	至元二十九年(1292)— 元贞二年(1296)
马合谋	平章	至元二十二年(1285)前
忽率	平章	至大元年(1308)— 二年(1309)
木八剌	左丞	延祐七年(1320)前,十二月后
马合睦	平章	元统元年(1333)— 至元二年(1336)
忽都不丁	左丞	至正五年(1345)
乌马儿	平章	至大元年(1308)前

参政:元代中书省、行中书省,皆置参政,为副贰之官。　**省臣**:批行省长官,由中央政府任命。

左丞:元代以中书省总政和,于中书省设右丞、左丞,正二品。　**平章**:地方高级长官。

据上述不完全统计，元代回回人在江西任省级长官的，至少有几十人，有明确记载的有11人，省级以下的官员则更多。以省别而论，江浙两省回回臣最多，依次是云南和江西。记载表明，当时景德镇窑区有百余名回回工匠从事瓷业生产。更有意思的是，浮梁瓷局的官员中竟然也有回回人。虽然我们不知道这些人姓甚名谁，但从江浙两省居住的回回人之多，担任省（路）级行政负责官员的人数之多，可以想见，当时各行各业的回回人数是相当可观的。

有史料证实而且公认，北方工匠在战乱中大批南下，以至于景德镇在元初增加了5万多人，此其一。其二，史料表明，大批波斯人来华担任各级官员。有文章说，景德镇浮梁瓷局有波斯官员，可惜没有出处。其三，笔者在伊朗国家博物馆调研时得知，伊朗有原始史料表明：景德镇有伊朗工匠从事瓷器生产。其四，土耳其、伊朗国家博物馆陈列了有波斯文签名的大盘、大罐，这与波斯地毯的工艺相同。而中国民间收藏也有批量的波斯文签名的元代瓷器。景德镇也报道出土了有波斯文签名的元青花高足杯。以上四条材料，比以往的猜测推进了一步。景德镇外来的新的人员带来了新的工艺、新的美学视野、新的商业要求，给景德镇的瓷业造成了翻天覆地的变化。

3. 波斯文明带来了什么？

上述几节充分说明，元代典籍里所说的回回人，就是波斯人和说波斯语的波斯化突厥人，而不是中国新疆的畏兀儿人。这一点对研究元代瓷器文明的课题来讲是至关重要的。上述证明是务实的，史料记载也是翔实的。从这个前提出发，我们来看看，执政的一批波斯人和艺、工、学、校方方面面的波斯人，给元代景德镇瓷业生产带来了怎样的突变。过去，中国的古陶瓷界一直惊呼元青花“从天而降”“一出生就成熟”，被誉为神来之笔。通过上述史料的梳理，我们就应该知道，正是外来文化因素，强烈地打断了宋代瓷器美学的传统，而催生了新的文化品种。

这一节，我们就要研究，中世纪的波斯通过回回人的东来，给景德镇的“宋人”们可能带来什么样的新鲜的舶来文化的冲击。

中国的读者应当深度了解一下波斯文明的前世今生。问题可以说得直白一点：大蒙古国和元朝打通了中原与西亚的通路后，源源不断东来的“回回人”（波斯人为主），给景德镇和中国其他地方的瓷业生产，带来了何种文化变革？

波斯—— 一个对我们来讲既神秘又让人牵肠挂肚的国度。如果不是元青花，当代中国人对伊朗的认知大概只限于中央电视台新闻的视野了。谁知道在大约700年前，这个国家和中国竟是“一家人”呢！公元1219年，成吉思汗攻占花剌子模国（今伊朗、乌兹别克斯坦和土库曼斯坦的大部分地区，花剌子模国的主要语言属印欧语系伊朗语支）。公元1253年，成吉思汗四子拖雷的儿子旭烈兀攻城略地，建立伊儿汗国（1253—1355），忽必烈称蒙古大汗时，伊儿汗国一直承认其为宗主国（忽必烈是旭烈兀的亲哥），直到忽必烈去世。也就是说，忽必烈建大元国时，伊儿汗国是大元国的兄弟国，是最亲密的伙伴和同盟。大元帝国地理位置，左翼是察合台汗国、伊儿汗国，西北面欧洲、俄罗斯方向是窝阔台和金帐汗国。虽然伊儿汗国离大元国最远，但是它们之间的关系最亲密。这一点非常重要。

伊儿汗国的主流人群，包括上层人物，科学家、工匠、知识分子、宗教人士等，大批东迁来到大元国。而大元国的蒙古统治者正好需要这批“色目人”控制华人地区的各个要津。以笔者阅读的史料所见，当时的回回人中有技能、有文化的人群，成为统治阶层中的一个有机的组成部分。

事实上，波斯人种在当时的几个蒙古汗国中，是文化最发达的一个群体。伊儿汗国的东部是察合台汗国，是成吉思汗的次子所获封，原为西辽属地，兼有天山南北麓。最盛时东至吐鲁番、罗布泊，大致在今新疆西北部及塔吉克斯坦、哈萨克斯坦南部。境内居民以农业为主，部分地区兼畜牧业，其主体民族是蒙古族和维吾尔族。所以，在文化版图上，察合台国是西部伊儿汗国（以波斯文明为主）和东部大元国（以中华文明为主）之间的，以游牧民族为主，与北方蒙古民族文化同步的一个文化凹地。对东方大国产生影响的不是察合台国的蒙古族和维吾尔族人士。北部的与罗斯公国有关的欧洲板块金帐汗国，历史上并没有发生大宗移民迁至大元国的情况。

至此，影响大元国发生文化变迁的、发生文化板块式碰撞的，已经明了：元代所谓的回回人，正是操波斯语为主的人群，他们为儒家文明之高地——中华大地带来了新鲜的文明之花。

对本书的研究主题而言，了解13、14世纪波斯文明达到了什么程度是十分必要的，更具体地说，了解13、14世纪伊朗的艺术、工艺水准和风格特点达到了什么程度、对中国的瓷器生产产生了什么影响是十分重要的。按目前的文献搜索水平，我们无法找到当时参加大元工艺生产的波斯人的实际操作记录，但我们可以从他们的存留作品中窥其一二。

我们下面要回答的问题是：

伊朗人（波斯人、操波斯语的突厥人和部分阿拉伯人）给中国的瓷器生产带来了什么新鲜的文化元素？色彩？构图？器型？用处？在景德镇，娇小玲珑的青白瓷传统被打破了，一种猛烈的、色彩斑斓的外来文化袭来，结出了令人炫目的美学之果！以下古波斯铜器的器型和图案，在元青花器中都能找到同类器。

叙利亚 Raqqa 彩陶
13世纪初
美国大都会艺术博物馆藏

画龙纹的 Frieze 瓷砖，可视为受中国文化的影响
伊朗 / 公元1270年
伦敦维多利亚和阿尔伯特博物馆藏

金帐汗国高足杯
13—14世纪
圣彼得堡国立埃尔米塔日博物馆藏

叙利亚 Raqqa 彩陶
13世纪初
美国大都会艺术博物馆藏

古波斯烛台
公元708年 / 波士顿美术博物馆藏

龙纹挂毯 / 中亚东部 /11—12 世纪
美国大都会艺术博物馆藏

古波斯书籍封面

萨珊银盘

清真寺的建筑装饰

马穆鲁克王朝黄铜壶(1300—1350 年)
大英博物馆藏

马穆鲁克王朝黄铜壶(1300—1350 年)
大英博物馆藏

古波斯工艺美术特征:

(1)巨大的包容能力。波斯工艺美术融合了东西方艺术的精华,形成了具有个性、与其他民族文化相关联的工艺美术风格。

(2)强烈的造型意识。无论什么材质的制品,皆以造型为本,精益求精;无论宏观还是微观的制品造型,都全力以赴。

(3)浓郁的装饰情趣。波斯工艺美术洋溢着东方艺术的气息,造型与装饰上,注重平面化的表现手法和程式化的应用;对人物、动物和植物进行变形处理,以符合装饰形式的需求。

(4)鲜明的形式美感。波斯工艺美术注重形式美感,强调和谐统一的造型和装饰美学观念,作品具有韵律感,蕴藏着一种平衡、安定、恒久的气韵。

(5)丰富的材质肌理。波斯工艺美术大发展中各种材质被广泛应用。

(6)浓郁的世俗气息。波斯工艺美术基本摆脱了神秘的“来世观念”,充满了深厚的人间情调和世俗气息,具有一定的原始人文主义的特征,强劲而乐观。

下面,我们来看看元青花的纹饰、器型与波斯文化的关联。

元青花大盘 / 选自《苏莱麻尼·元青花》

元青花上下多层的装饰风格(一) / 选自《苏莱麻尼·元青花》

元青花上下多层的装饰风格(二) / 选自《苏莱麻尼·元青花》

元青花纹饰与器型 / 选自《苏莱麻尼·元青花》

元青花螭耳高颈罐(局部)
伊朗国家博物馆藏

螭耳金杯/金帐汗国/13—14 世纪
圣彼得堡国立埃尔米塔日博物馆藏

伊朗银钵/13—14 世纪
圣彼得堡国立埃尔米塔日博物馆藏

元代 / 铜匜
安徽省博物馆藏

元青花双凤纹匜
甘肃省临洮县博物馆藏

下图为一组玉壶春瓶器型的比对。

古波斯玻璃瓶
“古波斯的荣耀”伊朗文物精华展

元青花蒙恬将军玉壶春瓶
湖南省博物馆藏

元代凤纹玉壶春铜瓶
安徽省博物馆藏

下图为几组波斯纹饰和元青花的比对，其中既有强烈的伊斯兰风格，也可以看到中国文化的影响。

古伊朗图书里的龙纹 / 作者 Abu'l Qasim Firdausi（935—1020）
美国大都会艺术博物馆藏

元青花上的龙纹 / 选自《苏莱麻尼·元青花》

古伊朗图书里的凤纹
作者 Abu'l Qasim Firdausi（935—1020）
美国大都会艺术博物馆藏

画凤纹的 Frieze 瓷砖
伊朗 / 公元 1270 年
伦敦维多利亚和阿尔伯特博物馆藏

元青花上的凤纹
选自《苏莱麻尼·元青花》

伊玛目清真寺的莲花纹瓷砖
16—17 世纪萨法维时期

元青花上的莲花纹
选自《苏莱麻尼·元青花》

波斯细密画上的莲花纹
礼萨 · 阿巴西(Reza Abbasi)
16—17 世纪萨法维时期

元青花玉壶春瓶上的莲瓣纹
台湾私人收藏

首先，波斯艺术在12—14世纪受到了伊斯兰文化的影响，形成了独特的伊斯兰时期波斯美学。波斯帝国存在了2500年，其中1400年都受到了伊斯兰文化的影响，古典波斯美学与伊斯兰美学相互影响、彼此成就，形成了独特的风格。波斯艺术工艺复杂，造型宏伟，用色丰富，造型繁复，常用金银等贵重材料进行装饰，造价极高，充满了奢华气息。

其次，波斯艺术的题材个性、造型规整、构图精致、色彩和谐，匠心独运，很有品位。波斯艺术底蕴深厚，每一种图案都有寓意，展现了高超的工艺水平和审美追求。

接着，伊斯兰纹样在波斯艺术中占有重要地位。伊斯兰纹样主要有三种：几何纹、植物纹和文字纹。几何纹样以圆形和方形为基础，衍化出无数的形态，构成各式各样的多角形；植物纹样由曲线几何纹变化而来，富有流动感；文字纹样则将《古兰经》中的字句图案化，广泛应用于日常生活和宗教建筑中。这些纹样不仅装饰了清真寺的穹顶和波斯各大建筑，还体现了波斯艺术的独特风格和审美追求。

最后，波斯艺术在技术和风格上丰富多彩，主要包括建筑、细密画、装饰地毯、绘画、陶瓷和书法等。这些艺术形式在技术和风格上都有独特之处，线条遒劲，复杂细致，色彩大胆，展现了波斯艺术的多样性和创新性。

综上所述，12—14世纪波斯审美特点主要体现在伊斯兰美学的影响、艺术的高超工艺水平、题材的个性独特以及伊斯兰纹样的广泛应用等方面。

与元代瓷器对比，波斯艺术与中原汉文化互相影响、互相交融的印记显而易见。

第四章

元代青花的窑口和钴料

云市村古窑址堆积如山的陶瓷残片和窑具/江西省抚州市南城县西南方向/2011年3月

在云市村古窑址采集瓷片标本

第一节 景德镇窑口及其评价

1. 元青花烧造时间、窑口及其评论

元代景德镇窑烧造元青花究竟是什么情况,景德镇和众多古陶瓷专家已经进行了大量研究,该搞清楚的问题也都搞清楚了。在这一节,笔者只是整理已有的成果,向一般读者作一个大致的、有条理的介绍。当然,这里也包括我自己的看法,那就是我所熟悉和了解的民间收藏情况和其他元青花窑口的情况,并将其与景德镇窑口的元青花作比较。当然,这种比较的办法还是传统的,大多为技术层面上的比较,如胎土的使用、釉的使用等。观察细节上的不同,有利于我们识别窑口的不同,了解元青花瓷的总体生产和社会使用情况。

李辉柄先生是著名的古陶瓷专家,他与我是亦师亦友的关系。所以,讨论李先生关于元青花的观点,我没有顾虑,如有不当,先生地下有知,也不会责怪我的。李辉柄著有的《青花瓷器鉴定》一书,较典型地代表了体制内文博专家关于元青花的观点。他认为:

(1) 高温白瓷胎,罩透明白釉,青花原料为氧化钴,用毛笔描绘花纹,高温一次烧成。李辉柄严格规定了青花瓷的本质,并认为这是科学的规定。

(2) 所谓的唐青花、宋青花,要么是胎质松软,要么是属"釉上彩","唐青花"的提法是不妥的,"宋青花、元早期青花工艺之说依据也是不充分的"。考古发掘没有出现批量唐宋青花的样本。①

(3) 景德镇青花瓷器的出现大致经历了三个阶段:第一阶段,民窑生产的

---

① 参见李辉柄:《青花瓷鉴定》,故宫出版社 2012 年版,第 18 页。

元青花牡丹纹塔式盖瓶

萌芽阶段(元代中期,1319年前),论据是官方科考有明确纪年出土的元延祐六年(1319)青花牡丹纹塔式盖瓶;第二阶段,官府控制经营的外销阶段(元代后期,1341—1368);第三阶段,"官""民"窑并在的发展阶段(明、清,1368—1911)。

我们在此讨论的是元代青花瓷的出现和生产,很显然,李辉柄先生的观点与历史事实和当前元青花面世的现状相脱节。

为了进一步说明一些问题,我把其他专家学者的观点也一并罗列如下。

如上海博物馆陆明华在《青花的世纪》一书中的观点是,元代青花瓷是对元代景德镇青花瓷的专称,一般所指的元青花应只局限于元代景德镇烧造的产品。①

北大考古系教授林梅村在《青花的世纪》中,对波普提出的"14世纪的元青花"概念提出质疑,认为景德镇落马桥出土的元青花残片证明,一批所谓的元青花是陈友谅称帝时"在落马桥定烧的",时间是在至正十九年与至正二十三年,即1359—1363年。简言之,景德镇人非常重视的落马桥窑区的元青花,林梅村认为是为陈友谅烧造的,而不属于元代。②

林梅村等人在上述书中还提出以下观点:元朝浮梁瓷局烧造元青花从来不绘人物。并且下结论说:现今传世或出土的一批绘人物故事或戏曲故事的元青花,应当全部或大部分为至正时烧制。③ 大元至正年为1341—1368年,也就是说,林梅村人认为元青花上的人物故事不可能是元朝浮梁瓷局烧造,只可能是元末景

① 参见上海博物馆编:《青花的世纪》,北京大学出版社2013年版,第6页。

② 参见上海博物馆编:《青花的世纪》,北京大学出版社2013年版,第102—103页。

③ 参见上海博物馆编:《青花的世纪》,北京大学出版社2013年版,第105页。

德镇被红巾军占领后，为新主人陈友谅等人烧造的。

书中还说：近年落马桥元末窑址还采集到一件元青花八方玉壶瓶残片，此瓶所绘云雷纹与九江至正十一年（1351）元墓出土的青花双耳连座香炉纹样相同，再次证明落马桥窑当在至正十一年至二十三年（1351—1363），种种迹象表明，那些元代杂剧图有可能是顾阿瑛在落马桥订烧的。①

更有意思的话还在后面：高安窖藏或许是陈友谅某小妾的私房。②

结论是："元末农民起义风起云涌，景德镇窑厂的画工冲破蒙古色目文化之藩篱，首次将具有千年文明史的汉文化艺术引入元青花，从而创烧出独具一格的落马桥型元青花。"③

如上，这几位文博专家持有下述大致相同的观点：

（1）元青花只限于景德镇窑烧造；

（2）元青花人物图只在元末出现，限定在红巾军占领景德镇地区后为红巾军领袖陈友谅烧造，元朝浮梁瓷局不可能烧造汉人历史故事。

以上这两个大问题涉及元青花研究的全局。如果元青花只限于景德镇烧造，那么，已被大量考古出土所证实，也为民间收藏所证明的北方蒙古高原生产的元青花和江西南城地区、福建武夷山窑口烧造的元青花，如何理解和认定？

如果人物故事只限于元末汉人农民政权期间，那么，元代的文化政策将会被另外书写，大量民间收藏的元青花将被否定。这些问题，我们将会在下面的章节中详细辨析。

根据现有文献，景德镇除官方考古挖掘的落马桥湖田窑、老城区的一些窑口外，尚有外围地区的大量元代窑口烧造青花瓷和釉里红等瓷种。

我曾以民间考察的方式调查元青花窑口存在的蛛丝马迹，发现江西南城地区是元代的一大窑场。据当地农民讲，世世代代传说，烧瓷是先有南城后有景德镇。南城属抚州地区，景德镇西南约 200 多千米的城市。南城以及南城周边武夷山两

① 参见上海博物馆编：《青花的世纪》，北京大学出版社 2013 年版，第 107—108 页。

② 参见上海博物馆编：《青花的世纪》，北京大学出版社 2013 年版，第 110 页。

③ 参见上海博物馆编：《青花的世纪》，北京大学出版社 2013 年版，第 119 页。

侧,曾出现了大量瓷器。据台湾收藏界朋友讲,他们在 20 世纪 80 年代大陆经济尚未起飞的时候,已经在南城及周边金溪、南丰、黎川、东乡、邵武等地收购了大量民间收藏的元代瓷器,有的现在已成为台湾民间博物馆的主打展品了。笔者曾把这一现象向抚州市博物馆报告,但未有回应。

我也曾驱车沿福建闽江南下,沿途经光泽、邵武等地,在当地农民带领下来到现今已成水库的元代窑址附近。他们告诉我,这里曾经堆积了大量元青花瓷片。而邵武的一位农村收藏家,祖上有人读过书,告诉小辈,这些老瓷器是“值钱的,要收起来”。他们三代人从 20 世纪 50 年代开始,省吃俭用,从生产队的仓库里,从农民家里的柴房间里,用物物交换方式逐步收集了大量老瓷器,其中不乏元青花精品。

在邵武的口前村,我们看到了当年水路运输的大码头,岁月已逝,繁华不见,但历史的印记仍在向人们倾诉。离这儿不远,我和朋友到达了元代大口窑遗址。当地文化馆的工作人员告诉我们,大口窑的村民祖上都是从江西迁过来的,是景德镇的窑工。大口窑烧造的白瓷之精美,还引出了一则美丽的故事呢! 20 世纪 60 年代,周总理访问印度,在印度的博物馆参观时,看到一只极为漂亮的宋元白瓷碗,周总理问,这是中国景德镇生产的? 印度方答: 这是贵国福建生产的。博学强识的总理也不知道福建在宋元时代能生产如此精美的瓷器,当即命令了解情况。于是,邵武的大口窑被发现、被重视,被国务院列为文物保护单位。元大口窑瓷片之精美,完全不逊于宋湖田窑的白瓷。

亲历式、询问式和向导式的社会调研,让我的眼界大开。当地村民告诉我,据祖辈讲,当时南城山里窑口有 300 余座,晚上看去,火光冲天! 有当地村民还告诉我,当年武夷山西侧江西一边的瓷器,由村民挑担过赣闽小道,翻岭达到闽溪上游,在此与福建海边运过来的海盐进行交换,瓷器在闽溪装上竹筏,顺流而下,到闽江换船,直达漳州等地出海。这就与“仙霞古道”对上号了。

我们考察瓷器生产,历史文献当然要重视,官考的出土瓷器也应当重视,来自当地居民代代相传的记忆和传说同样要重视。当年景德镇以南,以南城为核心,南丰、金溪、东乡等地的瓷器生产情况如何? 民间流传着不少可参考的消息,如果广泛地深入调查，大量的元代窑址是可以被发现的。而福建以邵武为核心，据当地村民讲，闽溪两岸有许多窑口。瓷窑成立的条件很简单：只要有树木（矮小的松木最佳）、有水、有水路、有高岭土，就能生产，瓷石和钴料则可以肩挑水运。

应当说，村民们反映的情况更接近于当年瓷业生产的真相。元代的对外贸易如此发达，国内的需求如此旺盛，单单靠景德镇几个窑口怎么可能满足需要呢？一艘元代沉船上的瓷器可以多达两万余件，当年剌桐港（泉州）是东方第一大港，瓷业生产的需求如此之大，窑口只有区区几个，怎么可能？

2. 雷从云、丘小君、范勇等对元青花分布的调查

景德镇窑是元青花瓷的主要产地，这是可以肯定的。景德镇元代瓷窑遗址有珠山、湖田、落马桥、太白园、戴家弄、观音阁、四渡里、中渡口、曾家弄、银坑坞、塘下、瑶里、丽阳、厉尧等处，其中以湖田、落马桥与珠山三地最为典型。但除此之外，其他地方的元青花窑址是不是也应当被重视呢？中国国家博物馆研究员雷从云、著名鉴定评估专家丘小君、四川大学考古系教授范勇等提出“元青花瓷在国内存量较大和窑址较多”的观点。

中国国家博物馆研究员雷从云认为，元青花瓷的成功烧制已经超过700年的历史。由于元青花瓷在选料、配方、工艺技术和造型与装饰、审美等方面均有重要成就，它在中国陶瓷史上具有里程碑式的意义，并对尔后青花瓷以至整个彩瓷的工艺技术与陶瓷美学产生了积极影响。然而，近代人对元青花的认识却一直停留在十分模糊的状态。最近三四十年来，随着考古调查发掘的更多展开，以及大规模的动土工程和各种挖掘出土，不仅考古及文博单位拥有一批新发现的元青花瓷器，在民间也有相当数量的元青花，已成为不争的事实。只是民间收藏的元青花，一般都没有准确出土时间、地点的“标签”。他说，近年来，收藏家们手里的元青花和市场上流通的元青花，可谓鱼龙混杂，它们给元青花的收藏、鉴定和市场带来了机遇，也带来了挑战，这种从未有过的“元青花现象”，要求我们厘清对元青花

的认知。

著名古陶瓷鉴定评估专家丘小君认为，浮梁瓷局的最初窑场以湖田、落马桥以及珠山明清御窑厂一带为主，管理官员为朝廷大使、副使等，官员受朝廷之命监督管理各窑贡瓷的生产，每年均有数量可观的元青花、釉里红、青花釉里红等品种通过验收入库，包装运输，经漕运或海运北上大都。除景德镇烧造元代器物的窑址外，白浒孤窑也应当是元代瓷器生产的重要窑口之一，并且认为，创烧于南宋初期的白浒孤窑在元代成就最大，烧造的品种数量、创新的工艺技术，盖过了景德镇窑。

四川大学考古系教授范勇提出，在充分肯定元代景德镇窑是青花产地的同时，必须要承认，元青花瓷还有另外的产地。从近年来所掌握的材料和考古发掘可推断，烧造元青花的还有抚州古窑（南城窑），吉州临江古窑，南丰白舍窑，云南的建水窑、玉溪窑，以及浙江的江山窑等窑址。如关于吉州窑，他说虽然目前资料还比较零散，需要进一步作调查发掘研究，但从常理来推断，既然景德镇窑的窑工多来自吉州（永和镇），那么，永和镇窑能够烧造元青花瓷，就完全没有问题。

关于吉州临江古窑，他说出土的青花瓷，考古年代定在宋末元初，可谓承续了宋代青花瓷的余韵，相关考古发现或许能说明元代早期青花瓷的渊源。关于抚州南城窑，他了解的情况是，位于南城县城以南约 20 千米处的株良镇云市村，四乡八邻都叫它“窑上村”，又称“百窑村”，与之相类似的窑址分布极广，东北至路东村，西南至泷油、中云等村，其中以私伢窠、老兜树两处古窑最著名，堆积的瓷片中也有元代白瓷和青花瓷。位于南丰县南白舍村西南侧红土山岗的白舍窑，有古窑遗址 32 座，窑体堆积物 20 余座，绵延 2 千米，窑旁遍布瓷片、窑具、垫器、匣钵、炭灰等，遗存丰富，窑址散布于瓦子山、符家山、对门排等处。晚唐五代始烧青瓷，宋代烧造青白瓷，始有名。时有“先有白舍窑，后有景德镇”的说法。

此外，他还分别介绍了位于福建武夷山一带的建阳窑、位于云南的建水窑（由 3 组窑群组成），以及浙江江山窑等典型或非典型的元青花瓷和其他瓷器，并且认为因原料和生产条件不同，其质量也与目前馆藏元青花相去甚远，只属于元青花瓷的“支流而已”。

第二节 民间收藏的新发现

1. 白浒孤窑元青花

在2011年第二届上海元青花国际研讨会上,众多藏家对白浒孤窑元青花进行了探讨性的研究,浙江收藏家余钧还递交了《白浒孤窑元青花瓷是元代瓷器中一个重要组成部分》发言稿,介绍了他在江西抚州地区白浒孤窑址附近调研的情况。

著名古瓷器鉴定评估专家丘小君对于白浒孤窑元青花高度评价,他认为,若选古代六大名窑,江西抚州地区的白浒孤窑应为其一。他在《关于元代青花器研究中的发现》一文中详细介绍了位于江西省抚州市临川区温泉镇白浒渡村,创烧于南宋初期,元代时成就最大的窑址。详细情况如下。

南宋初,白窑主要是烧制类似于浙江杭州的南末官窑青瓷,此类中也有贴印白浒孤窑方章款的器物,还有一批疑为宋高宗皇帝登基庆典用的器物。其实,北宋元丰元年已有记载:“车过浒渡而问曰:斯何地也?土人答曰:白浒渡,又曰白浒窑也。”这证实该窑早在北宋就已存在。宋代临川产贡酒,史载神宗赐大臣品尝临川酒,曰:“此乃临川之佳贡也。”所以,盛酒器在临川白浒孤窑产出,也就合情合理。有一种说法:白浒孤窑的“孤”是“孤家寡人”的意思,是君王的自称,显示它们不是一般的民用器,而是按皇家官窑的要求烧制的等同于官窑的实用器。确实与否,大可探讨。

及至元代,白浒孤窑有了大发展,烧造的品种数量、创新的工艺技术,盖过了景德镇窑。它最大的优势是有了宋代烧制官窑的好基础,又加上原材料的取之不尽,且不受元代浮梁县衙门贡瓷的约束和限制,可以无尽地发挥,可以创新品种,在工艺上百花齐放。尤其是它被元代波斯商人选中作为外销瓷的基地，众多波斯商人来这里洽谈生意，选购瓷器，甚至定制器型、纹饰、文字。现在常见的书写古伊斯兰经文文字的青花、釉里红器物就是此类。他们定制的器物上波斯文的书写十分熟练，这些古伊斯兰文极有可能是商人带来的艺术家亲自书写的。有香港苏富比拍卖行于 20 世纪 90 年代末拍卖的一件元青花大盘，边缘是以针眼钻刻的、成连续点状的古伊斯兰收藏家的名字，外壁近足处的釉里红方框内用青花书写古伊斯兰经典语句，底足长条方框内书写八思巴文。此类器物，现在在藏友藏品中已是多见，它们都极可能来自白浒孤窑，其中也有器底方框内用青花书写“白浒孤窑”四字的，从而证明这些存量很大的元青花都是白浒孤窑的外销产品的说法。

白浒孤窑款三顾茅庐元青花梅瓶 / 引自《苏莱麻尼·元青花》

实际上，除了外销瓷，白浒孤窑也生产大量的民间使用器，包括盛酒器。还有一些大罐、大瓶、大樽，有的还带盖，这些大器件实际上应该是储酒器。

元代窖藏酒梅瓶封装(一)/引自《2010上海世博会中华艺术珍品展特刊》

元代窖藏酒梅瓶封装(二)/含香阁收藏

元代泉州地区的墓碑/各种文字及宗教元素融合在一起
泉州海外交通史博物馆藏

由于波斯商人带来了大量苏勃泥青（也叫“苏麻离青”）青花料，工匠能尽情畅快地使用，所以白浒孤窑的精品色泽浓艳沉着，绘画潇洒豪放，其内容和景德镇元青花所通行的各类山水、人物、花卉、龙凤、园景等相同，而三国、隋唐、水浒等人物故事，“二十四孝”、元杂剧的故事及场景和人物，无不摄入其中。它的釉里红烧造和红釉器、蓝釉器等的烧造，明显超越景德镇窑的工匠，技艺更加成熟，青花和釉里红共烧于一器的表现非常完美，相得益彰。所以，每每见到青花釉里红贯通一气呈色美艳的，必为白浒孤窑产出。

这些产品的出国路线，初步认为是经江西水运到达泉州港，由泉州港出海运到西亚。在泉州海外交通史博物馆的“阿拉伯—波斯人在泉州”陈列馆内，陈列着很多阿拉伯—波斯文镌刻的碑石，上面记载了阿拉伯—波斯商人在陶瓷贸易和文化交流方面的内容。早在北宋，就设有泉州市舶司，专门管理海上贸易，相当于今天的海关；至南宋、元代，泉州一直是东南第一大港。从现存的几处阿拉伯—波斯商人的集体墓地看，我们也可以想象得到当年商人在江西抚州白浒孤窑大量进口元瓷的盛况，因为当时有大量的阿拉伯—波斯商人生于斯、长于斯，最终埋葬于斯。

波斯商人除带来用之不竭的青花苏料外，也带来了大食窑的珐琅彩颜料，所以白浒孤窑是一个极其奢侈的窑，它创造了许多从未有过的品种，有元代珐琅彩瓷、元代釉下珐琅彩瓷、元代五彩描金瓷、元代青花描金瓷、元代夜光瓷、元代镶错金丝珐琅彩瓷、元代色釉粉彩绘描金瓷、元代镶嵌宝石贴金瓷、元代金银地彩绘瓷……举不胜举。其中的元青花五彩瓷是一大作品，在景德镇元代遗址上和博物馆藏品中并未见有元五彩器，甚至残片也少有，所见到的青花五彩瓷胎仿铜胎掐丝珐琅，应该都是白浒孤窑所产。至于元代至正八年（1348）张文进款“博陵第”贴牌式的元青花，从胎釉特点看，也多为白浒孤窑所产，其工匠是宋代磁州安氏瓷窑匠人的后代。南迁后，一部分工匠来到抚州，另一部分迁至江西吉安。关于这一问题的详细论述，可参考云南藏友赵根山先生的专论。

所有白浒孤窑的产品胎质，不是景德镇的麻仓土，而是当地取材陶炼的白瓷土，胎质不够细腻，由于烧造匣钵内多垫含铁量多的沙子，所以底足常常有糊米状的铁锈斑点，此为一大特点。由于珐琅彩料供应充足，白浒孤窑工匠可以大量采用，他们还使用大量金彩，不惜工本，迎合外商喜欢的金碧辉煌的豪华风格，此类金地五彩青花曾于淮北隋唐大运河的末端河南永城一带古河道中大量出现。安徽亳州吴先生收藏有近千件白浒孤窑青花五彩等器物，并有超大件器物，均得自永城一带的古运河河道遗址。

这些过去从未见到或记录过的白浒孤窑创新产品，在北方几乎不见，这足以证明它不是景德镇的产品；如果是，那应该有器物或残片流传于世，现在甚至连景德镇各窑遗址也不见一片残片，可知矣。它们的大量出现，是近40年各地大建设、大开发所挖掘面世的，洞藏和窖藏于水路运输的往日河道之中，且成批成组成系列地面世，而绝不是墓葬中出的。它们大多干洁如新，从未使用过。对这类瓷器，收藏者大多垄断式购集收藏并保护，以免一旦分散，到处可见，会被判为假货。

对于元代白浒孤窑的研究，只是刚刚揭开了它的神秘面纱，还有大量的未解之谜有待我们结合实物去深入探究，这些研究可能成为改写中国陶瓷史的重要内容。

2. 北方窑元青花

中国北方（主要是蒙古高原）在元代及大蒙古国时期有没有青花瓷的生产？为了方便叙述，在本书中把它统称为“元青花”。

我本人接收到北方（蒙古）窑信息是在2010年左右。在这以前，我对此一无所知，所接触的为数不少的收藏界人士和文博界的老前辈，也没有听他们说过北方（蒙古）窑元青花的问题。李辉柄先生曾对我说："还有蒙古窑？不知道！"可想而知，在10多年前，文博界、收藏界人士并不了解中国北方有元青花窑口。

我能敏感地触及北方（蒙古）窑元青花问题，是源于一个长久困惑我的问题：一些国外著名博物馆标明为"景德镇制"的元青花器，在国内的收藏实践中，特别是在南方收藏界很难找到。

但类似的器物在土耳其、大英博物馆都能看到。大维特基金会的展厅里有一只元青花大罐，也具有相同的特征。然而，所有这些具有相同特征的元青花器，我在国内的大型博物馆，特别是景德镇各类博物馆中都未能看到同类实物。只是在内蒙古博物院见到一只修补过的元青花大盘，与伊朗国家博物馆馆藏的盘子是同类品。顺便提醒一句：伊朗的大盘曾经到上海博物馆展出一个月，不少藏友得以近距离观摩它的真容。

作为收藏家，我极其关注"景德镇窑"元青花的存世问题，但在过去20多年的收藏实践中，我和我周围的朋友一直难以碰到它们。已有的经验告诉我，与伊朗国家博物馆馆藏类似的元青花器极为稀少。

长期的等待、寻找、期盼，机会终于来了。

10多年前，我到北京某古玩城闲逛。在一家古玩店的橱窗里，我惊讶万分地见到了一只与伊朗、土耳其博物馆同类的大碗！

我怀着无比激动的心情推门进店，就像久渴者遇到甘泉。店主是个中年男人，蒙古族，来自蒙古高原的四子王旗，一口极为流利的汉语和北方人特有的健谈，讲话滔滔不绝。他知道我，首先否定我们收藏的元青花："什么玩意儿？根本不是元青花！"

他说："我这才是元青花！"说着他拿出一个梅瓶，器型与我们熟知的元青花梅瓶没什么两样，但釉面显得老气，钴料发色黄中带灰，铁斑明显。我上手揣摩这件器物，细细比较与南方收集到的元青花梅瓶的不同。在这里用文字的细节描写是没有作用的，只能用形象而又简单的描述来表达我的感受：这位蒙古族汉子、古玩店老板手里的元青花梅瓶，就像一个饱经草原风沙洗礼和阳光照射的北方汉子，粗犷而又健硕。而我们在南方收集到的元青花梅瓶，像江南美女，水灵灵的，很是秀气。莫非是不同地区、不同窑口的产品？

为了拉近与这位大汉的距离，我指着他摆放在橱窗里的元青花大碗问：“你这只碗卖多少钱啊？”他说：“三五万元吧！”我暗自吃惊这么便宜，叹自己囊中羞涩。我告诉他：“你知道这是什么宝贝吗？这是与伊朗、土耳其馆藏完全一样的元青花，是同一个窑口的宝贝！太珍贵、太重要、太经典了！你这是把钻石当白菜卖呢！”我的率直感动了这位蒙古汉子，他千恩万谢。事后知道，他将这只大碗卖给了一位识货的大收藏家，获得人民币百万元附加一辆四轮驱动越野车！

元青花敛口大碗（伊朗国家博物馆藏）

元青花敛口大碗（私人收藏）

故事到此还没结束,他陆陆续续地给我讲了他的家乡——四子王旗发现的元青花故事。

四子王旗,蒙古高原上大青山北麓的一个小县城,这个风吹草低见牛羊,并且目前有大片沙化地的塞外高原,真的有元青花吗?

我无缘去四子王旗实地考察,但有人去考察了。在此,我不能不提到一位热爱元青花、长期做影视纪录片的有心人吴石友先生。他用8年时间去蒙古高原考察元青花,收集元青花瓷片,并出了一本厚厚的书——《青花秘境——蒙古高原元青花拾遗》。

吴石友考察了内蒙古高原的古集市遗存,从他的叙述中可以得知,他对内蒙古地区出现的元青花瓷片和遗存的古代城堡遗迹作了细致的、令人佩服的调查,有些调研是在没有经费支持、没有组织平台支持的情况下孤独地进行的,其精神令人感动。我先在这里将他涉及四子王旗的叙述摘录如下①:

"为了抵御西北海市、都哇诸王的叛乱,与之接壤的赵王封地河东、河西、四子王旗、达茂就变得非常重要!"

"出现在四子王旗净州路古城遗址附近的碌碡与分布在跨越附近广大的土地上……"

"在四子王旗净州路古城遗址上,局部地方遍地残砖瓦砾。在四周耕地上可以找到不少高温细瓷产品……"

元代净州路包括了今天哪些地方?元代净州路故城位于内蒙古自治区乌兰察布市四子王旗吉生太镇卜子村,又称"元净州路故城",建于金大定十八年(1178)。净州路故城不仅是元代漠北通往内地畅通和便捷的主要交通干道之一,也是当时商贸和文化交流的地方。从净州路北上,即可到达当时大蒙古国的政治核心——哈剌和林城,南下则可以缘山西进入中原大地。元成宗大德以前净州路已升为路总管府,直隶中书省部,成为当时一个繁华的中心城市。

而当时,净州路已设立货物交易的榷场,有多处宗教寺庙,包括文庙、孔子庙,还设有儒学学校等。

---

① 吴石友著:《青花秘境——蒙古高原元青花拾遗》(上),西泠印社出版社2022年版,第240—241页。

净州路出土瓷片 /《青花秘境——蒙古高原元青花拾遗》

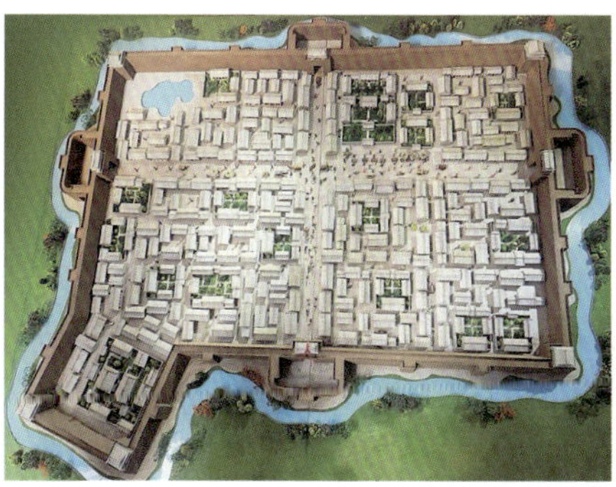

净州路故城复原沙盘

净州路故城遗址

吴石友考察拣拾到的瓷片说明,当时此地陶瓷贸易很兴旺,各种窑口的器物都通过这里的集市集散。而我直接与开古玩店的这位蒙古汉子交谈,知道当地村民在“风来沙土一层被、风走满地是瓦片”的沙砾地上,经年累月地拣拾了不少元青花标志性的窑址器具,计有歪脖子的高足杯、带匡匣的元青花残件、有字的火照、粘连在一起的碎瓷片等。而他的那只拼接起来的大碗,则是幸运之至的一次碎片偶遇。这位先生斩钉截铁地说:我们这儿有窑址!

这位开古玩店的蒙古汉子的所见所闻,是与吴石友的经历一致的。吴石友在考察内蒙古由西至东几十处古城镇遗址并探访民间的古瓷爱好者过程中,观察各式元青花瓷片,从他提供的瓷片可以看出:

第一,内蒙古高原上拣拾到的元青花瓷片绝大部分使用的是苏莱麻尼钴料(苏麻离青料),发色蔚蓝,有的带有苏料典型的晕散。

小孤山遗址采集的瓷片 /《青花秘境——蒙古高原元青花拾遗》

小宏城子遗址采集的瓷片 /《青花秘境——蒙古高原元青花拾遗》

第二，一些元青花瓷片的胎质黑灰、疏松，与瓷胎细密硬朗的景德镇窑所产明显不同。

元青花瓷片局部

第三，吴石友收到了烧窑时测试温度使用的火照。

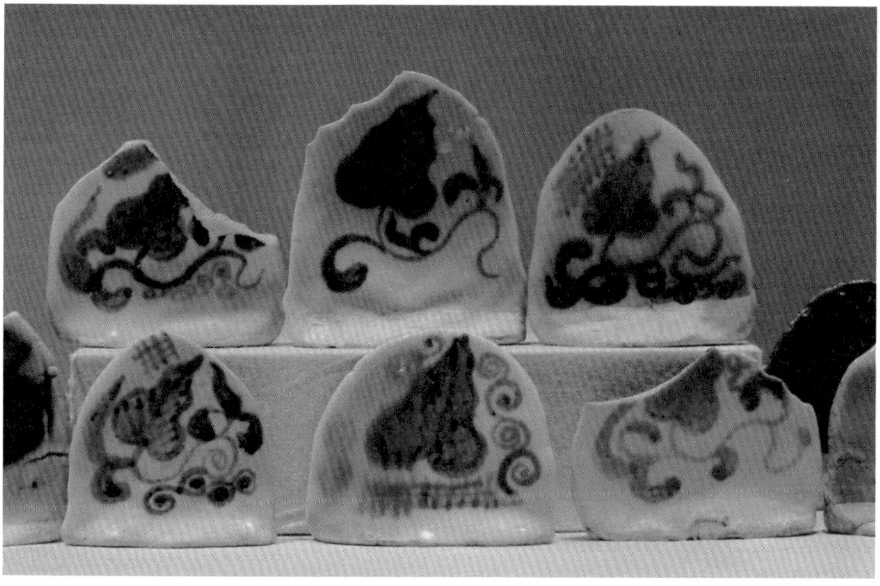

火照

第四，吴石友还收到了烧歪了的高足杯残件。

高足杯残件

以上种种信息告诉我们，蒙古高原存在“元青花”窑口，只是我们现在还不知道这个“元青花窑口”是在大蒙古国时期已经存在，还是在元朝建号以后才成立的。这需要进一步的证据才能解决问题。

无独有偶，我们把眼光拉到更北方的当时大蒙古国的国都哈剌和林，现在属于蒙古国的和林市，发现了一些有价值的信息。

台湾学者谢明良著有《中国陶瓷的器形、纹饰与图像》（浙江大学出版社 2023 年第 1 版）一书，其中谈到了哈剌和林的元代瓷器考古：“包括哈剌浩特在内的蒙元遗址，如哈剌和林、敖伦苏木都发现了大量的青花瓷，而斯坦因在哈剌浩特所获得的文书（1914 年，F111：W33）中有‘……买回回青……’等材料，此是有关青花瓷器青料来源的重要纪事。”①

谢明良介绍，他在书中例举的元青花标本大多数由科考队取自哈剌浩特遗址。早年俄国科兹洛夫科考队在哈剌浩特城内获取 1500 余件陶瓷标本，20 世纪 80 年代内蒙古文物考古研究所等曾对小城开探方数处，出土了龙泉窑、钧窑和元青花瓷标本。

谢明良使用的资料取自俄国科兹洛夫队（1908、1909、1926）、英国斯坦因队（1917）、美国华尔纳等哈佛大学队（1923）以及以斯文・赫、徐炳昶为首的西北科学考察团（1931）所见。其中，科兹洛夫所获 1500 余件陶瓷标本现藏圣彼得堡冬

① 转引自陈玮：《元代亦集乃路城伊斯兰社会探析——以黑城出土文书、文物为中心》，《西域研究》2010 年第 1 期，第 12 页。

宫博物馆,即艾尔米塔什博物馆(Hermitage Museum),包括青花瓷 493 片,釉里红瓷 1 片。斯坦因采集品现藏大英博物馆,含莲塘水禽纹碗在内的青花瓷残片共 6 片。“西北科学考察团”所获标本分别归属瑞典和中国,前者现藏瑞典斯德哥尔摩民族博物馆(Etnografiska Museet),青花瓷计 120 片,后者归属台湾“中研院”历史语言研究所,其中包括 7 片青花瓷。①

谢明良使用了所能收集到的元青花瓷片材料,表明以哈剌和林为中心的东西方交通中,元青花是其中一项重要的使用和贸易商品。这也难能可贵了,但他没有像吴石友和中国大陆的收藏研究者那样强烈质疑和敏感提出:蒙古高原当年生产元青花吗?吴石友和众多收藏家的收藏实战已经在挑战“元青花只在景德镇生产”这个传统观点了。笔者同样持有这样的质疑态度:从我们所了解的元青花实存情况看,北方(蒙古)窑元青花窑口是存在的。

在 2007 年上海召开的元青花国际研讨会上,伊朗国家博物馆和蒙古国家博物馆的专家在大会发言中说:蓝色是伊朗自古就使用的颜色之一,蓝色在公元前 3 世纪成为独领风骚的主流色彩。蓝色石矿的稀有以及部分地区对这种材料的大量需求使得这种蓝色石矿的价值剧增,这种石材也成为当时地区贸易的重要商品之一。13 世纪用于珐琅陶的重颜料是由产自卡尚附近的一种钴料构成的青料。作家将这种采自卡尚附近苏莱曼地区的青料命名为苏莱曼尼。在伊朗,青花瓷的制造有着悠久的历史,但是这种青花瓷的制造技术是从 14 世纪逐步走向兴盛,然后在后面的几个朝代中逐步名扬海外。受中国和伊朗的交流影响,这一技术在 14 世纪得以发挥和继承。在元代(1279—1368),中国的青花瓷面向欧洲、伊斯兰世界大量出口。这使得伊朗陶瓷制造在装饰风格和制造技术上极大地受到中国的影响。中国陶瓷器皿所用的基础图案纹样也在伊朗被广泛使用。一些青花瓷上还记有作者和制造时间,比如其中有明确时间记载和作者签名。

而蒙古国家博物馆的研究员则提供了以下有用的信息:哈剌和林发现了汝瓷、定瓷及青花瓷,精美的瓷器多数来自中国,也有一些陶瓷是在蒙古生产的。1948—1949 年,一支由蒙古和俄罗斯合作组建的考古队在哈剌和林的废墟中的窑

① 参见谢明良著:《中国陶瓷的器形、纹饰与图像》,浙江大学出版社 2023 年版,第 250—251 页。

口发现了一些陶瓷器,这些瓷器是由当地蒙古的艺术家和来自中国的工匠共同制作的。从元代开始,生产者会在瓷器的底部做一些印迹,包括国家、皇帝的年号、时期的印章。在元代,蒙古、阿拉伯和中国工匠一起制作了高质量的瓷器。1948—1949年的联合考察队共发现了8325件碎片。

伊朗、蒙古两国国家博物馆研究员提供的信息,远不及中国学者对元青花的研究深入、全面,但他们以所在国相关当事人的身份,佐证了我们已知的部分观点。它们是:

(1)蓝色是伊斯兰世界崇尚的颜色;

(2)14世纪的伊朗与中国互动;

(3)哈剌和林作为大蒙古国的政治经济中心,已经发现大量残存的瓷片和窑址;

(4)蒙古人、色目人和中国工匠(被征虏的)共同从事瓷业生产。

由于这些国外博物馆从业人员并未深入了解中国社会对元青花的追捧和研究深度,所以他们不可能回答我们深度关切的问题,但作为旁观者,他们能提供这些信息也足够了。他们佐证了我们的研究成果和预判,我们正在逐渐逼近真相。

北方(蒙古)窑元青花/引自《苏莱麻尼·元青花》

北方(蒙古)窑元青花/左图为私人收藏,右图引自《苏莱麻尼·元青花》

3. 博陵第元青花

20多年前,我到景德镇考察拜会黄云鹏先生,黄先生很热情地接待了我。说到博陵第元瓷,他带我在景德镇小巷里七拐八弯,找到一家专做博陵第瓷的作坊主人。我仔细上手摆满屋子的博陵第瓷器,无法确认这些全部是新仿的、是这位工匠新做的。但我问这位仿家:你是照什么仿的?既然博陵第都是臆造品,能卖得出去吗?

逻辑上说不通。任何人无法回答这种提问。

实际上,在收藏圈子里,博陵第元瓷的存在已成为共识。

在中国,我接触到的收藏者中,最早关注博陵第元青花的是北京的华国良。华国良是画家,也是古陶瓷收藏家和研究者。他描述了发现博陵第的缘起和过程。

初次发现博陵第瓷,缘于2001年他在古玩市场寻找绘画素材中的一次巧遇。

博陵第瓷 / 引自李树喜《博陵第调查》,中国出版集团华文出版社2025年版

卖古旧货的是一位年轻的南方人，带的两件陶瓷底部都带有“古相博陵第”字样的牌记。出于绘画专业的敏感和好奇，他对这两件瓷器产生了浓厚的兴趣，心想这或许是一条能够解开元代瓷器之谜的新路径。为此，他找到了国家文物鉴定委员会原委员孙学海老先生，老人家确定此为元代瓷器无疑。为了更深一步探索博陵第瓷的秘密，华国良去了好多家图书馆和书店查阅资料，又试图通过网络搜索相关信息，还走遍北京所有的古玩市场，询问了许多收藏界人士及买卖古瓷的商贩，但都一无所获。

2002 年的秋天，他在古玩市场上又见到了一件底部带有“博陵第”牌记的陶瓷，还有一块有大片文字的瓷板，瓷板上比较详细地记载了博陵第瓷的一些情况。此后几年，又陆续发现多块牌记，上面记载的人物名称有所不同。如一块牌记载“张祠子孙名文进，系饶洲祈山县，张家人士”，另一块牌记载“张公文进字进贤乃福建漳州郡人士”，同一个人名但是出生地域不同。还有一块牌记载“张氏子孙谨

“张府”瓷板

记张祠祖堂,祖氏名德财系江南饶洲路广昌县三十六都人士”,这位张德财与前者张文进都是建立张府并在各地生产博陵第瓷的人,但是张德财是饶洲路广昌县人。

为了了解这些牌记所载内容之间的关系,华国良开启了艰辛的江南实地考察历程,最后根据张德财牌记载“三黄山龙门脑”的线索推测,有可能这里指的是安徽的黄山。在与当地文物单位的联系过程中,得到文物专家戴新彪先生的帮助,得知黄山有个太平县,那里就有个叫“龙门脑”的地方,恰好有一个轮渡村窑上张家村。后来得知,自古就传说张家在元朝末期有一位叫张文进的人,专门烧制青花瓷器。有了重要的线索,经过多次沟通确认,锁定了有力证据和目标。

此后,黄山市太平县文物局的戴新彪多次走访当地太平乡、龙门乡轮渡村窑上张家,终于找到了两位对张文进、张德财传说知情的老人。在2006年上海国际元青花学术研讨会、2007年上海和开封联合召开的元青花研讨会、2009年杭州召开的“马来西亚元青花回娘家”研讨会上,华国良用图片和视频向大家介绍了元青花博陵第：汉都、云轩、平安府、臣相府、丞相府、东卫、赵府、仁和馆等多种系列品牌瓷的存在和研究进程,引起收藏界的广泛关注和热议。

2009年10月,在戴新彪热情帮助下,华国良带着一位助手前往江西、安徽、南京,进行了为时一个多月的实地考察取证,辗转来到了江西的都昌。根据当地老乡的指引,他们在都昌县大树乡垄邵家找到了博陵第古牌坊门楼遗址。古牌楼使用石头刻字,因为年代久远石板已有开裂,周边红色的岩石雕花已经被侵蚀,严重脱落缺失,古牌楼因为年久失修即将倒塌。牌楼前南面门前有一个大大的水塘,仔细观察发现这前面在古代应该就是通往鄱阳湖的水上通道。在当地与村民交谈中,确认了博陵第牌楼历史已经长达几百年,因为前几年大水泛滥,村民都已经搬迁,所以目前已被遗弃。这个村子都是古建为主,到处都是残垣断壁、土木石块,立牌楼不远处还有一口低矮的水泉石井。各种迹象表明,这里的村民对自己家乡的文化还是很用心的,这里就连村委会也是按照古牌楼的原貌所建。

根据研究发现,当年生产博陵第的不只是张家,还有苏氏、钱氏、刘氏等,再者“将作院”瓷牌记载：“内务府将作院浮梁器成堂,为帝王官府权贵之人烧造瓷器,订制烧造徽州歙县博陵第五万余件。”肯定要有很多窑口接受订单烧造以此盈利,这也许就是出现邵家窑承揽订制博陵第瓷的缘故吧。在黄山的太平县,他们找到张家张金泉(张文进的后裔)的女儿,她是当地学校的一位老师。据了解,张文进的祖宅在1968年修建大型水库时被淹到水底下了,也就是目前的太平湖。在龙门乡的窑上张家,他们还找到了张文进和张德财的后裔张金泉老人,了解到有关张家做瓷的历史情况,发现其放家谱的盒子上写有“清河支谱”的文字,从而证实了张家就是古代河北博陵清河支人,这为博陵第元青花的研究提供了重要证据。

“将作院”瓷板

清河张氏家谱盒

交谈中了解到张金泉老人只记得传说他祖辈做过陶瓷，而且去过山西教别人制过瓷器，其他的一无所知。家里仅存的家谱木盒上面写着“清河支谱”四个字，给他们的研究提供了很有力的证据。据了解，清河张氏起源于河北省邢台清河县，为邢台市古代十大名门望族之一。

根据史料研究发现博陵第就是指河北省安平县，目前的河北省安平县在元代时期名为博陵县，当年清河就属于博陵支。宋代的“靖康之耻”，金兵灭亡北宋帝国，掳走宋朝徽、钦二帝，宋室南迁，建都临安（杭州），史称南宋，这次中原文明的大举南迁，规模之大，超乎想象。

因为宋时躲避战乱南迁使得河北定州博陵这个制瓷圣地大量人员移民南方。移民主要分布在福建、浙江、安徽、江西、湖北等地，为此把他们的制瓷技术也带到了当地。当年博陵人分支很多，其中就有博陵清河支。清河指的就是现在河北省清河，张金泉就是元代博陵第制瓷人张文进和张德财的后裔，这说明张文进和张德财祖籍就是河北博陵清河。故将瓷牌名号定为“博陵第”，以寄托对祖籍的怀念。后经考证发现，该瓷牌记载“博陵第”实为皇帝钦赐封号，并奉旨于张府立匾，题

云龙纹象耳瓶上的张文进铭文 / 英国大维德基金会藏

名“博陵第”。

1952年，美国人约翰·亚历山大波普先生发表了《14世纪青花瓷器：伊斯坦布尔托布卡普·撒莱宫所藏一组中国瓷器》。现在这篇文章被许多人认为是确定中国元青花存在的经典文章。如英国大维德基金会收藏的张文进铭文的云龙纹象耳瓶上记述有张文进其人，颈部题字为“信州路玉山县顺城乡德教里荆塘社奉圣弟子张文进喜舍香炉花瓶一付”云云。波普先生在文中认为张文进可能是景德镇附近的人。这里的张文进正是安徽黄山太平张家人士，也就是张金泉老人的祖人，根据牌记我们推测张文进和张德财极有可能是同一人。

华国良的调研报告只是在学术会议上发布过，在网上流传过，在此是第一次出现在正式的出版物中，时间历经20年之久。在这里我们不得不对所谓的“民科”作一讨论。

“民科”是指民间的科学研究，也是体制内有些人士对民间业余科学研究不屑一顾的贬义词。体制内专家依靠体制平台所拥有的资源，的确作出了巨大的科研贡献，应该大书特书。但是，在一些领域，特别是不需要高强度的实验设备、巨大资金投入的领域，民间有志之士是可以发挥重要作用的，有时候是可以作出重大贡献的。像吴石友、华国良对元代瓷器所作的调研，无疑是有重要的参考意义的。我自筹经费数次到伊朗考察，并在伊朗国家博物馆科研人员带领下到达古波斯钴矿区调研，也是前所未有的举措。

“实践是检验真理的唯一标准”，不管“官科”还是“民科”，主要看社会实践后的结果，这是我们判断是非的唯一标准。

2012 年，在上海召开的国际元青花研讨会上，有民间藏家发布了两篇关于博陵第的论文。一位是云南赵根山先生，他的论文是《元代“古相·博陵第”与“博陵第”青花瓷器文化研究》，记述了自己调研博瓷的经历，并探讨了“古相·博陵第记事牌式文化”的内涵，内容丰富。另一篇论文是上海任建华、南通张爱民所作的《元瓷“古相博陵第”解密》。同样，他们也是自费走入相关乡村，寻访证据，探讨真相，甚至挖出了张文进的真实身份——制瓷业大商人。还寻访到了民间收藏

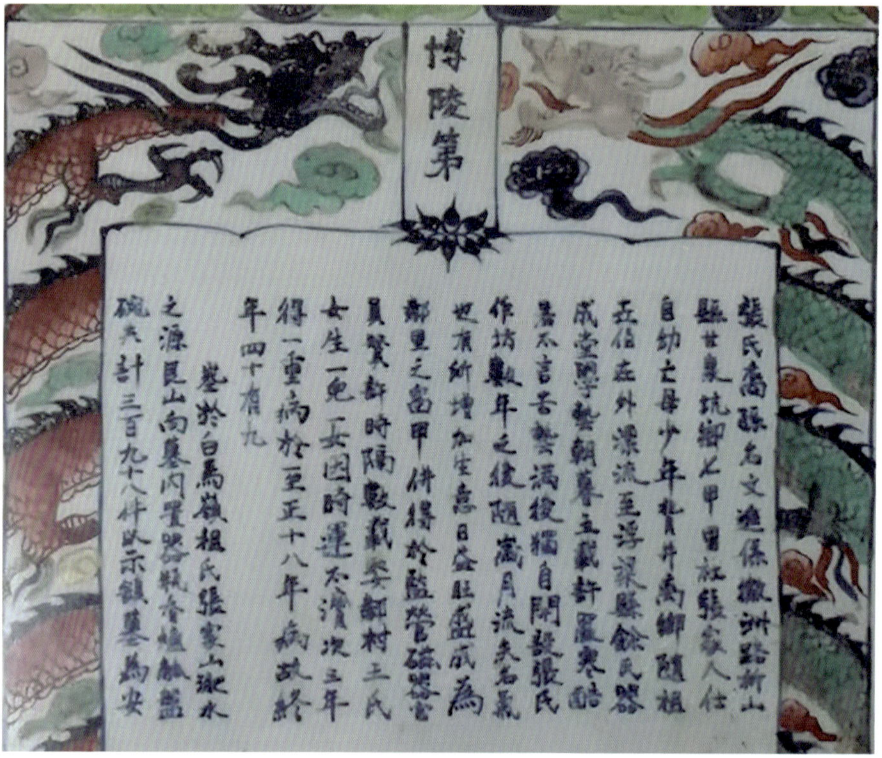

“博陵第”纪事碑

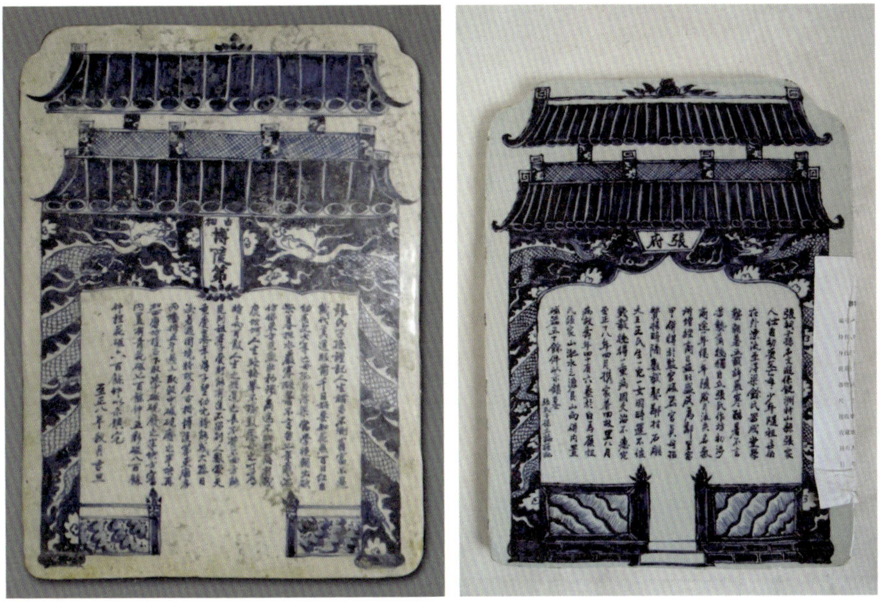

写有张文进身世的瓷牌

的关于张文进身世的墓志铭牌。

此牌记与华国良等人收寻到的牌记相比,内容大同小异,而且经多人多机核定,确实为元青花,并提供了丰富的历史文化信息。

民间发现和研究的众多窑口正在引起广泛关注,证明了民间蕴藏着极大的推进文化发展的力量。文化发展应该是全民的运动、全民的参与、全民的奋发努力。在元青花研究领域,民间的发现居功至伟,计有:

(1)民间首先发现了北方(蒙古)窑元青花的存在;

(2)民间首次考察了伊朗钴料的原产地;

(3)民间有“700 年来第一次参访伊朗国家博物馆元青花库房”的中国人;

(4)民间首次发现和持续认证了博陵第元青花的存在;

(5)民间首次论证了“回回青”就是来自波斯的“苏麻离青”;

(6)民间首次发现了元青花大量存在并提出分级理论概念;

(7)民间首次论证元代汉族人物故事瓷绘始于元早期;

(8)民间首次发明了被实战证明有效的文物年份鉴定仪。

……

科学研究不分官方或民间,有好的成果都属于我们中华民族。

明/宣德青花缠枝莲托八宝罐(局部),表现了典型的"苏麻离青"发色/上海博物馆藏

第三节 苏莱麻尼——“回回青”

1. 关于元青花使用的钴料

青花瓷着色剂使用“钴”,全世界都知道这个事实。钴矿经淘洗加热后会呈现蓝色——有的蔚蓝,有的灰蓝,有的浅蓝;有的浓艳,有的有晕散,有的没有晕散。总之,形形色色,不一而足。而最早知道“钴”可以做着色剂的,是埃及人。早在公元前15世纪到公元前14世纪,埃及人就已经用钴蓝作为着色剂来制造香料瓶。中国在战国时期制造琉璃时也使用了钴蓝染色,而大规模使用钴蓝的是在唐三彩上。唐三彩中有纯蓝的陶马,就是使用钴来着色的。

本书关心的不是谁先用钴料来做着色剂,而是试图在收藏实践中提出问题:元青花的钴料来自哪里?是来自伊朗?还是来自中国的西北,例如甘肃和吐鲁番?或是来自印度尼西亚这样的南亚国家?弄清楚这个问题,不仅仅是叙述上的需要,更是为了揭示一部分元青花的发色由于晕散而美丽非凡的秘密。

目前国内外研究界对此的说法基本上分三类:

(1)元青花中发色艳蓝的、有晕散的钴料来自伊朗高原,元代史书上称之为“回回青”(后详);

(2)元青花中器物上发色浓艳的钴料,来自中国西北的甘肃和吐鲁番等地;

(3)根本没有“苏麻离青”,云南的珠明料也可以显示同样的发色——这似乎太违背常识而不被重视。

在详细分析这些论点以前,笔者认为需要站在更为客观的高度来扫描国内钴矿的分布和发色特点。综合中科院、故宫博物院、中国社会科学院考古所专家的研究成果,认为:

在埃及和西亚地区，钴蓝的应用历史很早，且很普遍。埃及在公元前15世纪到前14世纪制造的香料瓶就已用钴蓝作为着色剂。此外，伊拉克、叙利亚等地在公元9—14世纪制造的陶器釉，很多都用钴蓝着色，这类出土物在当地很多，说明钴蓝应用的普遍性。相比之下，在中国，钴蓝的应用到宋代还很罕见，一直到明清才大量应用。

过去，许多人认为，钴蓝最早在中国得到应用的例子是唐青花和唐三彩蓝釉，但是近年来的考古发掘表明，春秋战国时期（前770—前221），在湖南长沙战国墓的出土物中就有采用钴着色的蓝色琉璃珠，这是目前在中国土地上见到的最早的钴蓝。研究结果表明，这个蓝色琉璃珠在化学组成上属 $PbO\text{-}BaO\text{-}SiO_2$ 系统，这是典型的中国制造的琉璃珠，所用的着色剂为低锰型钴蓝，同西亚地区出土的琉璃珠和陶瓷釉上的钴蓝属于同一类型，说明它是进口青料。这些研究结果表明，早在春秋战国时期钴蓝就已从西亚地区传入中国，当时可能是通过中国西部边境地区的以物易物贸易而输入的。

钴蓝应用于中国陶瓷釉彩的最早例子是唐三彩蓝釉和唐青花。根据考古发掘资料，唐青花出土很少，唐三彩出土较多，但三彩中有蓝釉的也比较少。这些情况表明唐代时钴蓝在陶瓷釉彩中的应用还属萌芽阶段。对这一历史事实最合理的解释是，当时国产钴土矿还未被发现，所用的钴蓝都靠进口，来之不易，比较珍贵，所以不可能大量应用。唐代时中国与西亚地区的交往很多，丝绸之路畅通，不少波斯商人来到中国经商，当时唐青花和唐三彩所用的钴蓝很可能是通过丝绸之路从西亚地区输入的。

自然界中含钴的矿物资源并不很多，但是它们的分布范围却很广，在世界各地的大部分地区都可找到。自然界中的钴矿极少有单独存在的，多数是从铜矿、镍矿、铁矿或银矿的开采中得到的副产品，一般都与别的矿物共生，最常见的共生矿物有锰、铁、铜、砷、镍、锌等。天然的含钴矿物有许多种类型，常见的有辉砷钴矿、砷钴矿及钴土矿。中国最常见的都是钴土矿，它们是含钴的硅酸盐岩石因长期风化作用而形成的产物，由氧化锰和氧化钴的水合物以及其他杂质所组成的混合物。

中国历代青花色料有进口料和国产料两种，根据化学分析结果得知，唐青花的色料属低锰型，含铜，来自西亚地区。宋青花色料属高锰型，是国产料。宋青花出土很少这一事实说明，当时国产钴土矿的开发还在起步阶段。元代时国产钴土矿在各地陆续有所发现，云南玉溪地区的民窑利用当地所产的钴土矿开始小批量生产青花瓷。景德镇元青花有进口料和国产料两种，色调浓艳而有黑斑的多数是进口料，其化学组成特点是低锰，含砷不含铜，产地很可能是西亚或中亚地区；色调不太浓艳而没有黑斑或有黑斑但没有金属光泽的则是国产料。明清两代景德镇所用的青料在历史文献上有较多记载。根据这些记载得知，永宣两朝官窑所用者主要是苏麻离青（又名苏渤泥青），同时国产料也在使用。

明/成化青花竹芝三友盘/台北故宫博物院藏

关于苏麻离青的产地，有人认为是西亚地区的波斯，也有人认为是非洲的索马里（Somalia），而其集散地则在西亚地区某地。当时印度尼西亚的苏门答腊是东西方过往商船的避风港，从西亚来的商船带了许多东方各国所需要的货物来此进行贸易，郑和永乐时期从南洋带回的苏麻离青很可能就是从这些商船上获得的。

成化朝所用的色科较为复杂，早期仍沿用苏麻离青而带有黑斑，后来就用苏麻离青和陂塘青的混合料。到成化后期苏麻离青的获取愈来愈困难，于是就全部改用陂塘青。这种青料产于江西乐平，又称平等青。已知的正德时期所用的青花料有两种：一种是江西瑞州上高县产的无名子，又叫石子青；另一种是正德后期从云南获得的回青。回青又称西域大青，美者亦名佛头青。但回青不能单独使用，必须和石子青混合使用。嘉靖官窑青花器大量烧造，主要使用回青和石子青的混合料，取得了较好效果和较高评价。然而回青产地太远而不可续，各窑都相继采用国产青料，如乐平的陂塘青、端州的石子青和卢陵、新建的黑赭石等。

万历中期以后，可能因回青断绝而改用浙江所产的浙料。

需要再次注意：回青不能单独使用，必须和石子青混合使用。据历史文献记载："回青淳，则色散而不收，石青多，则色沉而不亮。每两加石青一钱为之上青，四六分加，谓之中青，十分之一，谓之混水……中青用以设色（绘轮廓线），则笔路分明，上青用以混水（渲染轮廓内部）则颜色明亮。"回青的化学组成特点是低锰、低铁、低铝，在烧成时形成高温黏度比较低的玻璃相，容易流散，因此不能单调使用。国产钴土矿的化学组成特点是高锰、中铁、高铝，正好和回青相反。两者混合使用，起到取长补短的作用。

青花的色调同色料的化学组成密切相关。不同产地和不同加工方法得到的色料，其化学组成相差很大，从而对青花的色调产生较大影响。除此以外，下列一些工艺因素也有一定的影响。

⑴ 青花料中釉灰的用量——青花料中必须要配入一定量的釉灰才能使用。釉灰用量的多少对釉色有较大影响。

⑵ 青花料的细度——清代青花料由专职研磨工在乳钵中磨细，一钵粗料有

明/嘉靖青花瓷板/大英博物馆藏

明/万历方胜纹青花五彩盖盒/大都会艺术博物馆藏

时要研磨一个多月才能使用,越细发色越好。明代中期以前浓艳型青花的画面上存在的大量黑点,可能是色料研磨得不够细造成的。

⑶ 青花料的浓度——画师们在作画前,要根据画面要求,将青料用水或油调到适当浓度。如果色料很浓,烧成后的青花呈深蓝色;如果色料很淡,则呈淡蓝色。

⑷ 运笔速度与方式——作画时运笔慢,色料厚,釉色就深;反之釉色就淡。运笔停留处的色料特别厚,往往形成黑斑。

(5) 烧成温度和气氛——实验证明，在烧成温度为1250℃时，青花呈蓝到深蓝色。如烧成温度提高到1350℃，则呈蓝黑色。气氛对青花本身和釉的色调都有一定影响。

综上所述，根据中科院专家们长年累月的研究积累，可以总结归纳出以下几点结论：

（1）运用钴料作陶瓷着色剂，古埃及与西亚地区的历史很早，公元前15世纪—前14世纪就使用了，中国则到唐宋时代开始成规模使用。

（2）自然界中的钴矿多数是伴生矿，常见的伴生元素有锰、铁、铜、砷、镍、锌等。

（3）中国历代青花有进口料与国产料两种。高铁低锰含铜的来自西亚地区，国产料则是低铁高锰型。

（4）嘉靖万历早期使用的回青，不能单独使用，必须与石子青混合用。回青的化学组成特点是低锰、低铁、低铝，国产钴土矿的化学组成特点是高锰、中铁、高铝，正好与回青相反，两者混合使用，起到取长补短的作用。

（5）青花的色调与青料的化学组成密切关系。除此以外，与釉灰的用量，青花料的细度、浓度，运笔的速度与方式，烧成温度和气氛相关。

使用“回青”的嘉靖、万历青花瓷 / 上海博物馆藏

2. “回回青”

我们熟知的回青，常使用于明代中期嘉靖到万历早期，发色呈紫药水色。中科院硅酸盐研究所的研究表明，它是来自云南的低铁、低锰矿料，必须与当地的石子青混合使用才能达到理想的效果。来自云南的回青传说中来自西域、来自吐鲁番、来自甘肃，到底如何，还需要探讨研究。

然而，早在元代典籍中就反复出现使用了“回回青”这一名称。如何辨析和理解呢？

使用回回青的元青花与嘉靖青花比较图：

元青花大罐（局部）/上海博物馆藏

嘉靖梨形壶（局部）/台北故宫博物院藏

显然，元青花的“苏莱麻尼”（苏麻离青）与嘉靖“回青”用的是两种不同的钴。而“苏莱麻尼”（苏麻离青）作为对某一种中国境外钴料的特称，是始于何时呢？我们今天所熟知、熟用的“苏麻离青”，是明代人起的名字，一直沿用至今。多少年来，谁也没有问一问，元代人说的“苏麻尼青”是什么？仔细查找元代典籍，也并没有“苏麻尼青”一说，有的则是“回回青”！

现将明代关于“苏麻尼青”的相关记载照录如下：

“我朝则专设于浮梁县之景德镇。永乐、宣德间内府烧造，迄今为贵。”（明王世懋：《窥天外乘》）

更早的记载是明宣德六年（1431），出于《明实录宣宗实录》，其春正月甲午条云：“赐撒马尔罕使臣卜颜耷儿筹钞彩币表里有差，初行在礼部奏：卜颜耷儿等进速来蛮石一万斤，岁不堪用，今还，请薄其赏。上曰，厚往薄来，怀远之道。撒马尔罕去中国最远，毋屑屑比较，可加厚谴之。‘故有足赐’。”其文中有几个关键词令人容易误解：

一是“撒马尔罕使臣”。查元史资料，我们知道大蒙古国时期撒马尔罕是花剌子模的重镇，地处今乌兹别克斯坦共和国。撒马尔罕是历史上中亚重要的政治、经济、科学、文化中心，古代丝绸之路的重要枢纽，是古代中国通往印度、阿拉伯以及欧洲的必经之地，也连接着中国、波斯和印度这三大文明的区域，与中世纪伊朗结为一体。被成吉思汗攻占后，在大元国成为伊儿汗国的一部分。在明宣德年间，撒马尔罕与原波斯地区同属帖木儿帝国，撒马尔罕仍然是东西方重要的交通枢纽，是中国与波斯联系的必经之路。这就使我们明白了撒马尔罕使臣向大明王朝进贡货物的历史背景。

二是“速来蛮石一万斤”。速来蛮石的名称，现有资料可见出于元至正八年（1348）：“由功德西宁王速来蛮命人刻石……上刻‘莫高窟’三字。”此地的速来蛮，是成吉思汗儿子拖雷的八世孙，镇守沙洲的西宁王，后担任伊儿汗国的第 14 任君主。

这就有意思了。产自伊朗中部山区的“苏莱麻尼”（Sulaimani）钴矿，是被我们称为“苏麻离青”的高铁低锰钴矿，其发音与“苏麻尼青”相仿，而又与“速来蛮”相似。这里的名称究竟源自这种矿石本身的波斯语发音“苏莱麻尼”呢，还是由伊儿汗国君主名字命名？据史料考证及文献检索，“速来蛮石”并不是一种标准的矿石名称，所以只有从明代人的读音中去猜测其中的奥妙了。

首先，“速来蛮石”是一种可以做染料的矿石，从撒马尔罕进贡宣德朝一万斤，

“彩币表里有差”(指颜色),由于质量不好而被退回。撒马尔罕与波斯高原长期同属一个国家,宣德朝时属帖木儿帝国。

其次,“速来蛮石”在明代人的词汇中是一种表音符号,与“苏莱曼”发音相似,当时并没有统一的编译机构,汉语表音词汇有差异是正常的。可以推断,“速来蛮”“苏莱曼”是指同一种矿石,即我们知道的波斯钴矿石。

最后,查资料可知,明代高濂的《遵生八笺》、明代王士性的《广志绎》、清代谷应泰的《博物要览》、明代屠隆的《考槃余事》、明代文震亨的《长物志》、清代朱琰的《陶说》、明代方以智的《通雅》、清代蓝浦的《景德镇陶录图说》都分别使用了“苏麻尼青”“苏渤泥青”“苏勃泥青”“苏泥勃青”“苏渤尼”“麻叶青”等名词,来形容某一种钴矿料。“速来蛮”从读音上看,也属于指向同一种矿料的不同汉字注音的表达。所有这些记载都出自明清两朝的文人笔记和一些专论性的文献,而没有更多的对此名字的注解和专门的研究。从文化还原的角度讲,当时的人们对于这种外来矿物的称呼已经习以为常,交流中互相都能理解,并没有发生歧见。

而今人对这些问题不同文字所指物质的理解,都是文字上的猜测和主观判断。认为元青花钴料来自苏门答腊、来自伊拉克等地,翻遍资料没见到过具体的论证,只是表明某年某日某人这样说。被引观点是否正确,无从说明。

本书不揣冒昧地向这些说法质疑。在伊朗考察时,伊朗国家博物馆一位研究员从14世纪波斯文著作找出依据,明确告诉我,“苏莱麻尼”是产于伊朗中部卡尚地区的一种钴矿,并以伊斯兰一个圣人的名字命名,元朝时被作为商品运到中国去。她说:“当时是用秤称着出去的,与黄金一样贵重。”这位科研人员还陪同我们驱车近300千米到伊朗中部卡尚山区的钴矿矿区,从而了解到“钴矿60多年前已经采竭,关闭了”(说话时是2007年)。这一考察成果发布后,将近20年过去了,认同的人越来越多,质疑的几乎没有。迄今为止,也尚未听说其他人员去过卡尚的钴矿矿区调研。笔者在伊朗国家博物馆获得了第一手资料,并亲自到伊朗中部卡尚山区考察了钴矿矿区,所获得的信息是第一手的。

目前的材料告诉我们,元至明早期使用一种外来的而不是产于本上的,特别是不产于江西的钴料,它需要从中国境外,有人说要从爪哇、撒马尔罕等地进口

伊朗伊斯法罕/卡尚矿区

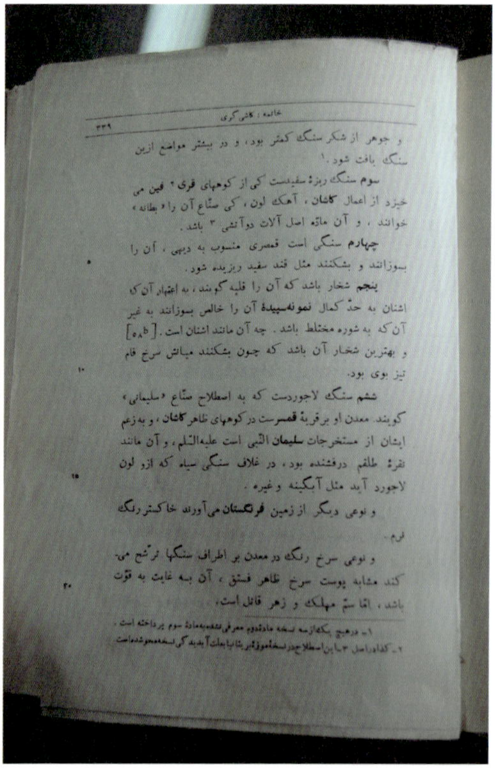

خاتمه : کاشی گری

۳۳۹

و جوهر از شکر سنگ کمتر بود، و در بیشتر مواضع ازین سنگ یافت شود.۱

سوم سنگ ریزهٔ سفید است کی از کوهای قری ۲ قین می خیزد از اعمال کاشان، آهک لون، کی صنّاع آن را « بطانه » خوانند، و آن مادّه اصل آلات دوآتشی ۳ باشد.

چهارم سنگی است قمصری منسوب به دیهی، آن را بسوزانند و بشکنند مثل قند سفید ریزیده شود.

پنجم شخار باشد که آن را قلیه گویند، به اعتقاد آن ک اشنان به حدّ کمال نمونهٔ سپیده آن را خالص بسوزانند به غیر آن که به شوره مختلط باشد. چه آن مانند اشنان است. [۵۸b]

و بهترین شخار آن باشد که چون بشکنند میانش سرخ فام تیز بوی بود.

ششم سنگ لاجوردست که به اصطلاح صنّاع « سلیمانی » گویند. معدن او بر قریهٔ قمصر است در کوهای ظاهر کاشان، و به زعم ایشان از مستخرجات سلیمان النّبی است علیه السّلم، و آن مانند نقرهٔ طلقم درفشنده بود، در غلاف سنگی سیاه که ازو لون لاجورد آید مثل آبگینه وغیره.

و نوعی دیگر از زمین فرنگستان می آورند خاکستر رنگ نرم.

و نوعی سرخ رنگ در معدن بر اطراف سنگها ترشح می‌کند مشابه پوست سرخ ظاهر فستق، آن به غایت به قوّت باشد، امّا سمّ مهلک و زهر قاتل است.

13世纪的波斯文献复印本

英文翻译为：

“This stone is named sulaimani. The mine of this stone located in Ghamsar in Kashan mountains. They told the name may be taken from the name of Sulaimani prophet.”

中文翻译为：

“这种石头被称为‘苏莱麻尼’，产自卡尚山区的格哈玛沙。他们说，这名字也许与先知苏莱麻尼有关。”

采自卡尚矿区的矿石

(运转)而来。目前的材料也告诉我们,这种钴料在明代称为“苏麻离青”“苏渤泥青”“苏泥勃青”“速来蛮”(同音“苏莱曼”)等,是指一种发色艳蓝的钴料。著名美国大都会博物馆专家提到过此种钴矿来自伊朗卡尚地区,但未见具体的考察报告。而我本人则带队考察了卡尚山区,并到达了矿区,获得了第一手资料。

接下来的问题是:在元代,“苏麻尼青”被称为什么?明显地,“苏麻尼青”是明代文献中的称谓。那么,元代呢?元代称这种外来的钴料是什么呢?我们能证明元人文献中反复使用的“回回青”就是“苏麻离青”吗?

我们先看“回回青”在元代文献中的出现(前文已经摘录过关于“回回青”的一些资料)。

在元代文献中,“回回青”是作为重要的染色剂按斤论两地采买并使用的。如大德十一年十一月二十七日,用“回回青三斤”;天历二年二月十三日,用“回回青八两”,十一月八日用“回回青八两”;至顺元年八月二十八日,用“回回青一斤八两”;元贞元年正月,用“回回清二斤四两”;大德三年十一月十六日,用“回回青四十六斤”;大德六年九月,用“回回青三斤六两”;大德八年三月,用“回回青七斤”;庆历二年八月十六日,用“回回青五十三斤”;延祐四年八月十一日,用“回回青三十八斤”;十月二十五日,用“回回青一十二两”;至治三年十二月三十日,用“回回青五斤二两”。①

除对这种染色矿物料使用“回回”定语以外,元代使用“回回”定语的典型还有“回回书籍”“回回文字”“回回炮”“回回药方”“回回寺”“回回堂”“回回教”,当然,还有“回回军”“回回诗人”“回回政治家”“回回史学家”等称呼。

《秘书监志》中有“回回”两字名目的有:“回回令史”“回回司天台”“回回文字”“回回历日”“回回书籍”等。

总的看来,有元一朝,从国家政权机构的高层到贩夫走卒、街头摆摊的货郎,从前线厮杀的将士到高堂深院的学院习者,都有回回人的身影。那么,“回回人”是什么人?弄清了回回人是什么人,也就可以判断“回回青”是哪里的“青料”了。

“回回人”来自西域。何谓西域?陈垣认为,“西域”之名,汉已有之,其范围随

① 参见韩格平总主编:《元代古籍集成》,北京师范大学出版社 2016 年版,第 297—301 页。

时代之地理知识及政治势力而异。汉武以前，大抵自玉门关、阳关以西至今新疆，为西域。其后西方知识渐增，推进而至波斯、大食、小亚细亚，及印度全部，亦称西域。[①]

在陈垣先生的界定中，回回人属于大范围的“西域人”。在汉代，以长安为中心，西域是出玉门关、阳关以西，至今新疆为止。这个概念被历史和传说所固化了，以至于当代人往往认为“西域”就是今天的新疆。文献表明，元代人心目中的西域，西部范围可达东欧，自“唐兀、畏吾儿，历西北藩所封地，皆属焉！今伊朗、阿富汗、小亚细亚及印度北部，皆称西域”。这样问题来了，在元代人心目中，西域疆域如此广大，西域人皆称色目人，又称为“回回人”，那么，这统称“回回人”的人种中，究竟多少人与我们关注的“伊朗”有关呢？

在《元代回族史稿》及其他相关文献中，这种特称的“回回人”有以下特征：

文化水准很高。这些“回回人”东来带来了“回回天文历”“回回炮”“回回医药”“回回数学知识”以及“回回教”，其规模在京城附近达到“其寺万余”，甚至带来了“回回法”等。

“回回人”在元朝当官的很多。除在朝廷当大官外，在各省都有当官主事的，单单江西行省从至元十四年起到延祐七年前，就有10多人当省级大领导。

“回回人”分布极广。据元史专家杨志玖研究，1219年，成吉思汗率蒙古大军西征花剌子模（回回国）后，“回回人”遂大批来到东方。周密《癸辛杂识》说：“今回回皆以中原为家，江南尤多。”实际上，北起和林，南至广州，西起新疆西部，东至东南沿海，无不有“回回人”的足迹。

“回回人”善于经商。《元史・朵罗公传》说：“回回户计，多富商大贾。”

“回回人”取得了很高的学术成就，如诗人萨都剌、丁鹤年、乃贤，画家高克恭，书法家瞻思，建筑家也黑迭儿，等等。阿拉伯中世纪的科技成果，通过“回回人”东来传播到中国本土，并在东土制造了“西域仪象”七件。如浑天仪、双股仪、日晷、浑天圆、地球仪、星盘等。“回回人”在元代著述地理学著作近200部。

以上林林总总说明，“回回人”东来中土，带来了当时十分先进的科技文化知

---

① 参见陈垣撰：《元西域人华化考》卷一，上海古籍出版社2000年版，第1页。

识，还在大元朝当官、办学、经商，立功扬名。他们究竟是什么人？可惜，由于专业研究需要的不同，一些专门著作并未深挖元代典籍里的“回回人”究竟是哪个地域国别的人。

西域地域很广，包括今日的中亚、西亚及亚洲西北部和欧洲东南部，当然也包括我国新疆地区。目前在古陶研究界，最容易搞混淆的是，将“回回人”与历史上的“畏兀儿人”相混，并特指今新疆维吾尔人。这个前提是：一般论述者由于没有还原到元代去看问题，不知道元代蒙古人西征获得的疆土之广而随之带来的眼界的变化。显然，我是不同意将“回回人”等同于我国目前新疆地区的维吾尔族人（历史上称之为回鹘人）的。因为这不是事实。但是，我们需要求证这一点。

那么，在元代典籍中，能找到元代的“回回人”究竟是哪国人（所谓的哪个国家，是意在将“西域人”“色目人”具体化，找出这些在元代建功立业的“回回人”是属于哪个特殊区域的人）？

在元代史料中还是可以找到些蛛丝马迹的。

先看杨志玖的《元代回话史稿》中透露的信息[①]：

“元世祖时回回人（可能为波斯人）札马鲁丁作‘万年历’”。

“另有从波斯文译出的《回回药方》，原 36 卷，今存 4 卷。”

“随着回回人和回回学术的东来和传布，回回文字也有中国流行。回回文字主要是波斯文。波斯文是当时流行于中亚各国的通行文字，在中国被广泛使用。”

“除一般波斯文外，波斯文中还有一种‘亦思替非文字’在元代很受重视。元世祖至元二十六年（1289）设置回回国子学（后改为回回国子监，……学习亦思替非文字，用于财产税务核算与管理）。”

“元代的回回人当然有逊尼派，但记载不详，而什叶派颇有痕迹可寻。因为来华的波斯人极多，而波斯是什叶派的根据地。泉州通淮街圣友寺发现了波斯人所修寺的碑刻。”

“在元代，除个别例外，‘回回’一词指的是信奉伊斯兰教的中亚突厥人、波斯人和阿拉伯人。”

---

① 参见杨志玖：《元代回族史稿》，中华书局 2015 年版，第 13—18、25、38、43、83、101—102 页。

“元代王祎《王忠文公集》卷14《书闽死事》称：迭理弥实字子初，回回人也。杨志玖按：迭里弥实，《元典章》作迭里威失，《元史》或作迭里迷失、迭里必失，是波斯的译音，义为苦修者。”

“元代回回人从中亚、波斯、阿拉伯等地区大量移居中国，构成我国回族的主体，这已是公认的历史事实。在来华的回回人中，有一种叫啰里（又称罗里或剌里）的回回人。”日本学者田坂兴道在其名著《中国回教的传入和发展》中解释说：“剌里，……想系波斯语 luri 之音译，为一种流浪种族名。意为流浪者、乞丐。”他在另一处说：“‘啰哩，波斯语 luri’之对单，有流浪者、乞丐之义。”

元代著名的回回政治家赛典赤·瞻思丁，拉施特的《史集》和云南赛典赤·瞻思丁后人保存的家谱都说他是不花剌人。不花剌原为波斯属地，而瞻思丁先祖别庵伯尔（Paighambar）是波斯文先知的称号，可见其地域之波斯化程度。

扬州有不少回回人。南宋德祐元年（1275，元至元十二年）西域人普哈丁（通常译作补哈丁），在扬州府东太平桥北建一礼拜堂，他的墓地和仙鹤寺，至今仍在。普哈丁墓旁还有四通元代回回人的墓碑，四通墓碑皆有阿拉伯文或夹杂波斯文刻书。

泉州《清净寺记》碑极为珍贵，碑中说：“宋绍兴元年（1131），有纳只卜·穆兹喜鲁丁者，自撒那威从商舶来泉，创兹寺于泉州之南城。”不仅说明建寺年代与人名，且指出其人来自中世纪波斯著名港口。泉州许多墓地的伊斯兰教石刻也大多属于波斯人。

以上多处引文材料有力地证明，在元代典籍中，讲到回回人的地方，大都指的是讲波斯语与写波斯文的伊朗人，当然，也有被波斯文化同化的中亚突厥人和少部分阿拉伯人。

到此，我们可以将“回回人”在西域人中的范围再进一步缩小，以便找到“回回人”与波斯人、“回回青”与波斯钴料关系的最有力的证明。

如果直达目标不可能，那先让我们解决一个外围性的问题：元代人所说的“回回人”，是不是主要指中亚突厥人，即现在的土耳其人、土库曼人、哈萨克人、鞑靼人、吉尔吉斯人等？

泉州清净寺的波斯文石碑

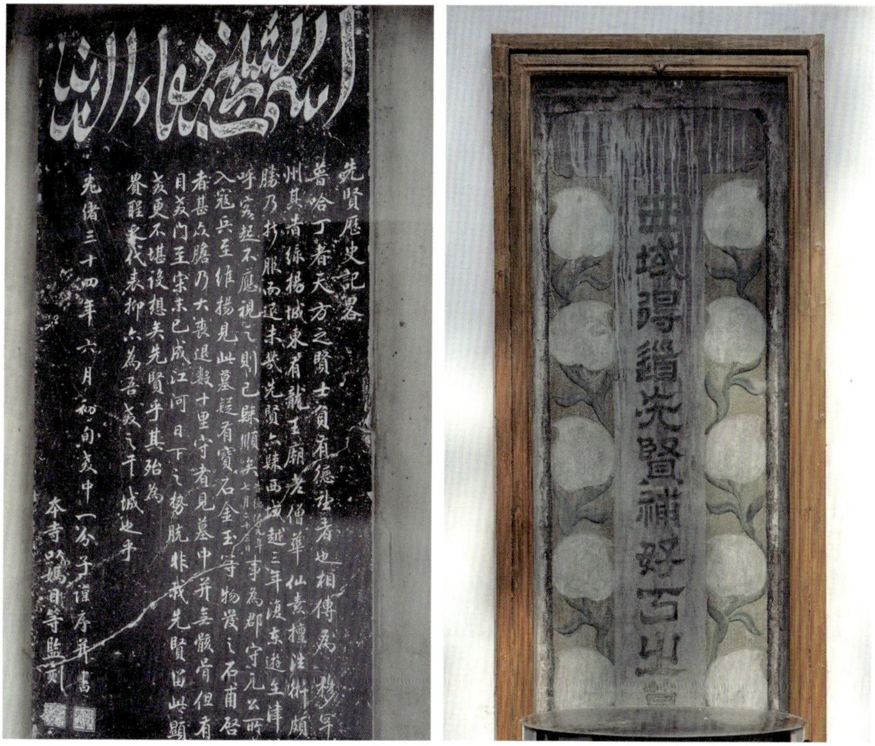

元代/扬州/普哈丁墓石碑

对于这个问题的提出，完全是出于研究元青花的需要。在元青花研究中，关键之一是元青花钴料来源问题。目前有多种看法。一是所谓的苏麻离青来自印度尼西亚苏门答腊等地，这种说法由于没有更多的历史证据而被束之高阁。另一种说法是认为“回青”来自“西域”，即吐鲁番地区，与遥远的波斯无关。但只是根据一两条历史材料进行的猜测。但这个判断很迷惑人，主要是回青—回纥—回鹘给人们提供了想象的空间。

关于“回青”与“回回青”的关联问题，我们在上面引用中科院专家的实验证据已略有说明。但回回、回鹘、西域之间到底是什么关系？历史文献中究竟是怎么论述的？如不做专门研究，一般人很难弄清。

首先，在历史文本中，回回、回鹘、回纥等概念是有区别的，所指是不同的。

“回回”一词最早出现于沈括的《梦溪笔谈》，是回纥、回鹘的通俗化的转音，和元朝所称的“回回”一词涵义不尽相同，但“回回”一词从此逐渐流行通用。最初泛指回鹘以及中亚其他突厥民族，在元代则专指信奉伊斯兰教的中亚人、西亚人，而把唐宋时的回纥、回鹘称为畏兀儿人。但是，在元代文人的著作中和《元史》的一些传记中，又常常把回回、回纥、回鹘三词混淆使用。这就给今天我们研究元代文化、元代青花瓷的起源和流传带来了困难。

举例来说，《元史・阿合马传》说“阿合马，回纥人也”，这是把回回称为回纥。《元史・雪不台传》说“扈从征回鹘，其主弃国去”，则把回回称为回鹘。其实，这两位都是西亚人。

元代的诗人萨都剌是回回人，但由于陶宗仪《书史会要》说他是回纥人，因而至今还有人搞不清楚。

这种混淆在元代文献中常常出现，给今人对元代文化活动的了解带来了困惑。但元代文献的具体行文中，根据上下文的意思和词语背景以及翻译名字的结构等因素，还是容易区分具体某人的民族属性的。而元代人使用“回回”这个词，所指也是非常明确的，就是指西亚、中亚信奉伊斯兰教的，以波斯人为主的，包括部分中亚突厥民族的人群，而不是指回纥、回鹘。

其次，从民族属性上讲，元代文献中的“回回人”，也指向西亚操波斯语的人种。在我们今天的理解中，统括地把西域人、回回人属地归为玉门关以西的广大地域,把吐鲁番地域也作为回回人的属地,把唐代人所说的“西域”——西出玉门关当成元人文献中的西域,这是误读、误判。

新疆自古以来就是多民族交汇交融发生地,维吾尔语属突厥语族,所以维吾尔人与北方高原上来的突厥人渊源很深,而与波斯人关系很远。公元13—14世纪,即大蒙古国时期,新疆的民族分布是个什么情况呢?

先说说西辽(1124—1218),它是中国历史上由契丹族在今新疆和中亚地区建立的政权,突厥语在西方史籍称之为“哈剌契丹”,1218年被大蒙古国所灭。西辽时期,新疆地区的民族构成主要包括高昌回鹘,东、西哈拉汗朝,花剌子模,康里,葛罗禄和乃蛮等部族。蒙古人和汉人也大量居住在此地。这一时期,新疆地区出现了伊斯兰教、佛教、景教、摩尼教等多种宗教并存的局面。16世纪初,新疆地区才全面伊斯兰化,唐朝时期,新疆佛教势力仍然强大。

值得重视的是,回鹘人是谁?回鹘是维吾尔族的祖先,由回纥改名而来。回鹘人是游牧民族,公元763年,摩尼教成为回鹘国国教。公元857年,唐朝册封西迁回鹘,开启了回鹘(畏兀儿、维吾尔)的崭新篇章。回鹘汗国是奴隶制社会,人逐水而居,汗国晚期依照粟特文创制回鹘文,也使用汉文。高昌回鹘是西迁回鹘的一支,高昌回鹘的宗教主要是佛教。高昌以后,新疆地区有多个游牧民族政权,后被西辽统治,西辽又被大蒙古国消灭。

关键的问题是,在13—14世纪,即大蒙古国—元代时期,这些中亚东部和高昌的、吐鲁番的回鹘人,并不是文化发达的族群,其中大部分还是逐草而居的游牧人群。离中土越近,越东向的族群,其文化受汉文化的影响越深。而且,文献显示,在13—14世纪,高昌、吐鲁番以东的广大地区,仍然是佛教占统治地位的区域,并没有广泛信仰伊斯兰教和使用波斯文的现实。只有新疆西部靠近中亚诸国的地方,才有伊斯兰教的存在。当然,伊斯兰教在扩展,到16世纪时,其影响蔓延至几乎全部新疆地区。

因此,大蒙古国—元代所称为“回回人”的人群,考量到与“回回天文”、“回回数学”、“回回宗教”、“回回文字”(波斯文)、“回回炮”、“回回地理学”等文化内涵与波斯的联系,毫无疑问,这是指西亚高级文化板块的人群——波斯人种。13—14世纪的回鹘人包括中亚的非波斯化的突厥人种(今哈萨克人、吉尔吉斯人、乌兹别克人等)，并没有发展出波斯人带来的具有阿拉伯烙印的先进文化，所以元代人所称的“回回人”，指的是波斯人或波斯化的中亚人，并不是回鹘人(维吾尔族人)。再强调一次，13—14世纪，回鹘人还未彻底伊斯兰化。

从元青花研究的角度看，“回回青”指向波斯是情理之中的事情。所以认为元青花钴料产于回鹘、与吐鲁番有关的说法是不正确的。

回回青就是波斯青，就是“苏麻离青”——“苏莱麻尼”！

从卡尚 Ghamsar 村庄通往矿区的路

3. 关于苏料的发色特征

我们观察和研究“苏莱麻尼”钴料，有一个从观察到分析的过程，即由表及里、由浅层到深层、由感性到理性、由外部到内部的过程。实践中，特别是从考察伊朗国家博物馆馆藏元青花时拍摄的500多张元青花细部图中，发现了苏料元青花呈色的规律性现象——有序的晕散。这是肉眼可见的一种钴料发色的外在表现，这至关重要，这是我们判断苏料典型特征时能观察到的特征表现。道理很简单：既然我们知道国产钴料与来自西域的“苏莱麻尼”料是不同的钴矿，那么，钴料着色瓷器烧成后的晕散也绝不会一样。这些不一样的特征，在以往的相关文章中已有不少描述，如发色蓝灰不同，有否凹陷、铁锈斑特征等。

然而，收藏实践中这个标准并不是刻板的，所谓的铁锈斑能否出现、能否达到出现锡斑的标准、凹陷“沟”深不深等，完全是由钴料的含铁量决定的。在伊朗，不同矿区、不同矿洞、不同矿段的矿料含铁量会不同，因此有的苏料元青花并没有凹陷和锡光斑等。所以，拿是否有凹陷和锡光斑作为判断苏料的标准，会产生巨大的误差，其原因是国内博物馆的元青花实物很少，有的也是以灰色的青料为主，几大博物馆在很长时间内都没有元青花实物，导致一些研究人员对元青花发色进行规律性总结时，忽略了一些关键性的因素。

笔者长期接触收藏实践，又亲自到土耳其、伊朗国家博物馆库房上手元青花，并用高清的数码相机拍了几百张器物和釉面微观照片，终于发现了一些规律性的东西。

元青花以钴料呈色特点为首选标准可以分为三类。其一是伊朗钴料元青花，有可爱的宝蓝色，有自然的“墨分五色”般的晕散，当然，由于钴料的使用有头青、二青、三青之分，蓝的色阶不一样，但蓝中有铁质自然晕散是必然的。使用这种钴料的元青花，不可仿。其二是国产钴料的元青花。国产钴料，元代普遍使用的陂塘青、石子青，还有云南等地的土青等，发色灰，不明丽，但画工有宋元民俗特色。其三是一些中间状态的，我们称之为“混合料”的元青花器，即既有波斯料的特征，又有国产料的发色，但器物老旧，元代特征明显。

元青花大碗青花发色局部图（一）/ 伊朗国家博物馆藏

青花料，不仅是一种钴料的别称，而且是一种色彩。元青花的钴料着色，呈现出来的是各种等级的蓝色。元青花的审美，第一位而言是一个器物的青花发色。元青花的发色都是蓝色的，但不是所有的蓝色都能构成青花的美。

元青花的钴料有进口料，有国产料，也有混合料。判定元青花的真伪，仍然摆脱不了胎、沁、釉下气泡、画工、器型等综合因素，但对挑选发色优美的顶级元青花器物，看呈色的晕散即可一锤定音。这是不容置疑的。

元青花的特殊之处在于，钴料发色差别很大，所以给人的美感也不一样。只有纯正的、亮丽的、明快的蓝色才具有最高等级的美。而由于最好的元青花使用的钴料是波斯钴料，它的高铁低锰结构以及含有几十种稀有金属的分子结构，在

伊朗国家博物馆藏元青花局部图(一)

1300℃炉温中煅烧后，竟然出现波动的、有层次的晕散，如同“墨分五色”般的美丽。波动的浓淡不一的层次，加上规整的器型和流畅的工艺，谁不将它视为珍宝？

景德镇仿家想仿进口料的元青花，模仿伊朗砷钴矿烧成后的呈色、晕散、铁锈斑沉积等，唯一的办法是在化学钴料或本地产钴料中加上氧化铁粉末，或者在瓷坯上用毛笔蘸上氧化铁粉末与钴料一起渲染。烧成后的结果是绝对没有伊朗钴矿那样自然的、有过渡的、从深到浅的晕散，也没有铁锈斑的自然沉淀，而是人为痕迹处处可见。

明代人不理解元青花的彩,说是俗不可耐,清代人不理解八大山人,也就无法发现元青花。即使是当代,我们这样说的时候,许多人还是不理解。要知道元青花的发色美不是元人刻意为之,而是偶然烧成的。所以,当代中国人,在现代美术的理解基础上,是最有资格为元青花的美作历史定位的。它的伟大不是因为“只有 300 件”,而是因为它在世界陶瓷史上发色的划时代!而且没有后来者。

已知的中国各地的钴矿,烧成后都不具备伊朗钴矿那样的呈色特征。俗称国产料的中国各地的钴矿,发色都偏灰,而伊朗钴料的发色是正蓝、纯蓝色,最好的发色呈宝石蓝色。其主要区别在于伊朗矿的分子结构是“高铁低锰”以及砷等元素组成的伴生矿,而中国各地的钴矿是“高锰低铁”结构,不含砷。前者简称“砷钴矿”。所以,景德镇仿家亲口对我说:“我们仿不出元青花的‘炸’来。”

考察伊朗国家博物馆馆藏元青花和伊朗卡尚地区的钴矿已有 10 多年过去了,实践证明使用伊朗钴料着色的元青花呈色特点是客观规律。这一发现不仅使我本人受益无穷,而且公布于世后,也使整个收藏界获益。我们多次举办的元青花展示活动,就是以这种呈色特征作为挑选器物的基本出发点。2024 年 10 月出版的《苏莱麻尼 · 元青花》一书所展示的 98 件元青花器物,就是严格按照苏莱麻尼发色特征挑选的,取得了很好的效果,受到了广泛的好评。

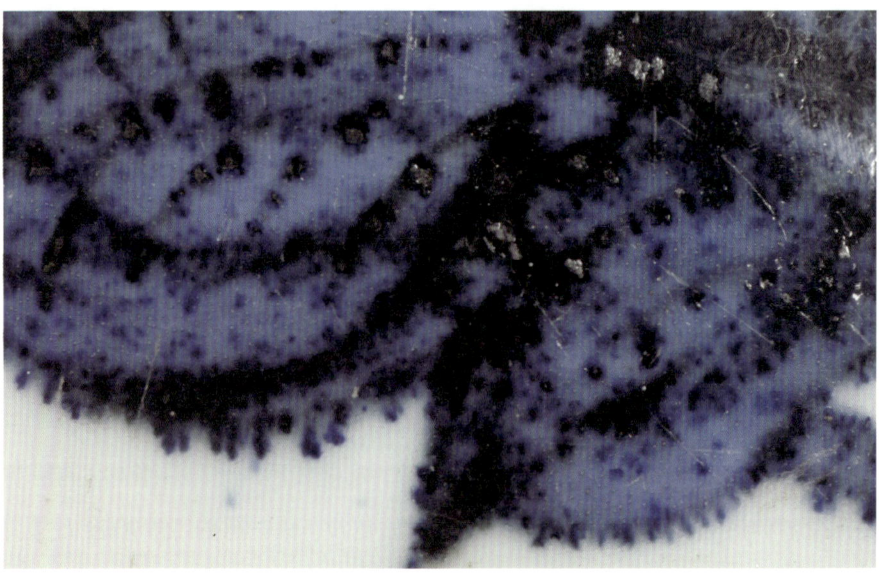

伊朗国家博物馆藏元青花局部图(二)

伊朗国家博物馆藏元青花局部图(三)

伊朗国家博物馆藏元青花局部图(四)

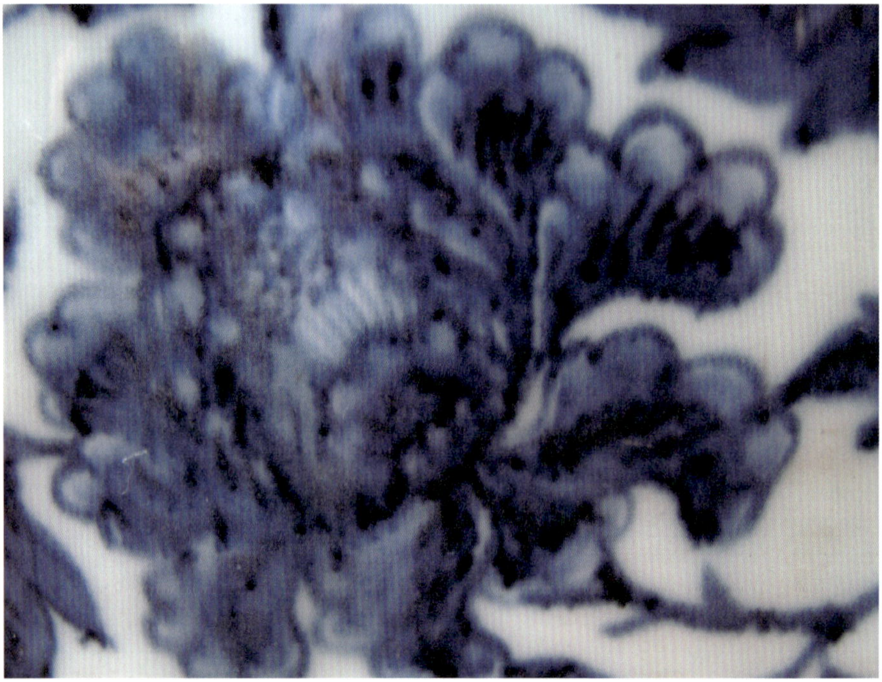

伊朗国家博物馆藏元青花局部图(五)

伊朗国家博物馆藏元青花局部图(六)

伊朗国家博物馆藏元青花局部图(七)

伊朗国家博物馆藏元青花局部图(八)

元青花大碗青花发色局部图（二）/伊朗国家博物馆藏

第五章

元青花人物故事渊源

明 / 陈洪绶 /《西厢记》插图

第一节 “八大码”

目前文博界和古玩收藏行业公认的元青花人物故事图罐，全世界只有八件，并标注了每件的存留之处，俗称“八大码”。其中，中国国内的博物馆元青花人物故事图罐只有一件，连故宫博物院和上海博物馆也未见展出，可见官方存有之罕。被认为“极罕见之物”事出有因。现将“八大码”介绍如下。

1. 元青花鬼谷子下山图罐

元青花鬼谷子下山图罐

元青花鬼谷子下山图罐，于2005年7月12日在伦敦佳士得的拍卖会上被伦敦古董商以1400万英镑拍得，加上佣金后为1568.8万英镑，折合人民币约2.3亿元，创当时亚洲艺术品拍卖纪录。该罐高27.5cm，口径33cm，描述的是鬼谷子在齐国使节的请求下，下山搭救齐国名将孙膑（与独孤陈）的故事。鬼谷子是著名的谋略家，学识渊博，在历史上颇具神秘色彩，他的门下高徒包括战国时期的军事家孙膑和庞涓。此罐使用进口钴料绘出的青花纹饰共分为颈部饰水波纹、肩部饰缠枝牡丹、腹部“鬼谷子下山”主题纹饰、下部变形莲瓣纹内绘琛宝四层。为英国私人收藏。

2. 元青花昭君出塞图盖罐

元青花昭君出塞图盖罐上的故事纹，讲的是西汉胡汉和亲，王昭君在汉朝和匈奴官员的护送下，骑着马，离开了长安，冒着塞外刺骨的寒风，千里迢迢地来到匈奴地域，做了呼韩邪单于的妻子。该罐高 29.5cm，口径 22.2cm，底径 19.5cm，瓷胎细腻、釉色白而均匀、青花色料纯正，纹饰繁密、层次众多，具有元青花瓷的典型特征。现藏于日本出光美术馆。

元青花昭君出塞图盖罐

3. 元青花周亚夫屯兵细柳营图罐

元青花周亚夫屯兵细柳营图罐，高 27.7cm，口径 21.5cm，腹径 34.5cm，足径 20.6cm。此罐描述的是西汉名将周亚夫在细柳营屯兵时，汉文帝慰劳军队的故事。周亚夫是西汉时期著名的军事将领，所带细柳营以军纪严明著称。汉文帝去慰劳军队时，细柳营将士个个披坚执锐，持备战状态，见汉文帝马驾于营帐之外，也没有打开营门，等周亚夫下令之后才打开营门，汉文帝对此不但没有发怒，还不停地称赞“这才是将军”。现藏于日本安宅美术馆。

元青花周亚夫屯兵细柳营图罐

4. 元青花尉迟恭单鞭救主图罐

元青花尉迟恭单鞭救主图罐

元青花尉迟恭单鞭救主图罐高 30cm，口径 22cm，腹与元青花鬼谷子下山图罐大小相似。该故事说的是，隋朝末年李世民率部围攻洛阳城王世充，王世充派帐下第一大将——单雄信出任先锋，两军交战僵持不下，李世民带了十几个人去探敌营，不料被单雄信洞悉先机，生生被他 500 兵将围困。李世民见情况不对，命部下一起逃去榆树林。危急关头，黑门神尉迟恭持单鞭杀到，将李世民救出重围。画面中单雄信双手持矛，纵马前冲。另一侧有身着团花锦、骑在马上的秦王李世民和手持钢鞭的尉迟恭，两人并辔而行。李世民头微侧转，尉迟恭左手指点，两人似在交谈。尉迟恭身后，一卒双手擎旗。大旗上直书“唐太宗”三字。广西南宁博物馆收藏。

5. 元青花西厢记焚香图罐

元青花西厢记焚香图罐

元青花西厢记焚香图罐，高 28cm，画面正中，几上设一香炉，旁边一女子躬身祭拜，两侧衬以雕栏、假山、花树，表现的应为《西厢记》中崔莺莺“焚香拜月”的场景。现藏于亚洲私人处。

6. 元青花百花亭图罐

元青花百花亭图罐

元青花百花亭图罐高 26.7cm，与鬼谷子下山图罐的规格相似。百花亭罐的题材取于元代无名氏所著《逞风流王焕百花亭》，主角书生王焕生性风流，据此大家叫他“风流王焕”。时值清明，王焕前往百花亭游春，途中对名妓贺怜怜一见钟情，两人走到了一起。生活了半年之久，高邈将军强行驱逐王焕，逼迫贺怜怜嫁给他，移住承天寺。贺怜怜托王小二传达对王焕的思念，王焕扮作小贩，一路叫卖，到寺里与心上人相会。贺怜怜用首饰资助王焕，让他去西延边关从军立功，并告之高邈的许多违法行为。王焕投延安府镇西夏立功荣归，升西凉节度使，告高邈盗用官钱买妾等罪行，夺回爱人贺怜怜。现藏于日本万野美术馆。

7. 元青花三顾茅庐图罐

元青花三顾茅庐图罐

元青花三顾茅庐图罐高 27.6cm，腹径 35cm。三顾茅庐讲的是汉末时期刘备三次拜访诸葛亮，邀请诸葛亮出山相助的故事。在三顾茅庐图罐上，诸葛亮头系软巾、身穿长袍，盘膝坐在苍松之下，书童双手捧书箧站立一旁，左前方一双髻童子正倾身禀告。画面的另一侧，有一棵枝繁叶茂的垂柳。树下刘备戴交脚幞头，着长袍，躬身拜谒。关羽和张飞在一边窃窃私语。画面中诸葛亮的高逸潇洒、刘备的求才若渴，以及关、张二人焦急烦躁的神情表现得淋漓尽致，展现了元代高超的绘画技艺。该罐被日本裴格瑟斯基金会收藏。

8. 元青花锦香亭图罐

元青花锦香亭图罐

元青花锦香亭图罐所绘场景出自元代著名作家王仲文的《孟月梅写恨锦香亭》，故事叙说了唐玄宗时期才子佳人浪漫而曲折的爱情故事。该罐造型端庄，青花色泽浓艳，描绘的亭台、花草、人物都栩栩如生，布局疏密有致，是元青花瓷中难得一见的珍品。2005 年在伦敦佳士得“中国瓷器及艺术品”拍卖中，该罐被台湾王定乾先生以 4716 万港元拍下。后落户在仙妮蕾德董事长陈得福在美国开设的陈氏博物馆。

元青花“八大码”的绘画风格主要体现在以下几个方面。

(1) 纹饰繁密且层次丰富。元青花的纹饰繁密，最多可达 10 层左右，常见的纹饰包括龙纹、海涛、卷草、蕉叶、回纹、锦地、钱纹、如意云头、缠枝花果、番莲、莲瓣内杂宝、天马、鹿纹等。这些纹饰在器物的口沿下、颈部、肩部等部位使用，腹部则多用云龙纹、海水龙、凤凰、火纹等。

(2) 线条粗犷有力。元青花的纹饰线条粗犷有力，用笔酣畅淋漓，展现出一种豪放奔放的艺术风格。虽然纹饰繁密，但布局井然有序，繁而不乱，体现了元代工匠对美的独特追求。

(3) 色彩浓艳且稳定。元青花的青花颜色浓艳，呈色稳定，具有独特的晕散效果，使得纹饰更加生动活泼。这种独特的青花发色使得元青花在视觉上具有强烈的冲击力。

(4) 多种文化交融。元青花的设计深受伊斯兰文化影响，纹饰中常出现阿拉伯文、缠枝纹等异域元素，体现了元代时期与波斯等多种文化交流的情况。

⑸历史人物故事意蕴丰厚。元青花“八大码”描绘的历史人物故事不仅具有艺术价值，而且具有文化内涵和历史意义。

金 / 宫素然 / 昭君出塞图（局部）/ 大阪市立美术馆藏

第二节 未见官方著录的元青花人物故事图大器举凡

元青花人物故事图器，传统说法只有“八大码”，即全世界只有八个人物故事图大罐，其中大多在美、日、英、法等国。随着民间收藏的蓬勃发展，许多精美的元青花人物故事图大器在中国大陆被陆续发现，并为民间艺术馆和私人藏友所关注。

面对着巨大的民族文化遗产，我们是继续不承认，让它们流落到国外去，还是挺起胸膛保护它们？我选择后者。为了证实它们的客观存在，我们与民间收藏者和部分文博专家认真探讨，使用了包括热释光、中科院检测标准，以及通过年份检测仪等仪器鉴定，以确保它们是真品无疑。

本书选择了经过严格鉴定的、已经收入《苏莱麻尼·元青花》一书的人物故事图藏品，有 20 余件，远超大多数在国外的“八大码”了！其故事来源都可以在繁多复杂的元杂剧、元平话、元话本等古代资料中找到。做这一案头工作，连专业的研究者也常常颇感困难、难以胜任，不用说为了图生活做仿品的农村仿家了。如要说这些器物是“臆造”的，那么，臆造者必须具有查阅元代典籍的水准和条件，并能找到这些历史故事的来源并原创式地按照古人的方式构图作画，批量生产。凡去过景德镇考察了现代作坊的人都可以明确地作出判断：他们不可能做到。

1. 元青花鲁智深大闹野猪林图罐

元杂剧中,水浒故事出现很多,其中关于林冲、鲁智深的故事,也不乏呈现。本器物图讲述的故事是元代坊间流传的水浒故事之一。林冲受冤被充军,鲁智深野猪林救兄,人物绘画图中故事情节紧张、动感十足。(图见《苏莱麻尼·元青花》,美中时报出版社 2024 年版,第 269 页)

元青花鲁智深大闹野猪林图罐

图罐细节

2. 元青花诸葛亮七擒孟获图罐

元杂剧中三国故事是常见题材,此器物绘的是诸葛亮七擒孟获平定南蛮的故事,构图人物关系清晰,互相应和,生动传神,绘画技巧高超。(图见《苏莱麻尼·元青花》,美中时报出版社 2024 年版,第 253 页)

元青花诸葛亮七擒孟获图罐

图罐细节

3. 元青花苏武牧羊故事图罐

苏武是西汉大臣,在天汉元年(前100)奉汉武帝之命出使匈奴,因匈奴发生内乱而被扣留,在北海牧羊,始终持节不屈,19年后返回汉朝。他对国家的忠诚和不屈不挠的精神一直被人们所传颂。元杂剧有无名氏所作《牧羊人》流布于市。(图见《苏莱麻尼·元青花》,美中时报出版社2024年版,第325页)

元青花苏武牧羊故事图罐

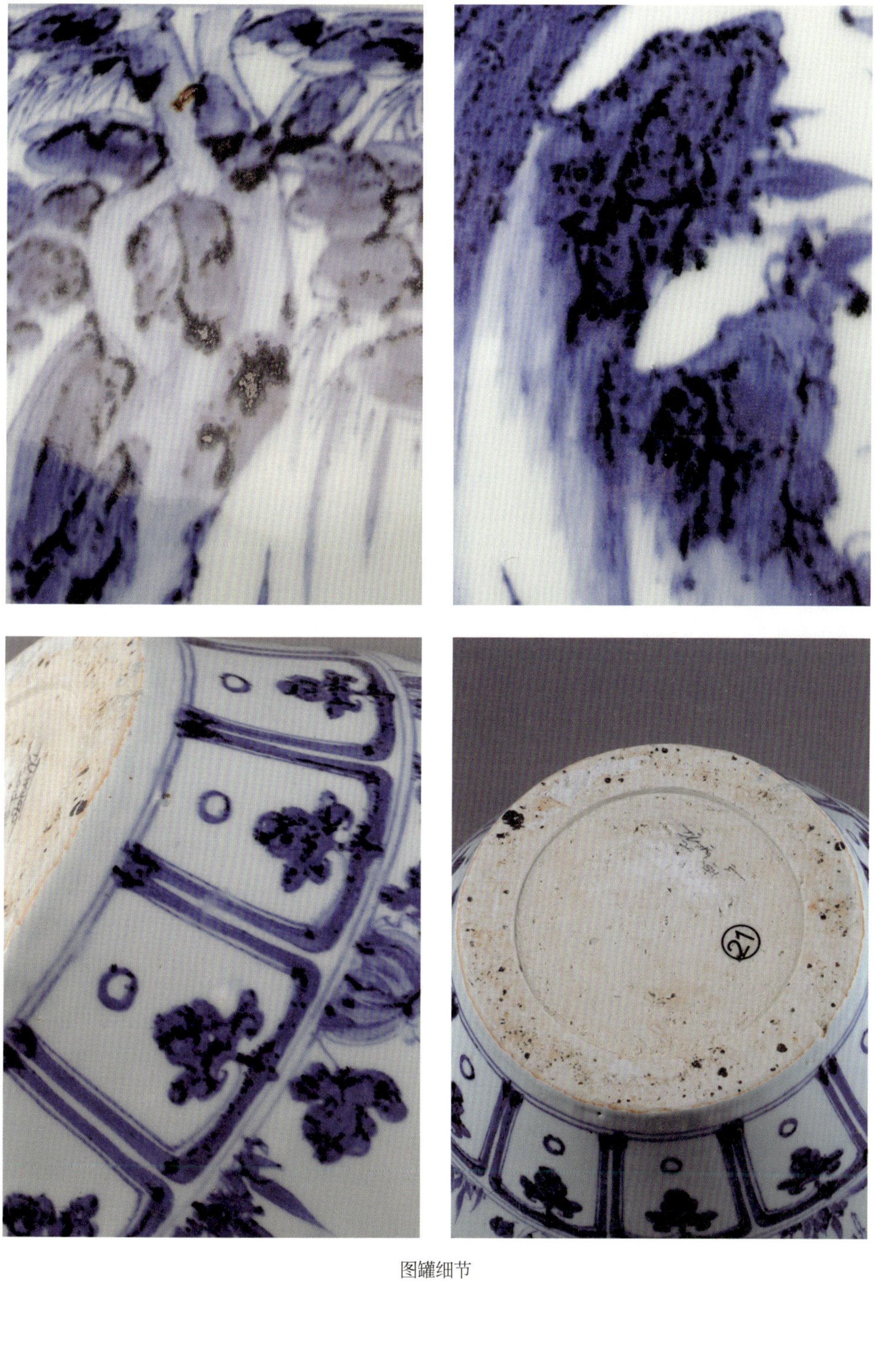

图罐细节

4. 元青花四爱图梅瓶

通常一个元青花器物只述说一个主题故事，而此梅瓶却有四个主题图案，分别为王羲之爱兰图、陶渊明爱菊图、周敦颐爱莲图、林和靖爱梅和鹤图。此民间收藏四爱图梅瓶与 2006 年由湖北省钟祥市郢靖王墓出土梅瓶，主题图案相似，其足部饰仰覆莲纹、瓶身肩部饰凤穿牡丹、腹部饰青花，三层纹样以卷草纹、锦带纹为界，无论器型、大小、画工基本上相似。白釉泛青，色彩清脆艳丽，苏料特征明显。（图见《苏莱麻尼·元青花》，美中时报出版社 2024 年版，第 418 页）

元青花四爱图梅瓶

5. 元青花锦香亭人物故事图罐两件

该罐所绘场景出自元代著名作家王仲文的《孟月梅写恨锦香亭》,叙说了唐玄宗时期才子佳人陈圭与孟月梅浪漫而曲折的爱情故事。元代工匠将这一传奇故事绘于器物之上,人物栩栩如生,跃然“器”上。(图见《苏莱麻尼·元青花》,美中时报出版社 2024 年版,第 263、380 页)

元青花锦香亭人物故事图罐之一

图罐细节

元青花锦香亭人物故事图罐之二

图罐细节

6. 元青花渭水访贤人物故事图罐

渭水访贤是中国古代一个著名典故，主要讲述了周文王为了推翻商朝暴政，寻找贤才辅佐自己的故事。此罐底部以青花署“白浒孤窑”。该窑南宋初期创烧，元代工艺达最高水平，位于今江西省抚州市临川区温泉镇白浒渡村一带。（图见《苏莱麻尼·元青花》，美中时报出版社 2024 年版，第 412 页）

元青花渭水访贤人物故事图罐

7. 元青花八仙人物图瓶两件

八仙是中国神话传说中的八位仙人，东汉牟融《理惑论》是最早有“八仙”记载的文献，有：“王乔、赤松、八仙之箓，神书百七十卷。”随着历史发展，八仙的人物组合不断发生变化，有汉代淮南八仙、晋代蜀之八仙、唐代八仙、元明杂剧八仙传说。八仙分别代表着男、女、老、少、富、贵、贫、贱，由于八仙均为凡人得道，所以个性与百姓较为接近，元

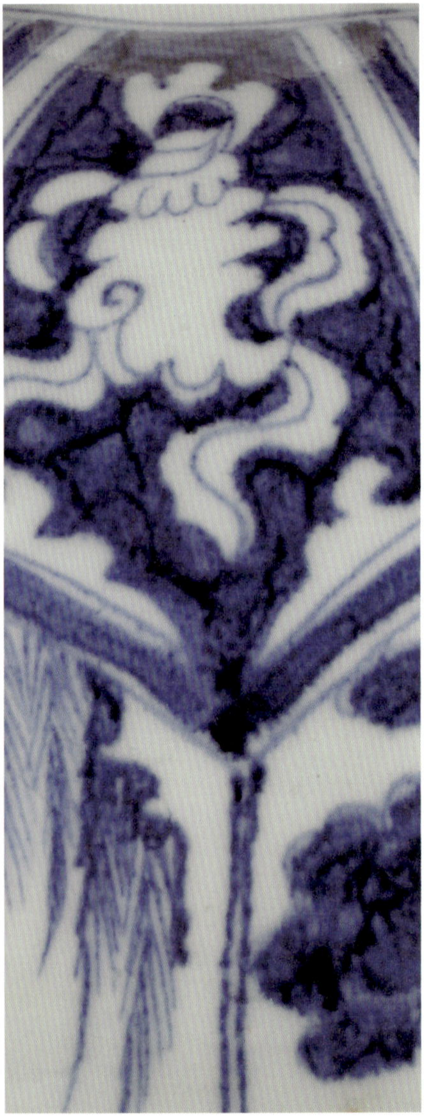

元青花八仙人物图瓶之一

代各种器物、壁画、印刷品中均有八仙图。(图见《苏莱麻尼·元青花》,美中时报出版社2024年版,第286、337页)

元青花八仙人物图瓶之二

8. 元青花二十四孝图罐

二十四孝是中国古代家喻户晓的故事。本罐故事内容为二十四孝之十六，题目是“闻雷泣墓”，讲的是魏晋时期营陵（今山东昌乐东南）人王裒的故事。王裒博学多才，父亲王仪被司马昭杀害，他隐居以教书为业，终身不面向西坐，表示永不做晋臣。其母在世时怕雷，死后埋葬在山林中。每当风雨天气，听到雷声，他就跑到母亲坟前，跪拜安慰母亲说：“裒儿在这里，母亲不要害怕。”他教书时，每当读到《蓼莪》就泪流满面，思念父母。（图见《苏莱麻尼·元青花》，美中时报出版社2024年版，第296页）

元青花二十四孝图罐

图罐细节

9. 元青花虎牢关之战图大罐

故事发生在公元 190 年。元杂剧有多个有关“虎牢关”的故事，其中最著名的是郑光祖的虎牢关三战吕布。这些流传于元代民间的三国故事家喻户晓，罐上所绘制的正是吕布与刘备、关羽、张飞三兄弟交战的场景。（图见《苏莱麻尼 · 元青花》，美中时报出版社 2024 年版，第 306 页）

元青花虎牢关之战图大罐

大罐细节

10. 元青花魏徵梦斩泾河龙王图大盘

“西游记”故事在元杂剧中已经成型，代表作是元代杨贤坚的《西游记》杂剧，共 6 本 24 折。魏徵斩了神仙中的大佬泾河龙王，这一行为在古代文化中具有深刻的象征意义。在古代中国，龙是皇帝的象征，代表着至高无上的权力和尊严。因此，魏徵斩龙的行为，不仅是对泾河龙王的惩罚，也是对皇帝权威的一种挑战和象征性的反抗。（图见《苏莱麻尼·元青花》，美中时报出版社 2024 年版，第 327 页）

元青花魏徵梦斩泾河龙王图大盘

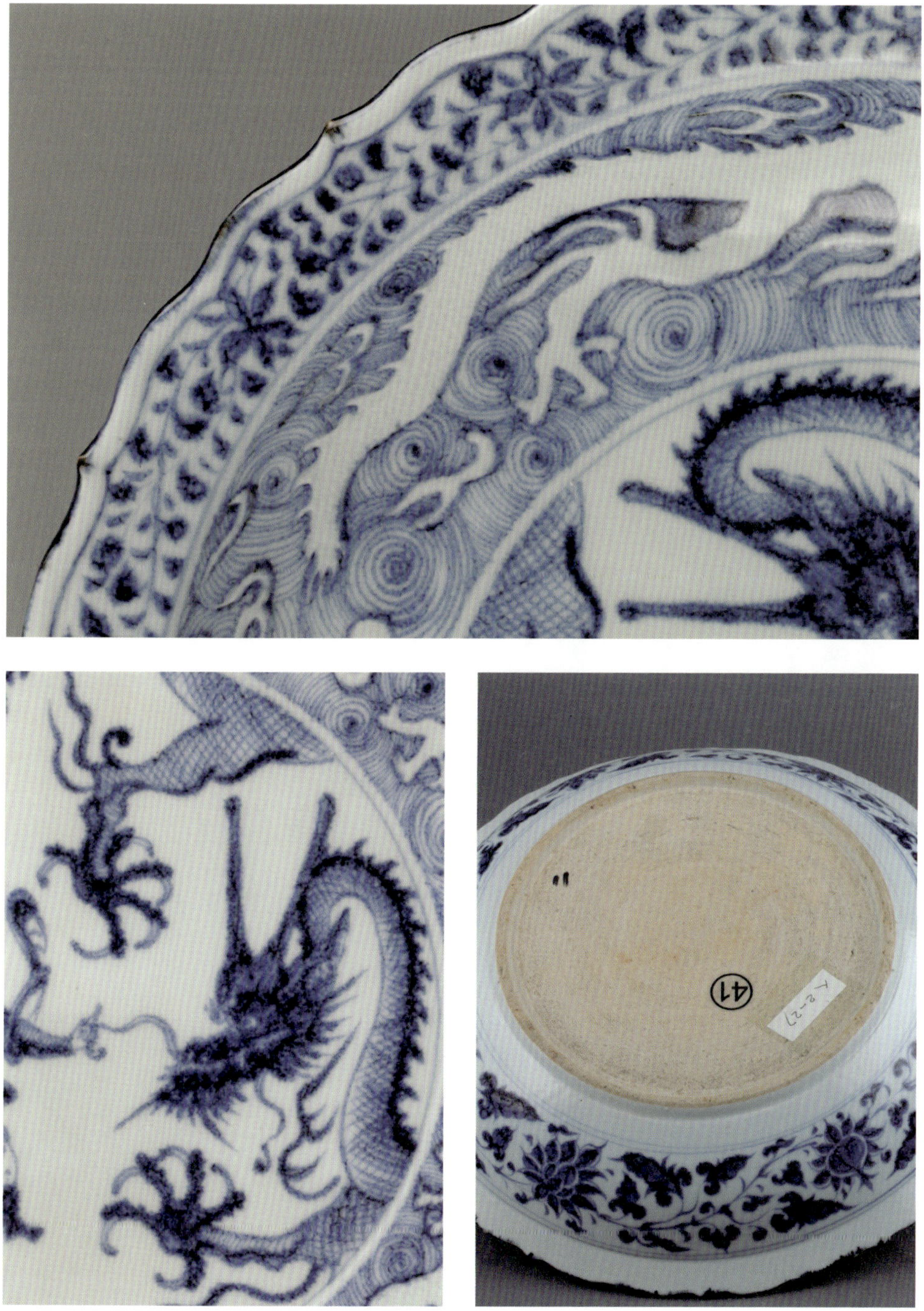

大盘细节

11. 元青花官官相护故事图扁瓶

“官官相护”的出处可以追溯到元代无名氏的杂剧《鸳鸯被》,“好也,你两个官官相为我死也！”一句明确表达了官员之间互相包庇的行为；扁瓶另一面描述的是“暗箭难防”图,故事出自元代无名氏的杂剧《独角牛》,描述了郑庄公攻打许国时,公孙子都背后放箭射杀颍考叔的故事。(图见《苏莱麻尼·元青花》,美中时报出版社 2024 年版,第 378 页)

元青花官官相护故事图扁瓶

扁瓶细节

12. 元青花携琴访友图梅瓶

以琴会友，在中国古代是一个常见的话题。一般提到琴，最先让人想到的总是伯牙、子期这一对知音。故事发生在春秋战国时期。一天，伯牙在山中弹琴，钟子期路过并被琴声深深吸引，能够领会琴声所传达的意境，两人因此结为知己。“高山流水遇知音”这个故事传承和延续，后世文人皆以伯牙、子期为模范，携琴访友，寻求知音。北宋范宽有名画《携琴访友图》。元代画家罗稚川也有一幅《携琴访友图》，现藏美国克利夫兰艺术博物馆。（图见《苏莱麻尼·元青花》，美中时报出版社 2024 年版，第 353 页）

元青花携琴访友图梅瓶

梅瓶细节

13. 元青花姜子牙大战三十六路人马图罐

此罐描绘了商末周初，姜子牙受元始天尊（姜子牙师傅，是道教最高神“三清神”之一）之命，与三十六路人马大战，最终成功讨伐纣王，以顺应天时的故事。姜子牙故事出于“武王灭周”历史，《全相平话》有刊印。（图见《苏莱麻尼·元青花》，美中时报出版社 2024 年版，第 370 页）

元青花姜子牙大战三十六路人马图罐

图罐细节

14. 元青花孔子授教图罐

孔子的学生众多，史称弟子三千，其中有贤人七十二人，史册留名的有颜回、子贡、子路、闵子骞等。这些学生对传承孔子的儒学思想作出了重要贡献。图中坐者为孔子，其余皆为其弟子。传统故事定格于瓷罐之上，儒学文化将绵延不绝。（图见《苏莱麻尼·元青花》，美中时报出版社 2024 年版，第 376 页）

元青花孔子授教图罐

图罐细节

15. 元青花赵子龙长坂坡救主图盘

三国时期赵云（字子龙）长坂坡救主是一个脍炙人口的故事。东汉建安十三年（208），曹操率军南下，刘备猝不及防，南逃江陵，急行数十里。曹军以轻骑追击，日行300余里，终在当阳长坂坡追上刘备军眷。刘备丢下妻儿，再向南逃逸。赵子龙于乱军中挺进险境，怀抱幼子刘禅并护卫甘夫人安然脱险，与刘备会合，史称“赵子龙长坂坡救主”。三国故事在元青花器物上广有传绘，此为其一。（图见《苏莱麻尼·元青花》，美中时报出版社2024年版，第430页）

元青花赵子龙长坂坡救主图盘

图盘细节

16. 元青花细柳营慰军图罐

汉文帝细柳营慰军图罐画面中穿戴盔甲之人周亚夫，是西汉时的军事家、丞相。他军事才华卓越，统率汉军屯集细柳营时，马不离鞍，士不卸甲，纪律严明，三个月平定了叛军，拯救了汉室江山。一次，汉文帝带人和物前来细柳营慰问驻军，守门的军士告诉汉文帝，没有周亚夫的命令，不得开门，即使皇帝来访也不例外。汉文帝赏识他的治军之道。在元代杂剧中，有多出细柳营题材戏剧。（图见《苏莱麻尼·元青花》，美中时报出版社 2024 年版，第 321 页）

元青花细柳营慰军图罐

图罐细节

17. 元青花文姬归汉图罐

蔡文姬是东汉著名学者蔡邕的女儿,博学多才,精通音律。汉献帝兴平二年(195)冬季,羌胡骑兵将蔡文姬掳至南匈奴,献给匈奴左贤王为妻,蔡文姬在南匈奴生活了12年,其间,生有二子。建安十一年(206)被曹操重金赎回,蔡文姬忍痛舍子归汉。此后在曹操安排下,整理其父蔡邕所遗书籍400余部,为中国文化的传播作出了贡献。

元青花文姬归汉图罐(私人收藏)

图罐细节

18. 元青花鬼谷子下山故事图蒜头瓶和元青花釉里红蒙古包

鬼谷子下山的故事，出自《战国策》。鬼谷子下山图罐由于在伦敦公开拍卖，备受瞩目。但在中国民间收藏的同类图元瓷精品，不在少数。此器经严格筛选而入书。其造型、工艺、绘画、苏莱麻尼青花发色皆堪称一流，历史价值、文化艺术价值极高。（图见《苏莱麻尼·元青花》，美中时报出版社 2024 年版，第 388、422 页）

元青花鬼谷子下山故事图蒜头瓶

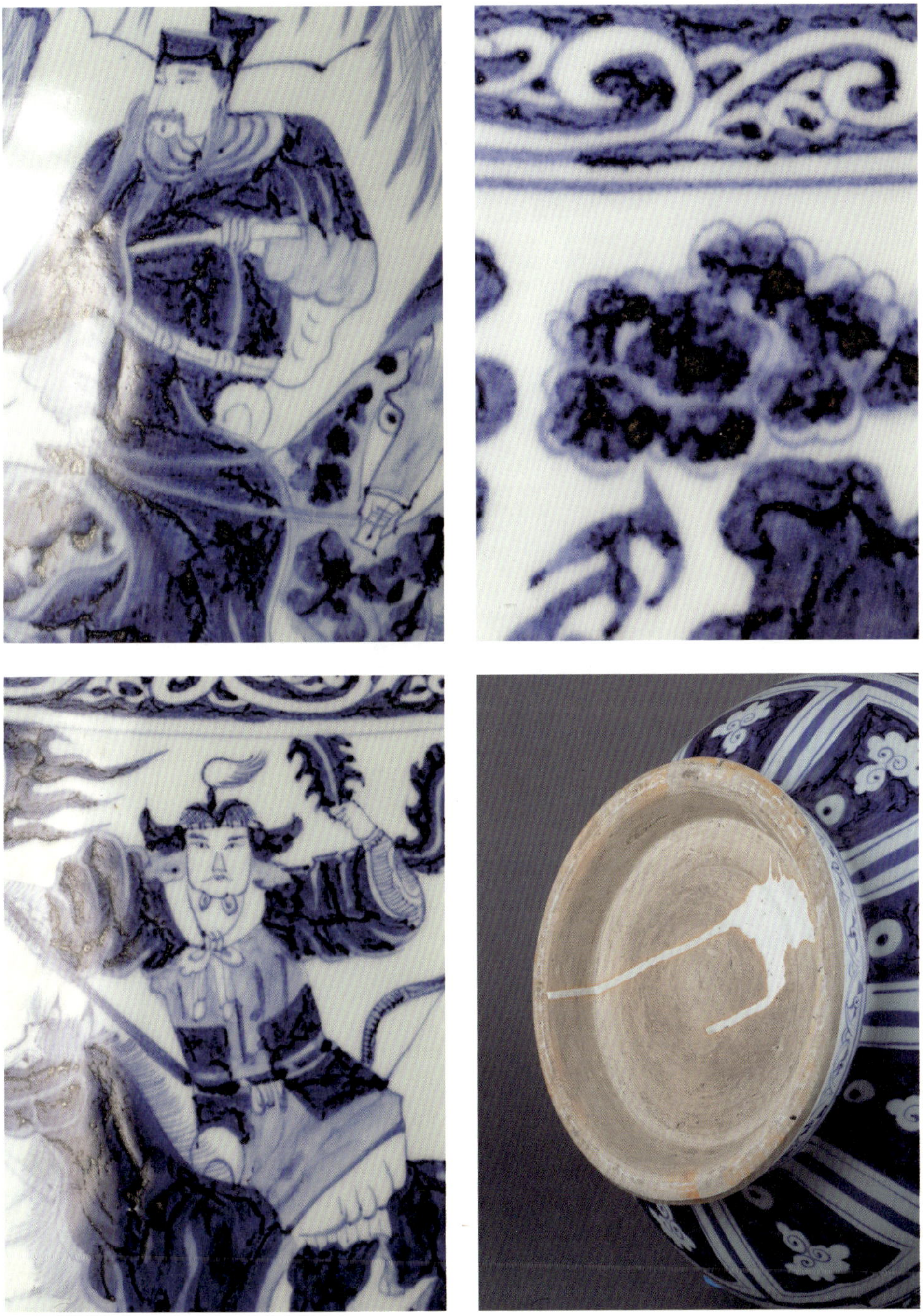

蒜头瓶细节

元青花釉里红蒙古包

19. 元青花“水浒”人物图双鱼耳瓶

此瓶浮雕青花人物、山石风景图案，苏麻离青钴料着色，色泽亮丽。所绘人物故事，取自宋元平话中的“水浒”故事。与明代成书的《水浒传》第七十五回“活阎罗倒船偷御酒 ，黑旋风扯诏骂钦差”内容基本相同。

故事人物分别是宋江、阮小七、宋朝廷钦差、李逵。故事梗概是： 梁山群雄不满朝廷的招安，为打消宋江归顺的念头，众好汉设法阻止招安计划。阮小七替换掉了皇帝赐给梁山好汉的酒； 李逵直接对招安表示不满，撕毁诏书并攻击钦差。图案表达了梁山好汉不屈的斗争精神。（含香阁收藏）

元青花“水浒”人物图双鱼耳瓶（此图为同一件器物，左图为正面，右图为反面）

第三节 元青花人物故事图究竟制作于什么时期

1. 传统观点认为浮梁瓷局不可能制作汉人人物故事图器物

我在前面的论述中已经谈到，当今的流行观点认为，景德镇在蒙古人统治之下，不可能制作生产出绘画汉人帝王将相故事的元青花器物，在此不再赘述。有兴趣的读者可查阅《青花的世纪》[①] 一书中相关文章。我在这里试图证明元代全过程特别是元代中期，景德镇瓷绘汉人历史故事是完全可能的，而且已被陆续证明是一个事实。

2. 元代中期有汉人人物故事图器物的证明过程

(1) 元代有一个宽松的文化氛围。

元朝社会氛围宽松，城镇经济十分繁荣，宋金以后的娱乐场所在元朝越发活跃，“勾栏”“瓦肆”遍布城乡村镇，演出时观众买票入场，演员业有专精，故事出神入化，内容丰富多彩。这是值得在历史上记下一笔的。当今元史研究界也已意识到矮化元代的偏颇，有不少年轻学人在重新研究和考量元代社会的真实情况，这是过去没有的现象。

在这种社会氛围中，元代社会产生了中国文化史上的一朵奇葩——元杂剧。为什么传统认为元青花人物故事只有“八大码”，即八个人物故事图罐？为什么这么少呢？因为主流认可的元青花人物罐只有 8 个。此论祸及当代一些大专院校相关专业的学生，他们除“八大码”以外，不敢涉及民间已经出现的大量有人物故事图的元代瓷器，限制了学术视野，这是十分遗憾的。

---

①上海博物馆编：《青花的世纪》，北京大学出版社2013年版。

⑵ 已被认可的“八大码”图案所述故事都有出处。

元青花“八大码”图案所述故事的出处在哪里？资料显示，它们都出自元杂剧故事或元代书刊。这是匠人们制作与绘图的直接灵感来源，也完全是由元代兴盛的杂剧决定的。

元代杂剧丰富多彩到什么程度？我手头最好的资料是元人所修订的《录鬼簿》。为了让有人物故事图瓷器的收藏家全面对照自己器物的故事来源，我把元人所著《录鬼簿》的剧目，择其要摘录如下，以供参考。

元人钟嗣成作《录鬼簿》，载录了152位元曲作家（包括杂剧作家和散曲作家）名氏。根据我对散落在民间的元青花人物故事图瓷器的了解，将可能产生关联的杂剧名录抄于下：

关汉卿：《哭魏徵》《拜月亭》《哭昭君》《进西施》《单刀会》《双驾车》《玉镜台》《万花堂》《敬德降唐》《闹荆州》《救周勃》《凿壁偷光》《孙康映雪》《玉堂春》等。其中《拜月亭》《哭昭君》是现在已知的元青花人物故事图题材。

白仁甫：《高祖归庄》《斩白蛇》《祝英台》《墙头马上》《梁山》。

庾吉甫：《买臣负薪》《周处三害》《七步成章》。

李文蔚：《燕青射雁》。

侯正卿：《燕子楼》。

史九散人：《庄周梦》。

尚仲贤：《柳毅传书》。

张时起：《昭君出塞》。

武汉臣：《三战吕布》《韩信登台》。

王仲文：《锦香亭》。

王廷秀：《细柳营》。

岳伯川：《铁拐李岳》《梦断杨贵妃》。

康进之：《黑旋风负荆》。

于伯渊：《斩吕布》《武三思》《小秦王》。

费唐臣：《斩邓通》。

吴昌龄:《西天取经》《狄青扑马》。

石君宝:《哭周瑜》《吕太后醢彭越》。

郑廷玉:《哭韩信》《贬扬州》。

张国宾:《薛仁贵衣锦还乡》。

花李郎:《高祖还乡》。

红字李二:《武松打虎》《病杨雄》《黑旋风》《窄袖儿武松》。

郑德辉:《细柳营》。

金志甫:《追韩信》。

庾吉甫:《卫灵公》。

吴仁卿:《子房货剑》《火烧正阳门》。

高文秀:《谒鲁肃》《班超投笔》《走樊城》《廉颇负荆》。

马志远:《汉宫秋》《岳阳楼》。

王实甫:《西厢记》。

李寿卿:《斩韩信》。

王仲文:《锦香亭》。

于伯渊:《斩吕布》《武三思》《小秦王》《破符坚》。

张时起:《昭君出塞》。

纪君祥:《赵氏孤儿》。

赵文敬:《武王伐纣》《夷齐谏武王伐纣》《七里滩》《高祖还乡》《衣锦还乡》。

宫天挺:《钓鱼台》(后汉书・逸民列传)、《越王尝胆》、《七里滩》。

周仲彬:《苏武还朝》。

罗贯中:《风云会》《连环谏》。

陆进之:《百花亭》。

侍子瞻:《西游记》。

尚仲贤:《尉迟恭单鞭救主》。

⑶ “八大码” 图案所述故事来源。

以上为元人所著《录鬼簿》的部分曲目与作者，其中已知馆藏元青花人物故事图题材几乎全部列入其中。计有：《昭君出塞》（元人张时起著）、《锦香亭》（元人王仲文著）、《细柳营》（元人王廷秀著）、《追韩信》（元人金志甫著）、《尉迟恭单鞭救主》（元人尚仲贤著）、《百花亭》（元人陆进之著）、《拜月亭》（元人关汉卿著）。

仅从《录鬼簿》中搜索了元剧的篇目、作者，以及可能与元青花人物故事相关的内容，搜索结果表明，元代关于中国历史故事丰富多彩，与元青花故事的相关性显而易见。

大名鼎鼎的元青花 “昭君出塞” 故事，元人张时起等人所著元杂剧《录鬼簿》榜上有名。而“昭君出塞” 故事则源于《后汉书・南匈奴传》，传为东晋葛洪著的《西京杂记》也有记载。元曲取材于以上传世素材，成为市井小巷家喻户晓的曲目。流传区域以江南为主，自然涉及景德镇的瓷上绘画。

元青花“细柳营故事图”，有同样的传播途径。最早文本出自《史记》，而在元代，《史记》是市井文人必读的历史教科书，由《史记》故事改编而成的元杂剧《细柳营》，成为市井曲目，传播到景德镇瓷业中，顺理成章。

元青花故事 “萧何月下追韩信”，同样出自《史记》，由著名元曲作家金志甫撰写成元杂剧在市井演出，成为景德镇的瓷画内容，也在情理之中。

元青花《尉迟恭单鞭救主》，故事溯源是颇有意思的。现在能搜索到的文本是《新唐书》，在《太平广记》中则有故事演绎。

以上种种，在我的脑海里演绎出这样一种研究思路：

我们先确定已被广泛认可的元青花人物故事图罐（传统的“八大码” 以及海内外公认的一件馆藏，共有九件）。

在这九件的基础上，我们一个故事一个故事地去追溯，几乎都可以在元曲及相关文献中找到渊源。从元杂剧往前追溯，可见到《太平广记》《西京杂记》《新唐书》《史记》等历史文本。而在元代已经家喻户晓、传布极广的 “梁山好汉” 故事，在元杂剧中非常多。单是写李逵就有 “黑旋风大闹牡丹园” “黑旋风双献功” “黑旋风敷演刘耍和”“黑旋风老收心”等。还有“武松打虎”“病杨雄”等。且看元曲词：

“梁山泊壮士病杨雄，板达儿搊搜黑旋风，打虎的英俊天生勇，窄袖儿猛武松。”

元中早期，元大都（北京）为元曲繁衍中心，元中晚期，元曲（杂剧）以江南地区杭州为中心。元代社会宽松的文化政策使中国历史文本如《西京杂记》《史记》《太平广记》等广为流传，以它们中的一些内容编成的“杂剧”在社会中广为流布，成为当时的一道文化风景。现今我们熟悉的“四大名著”，至少有三部已在元代社会以民间故事、杂剧、平话的形式流传，而且传布极广。如讲三国故事的，元杂剧中就有“闹荆州”“三战吕布”“五丈原”“诸葛祭风”“哭周瑜”等。

而在元代失载的元杂剧剧目，其内容非常具体且为今熟悉，如“马陵道：孙膑悔下云梦山，庞涓夜走马陵道”“送寒衣：范杞良一命亡沙塞，孟姜女千里送寒衣”“衣锦还乡：秦张仪为官忘旧，冻苏秦衣锦还乡”“心猿意马：汉钟离赴紫府瑶池，蓝采和锁心猿意马”“消灾寺：宋公明复打祝家庄，鲁智深大闹消灾寺”“开封府：包龙图威振汴梁城，神奴儿鬼闹开封府”“飞刀对箭：薛仁贵三定天山，莫离支飞刀对箭”“黄花峪：黑旋风救答李幼奴，鲁智深大闹黄花峪”“水里报冤：宋江岸上加兵，张顺水里报冤”“博望烧屯：关云长白河放水，诸葛亮博望烧屯”“私下三关：王枢密知流二国，杨六郎私下三关”等。这些无名的元代剧作家所创作的元杂剧，留下了篇目和部分内容，直到今天仍然被我们所熟悉。可想而知，在其流传的岁月中，或口口相传，或文本转抄，或被屡屡印刷，或在勾栏瓦舍演出，成为现代工业文明出现前满足群众精神需要的通俗文学经典。

元代另外一种通俗故事传播的方式是插图平话。插图平话是宋元时期的文化特色，便于市井平民阅读理解，也利于传播。据专业统计，目前，流传下来的宋元平话计有《七国春秋平话·后集》《薛仁贵征辽事略》《五代史平话》《大宋宣和遗事》《吴越春秋连像平话》《大唐三藏取经诗话》《三国志平话》《京本通俗小说》《全相平话》等，其中《全相平话》与元代瓷器上的故事图案的制作有直接关联，“鬼谷子下山”就是直接照版画刻，人物关系及细节一模一样。其他元青花故事与宋元话本的插图关系，有待进一步考证。

(4) 时间线。

传统说法是：所谓的元代汉人故事图器物，是元代至正十九年（1359）陈友谅占领景德镇以后才生产的，它们是为陈友谅而作的（有文章把陈友谅占据景德镇建立大汉国的时间误写成至正十一年到至正二十三年，让大汉政权提前八年到了景德镇）。[1]

请记住至正十九年（1359）这个节点。

现在我们来看看，已被公开确认为真品的九件元青花器物图案故事来源的时间点：

"鬼谷子下山"图，出自《全相平话·乐毅图齐平话卷下》，成书时间是至治年间（1321—1323）；众多三国故事图，出自《全相平话·三国志平话》，成书时间与上述相同。

因此，上述两图在元青花器物上的绘画时间，最晚不会早于至治时期的最后一年，即1323年。

再看"昭君出塞"故事罐，元代以前，昭君出塞故事已流传了几百年。在元代，关汉卿有杂剧《哭昭君》，张时起有杂剧《昭君出塞》。这两出戏在《录鬼簿》上榜上有名，而《录鬼簿》作者钟嗣成作序的时间是"至顺元年"，即公元1330年。

以此类推，凡是上了《录鬼簿》的杂剧，都是至顺元年（1330）以前的作品。1330年时，这些作品已经成熟，而且流传多年。其作者有的是元代早期的人，有的是元代中期的人。这些作品当然不可能是在至正十九年（1359）陈友谅占领景德镇以后创作的。

符合这个条件（1330年以前）创作的杂剧有《细柳营》《尉迟恭单鞭救主》《西厢记》《百花亭》《锦香亭》《昭君出塞》《追韩信》。

出自《全相平话》的有：《鬼谷子下山》《三顾茅庐》，最晚出版时间是至顺三年（1332）。

根据上述推算，我们有了下面的时间线：

---

[1]参见上海博物馆编：《青花的世纪》，北京大学出版社2013年版。

1271	1323	1330	1351	1359	1368
元朝建立	《全相平话》刊印	《录鬼簿》作序	张文进象耳瓶制作	陈友谅占领景德镇	元亡

以上时间线说明：在陈友谅占领景德镇前的30年(即1330,至顺元年),《录鬼簿》已经刊印,其中大量的元杂剧已经成熟并演出多年。这些杂剧演出最活跃的时间是元朝立国以后的前50年。《全相平话》更早,在陈友谅占领景德镇前的37年就刊印了“七国春秋”“三国平话”等历史故事,图文并茂,家喻户晓。

这个合理的推断告诉我们,在大元国早中期,汉人历史故事已通过杂剧、平话等多种形式,在全社会流传。即使从《录鬼簿》作序那天算起,也要在30年后陈友谅才占领了景德镇,而《录鬼簿》作序是至顺元年(1330),当时陈友谅才10岁,朱元璋才2岁,离元末农民起义的时间点还很远,这说明陈友谅、朱元璋还未登上历史舞台时,汉人历史故事已经在元代流传。

更重要的是,有元一代,中央和各地方的政策是不禁止汉人故事传播的,专讲汉人历史故事的杂剧如此兴盛,是政策宽松的结果。更有趣的是,连西域东来的色目人也当起了杂剧的作者。[1]

“回回人”东来以后,在音乐、文学、戏曲、诗歌、绘画、书法、建筑等领域全盘华化,取得了非凡的成功。这些高鼻深目的西域人,对中华文明之热爱、之着迷,成为元代社会一道独特的风景线。[2]

此背景可以作为元青花人物故事纹大量出现的重要依据。

⑸ 结论。

元代社会的整个时期,讲述汉人历史故事的杂剧、平话等节目、书刊流行于市,不受限制。

未见元统治者对景德镇制瓷业有特殊政策限制工匠们在瓷器上绘汉人历史故事图。

①参见杨志玖:《元代回族史稿》,中华书局2015年版,第312页。

②参见陈垣撰:《元西域人华化考》,上海古籍出版社2000年版,第4篇。

鬼谷子下山图可以从《全相平话》中找到相同的蓝本，说明元代的平话类印刷品与景德镇制瓷业有直接的联系，确切的时间节点是《全相平话》刊印的至治年间(1321—1323)。

从《录鬼簿》作序(至顺元年，1330)至陈友谅占据景德镇(1359)尚有近30年的时间，在这近30年中，反映汉人历史故事的杂剧可以在市井小巷随便演出，而景德镇却不能画此题材，能说得过去吗?

所以，元代景德镇瓷器上作汉人历史故事图，远远早于现在的主流观点划定的元代后期说。这种作汉人历史故事图的现象，渗透在元代民间生活中的方方面面。

第六章

元青花造型装饰风格的文化来源和美学意义

波斯细密画/礼萨·阿巴西（Reza Abbasi）/16—17世纪萨法维时期

第一节 波斯文化的影响

1. 伊斯兰文化在元代

上述章节已经初步交代了元青花与波斯文化的关系。在学术界与中伊关系研究领域,关于元代通过丝绸之路与西亚各国以及阿拉伯世界之间的联系、交往的研究成果已经有不少,在此不再复述。

我在本节要做的事情是,有条理地将元青花与波斯文化之间内在的关系展现出来。以我对元青花的熟悉和四次去伊朗考察的经历,对元青花深受波斯文化影响的感受是极为深刻的。

受波斯文化影响有三个方面:一是具有悠久历史传统的波斯文明对元青花产生了潜移默化的影响;二是西亚伊斯兰文化对元青花生产制作产生了影响;三是两者兼而有之。

先讲一个我实地考察的故事。

2007年,我组团自费考察伊朗国家博物馆馆藏元青花,收获之丰自不待言。其中最让我震惊、几乎要惊呼的是去参观了伊朗著名的古城伊斯法罕和国王清真寺(现名伊玛目·霍梅尼清真寺),这座清真寺在伊斯法罕市中心,融合了塞尔柱、蒙古和萨法维时代的特点。它建于11世纪,是伊朗现存最古老、最大的清真寺之一。最令人震惊的是,在清真寺广场的进门处,竟然有一只“洪武大碗”!这是一只石刻的、巨大的、布满缠枝莲花纹的洪武大碗!它静静地摆在那里有多少年了?岁月的磨痕历历在目。今天的人们琢磨它、研究它,它是做什么用的?它的花卉装饰为什么与我们常见的洪武瓷器大碗一模一样?

伊玛目·霍梅尼清真寺广场上的大石碗

我将图片放在《土耳其、伊朗馆藏元青花考察亲历记》一书中，该书出版后，该图片并未见引人关注的评论。这么重要的一个文化信息，在中国收藏界、文博界好像并未引起重视。

解读这个石碗，可以发出如下询问：

清真寺里摆放这么大一件具有中国瓷器花卉装饰风格的石雕大碗，功用是什么？摆设？伊斯兰信众的净手碗？

一个石碗，为什么要在周边刻上中国瓷器的常见花纹？这种缠枝莲花纹装饰的来源究竟是波斯还是中国？

谁做的？是在中国雕成后运过来，还是在本地由石匠雕刻？

这么多问题，有待回答。

与我们课题密切相关的是第二个问题：它与洪武大碗装饰完全一致的纹饰是哪里来的？虽然目前还没有答案，但它表明中国与伊朗之间的文化联系是如此紧密，元代青花瓷装饰风格深受影响，这是铁证。任何猜测都只是猜测。最方便的方法是回答：伊朗人仿制的，是他们照中国的样子做的！更带有主观臆断的是：缠枝莲是佛教文化，特别是喇嘛教文化的标志，是中原独有的。但问题可以这样问：如是佛教器物的标志，为何在伊斯兰清真寺摆放了几百年？显然不是，它一定与伊朗—波斯文化相关。

为了彻底了解元青花的前世今生，我想在此简略而又有重点地介绍一下波斯（伊朗）文化的历史脉络，是很有必要的。

第一，伊朗是文明悠久的古国，有悠长的历史传统。

公元前 2700 年—前 600 年：埃兰文明。

公元前 678 年—前 549 年：米底帝国。

公元前 550 年—前 330 年：居鲁士大帝创建波斯帝国。

公元前 358 年—前 280 年：塞琉古王国。

公元前 238 年—前 226 年：安息帝国，亦称帕拉提亚帝国。

公元 226 年—651 年：萨珊帝国。

公元 661 年—750 年：阿拉伯帝国倭马亚王朝，定都大马士革。

公元 750 年—1258 年：阿拉伯帝国阿巴思王朝，定都巴格达。

公元 1256 年—1353 年：伊儿汗国，蒙古征服。

公元 1370 年—1507 年：帖木儿帝国。

公元 1501 年—1736 年：萨法维王朝。

公元 1736 年—1796 年：阿夫沙尔王朝。

公元 1750 年—1794 年：赞德王朝，定都设拉子。

公元 1789 年—1925 年：恺加王朝，定都德黑兰。

公元 1925 年—1979 年：巴列维王朝，定都德黑兰。

这是硕果仅存的，几千年历史传统没有中断、可以溯源的文明古国之一。

第二，与元代瓷器相关的艺术形式在悠长的伊朗艺术史中能找到踪迹吗？

莲花，伊朗人称之为“lotus”。令我们中国人始料不及的是，莲花竟然在伊朗被视为“国花”。我们一直以为，不少学者的文章、著作也以为，莲花是佛教文化独有的标志，在中国，莲花是国粹。现在发现，公元前 5 世纪，莲花图案已经在伊朗的建筑物中出现，这应该如何作出说明呢？

在波斯文化中，莲花象征着纯洁和神圣。古代波斯人相信水神阿娜西塔是从一朵莲花演变而来的。莲花在波斯艺术中有重要的地位，波斯的艺术作品中经常出现莲花，无论是雕塑、绘画还是浮雕，莲花都被赋予重要的象征意义。如，在阿育塔上可以看到倒置的莲花图案。

莲花在波斯宗教中也有重要的地位。在波斯宗教中，莲花象征着神性和超凡脱俗的本性。例如，大梵天是从毗湿奴的肚脐中出现，坐在一朵完全成型的莲花上，拉克西米女神也被描绘成站在一朵盛开的莲花上。而同时，莲花是佛教的殊胜之物，在佛教有关的地方到处可以看到莲花的形象。

我在伊朗国家博物馆考察时，馆里的研究人员告诉我，元青花上许多花卉是莲花纹，有正面纹、仰面纹，还有侧绘纹饰。总之，元青花上的带叶花卉纹饰，他们几乎都认为是“lotus”，而且认为这种“loutus”装饰，是伊朗艺术中常用的。

从古到今，莲花纹在伊斯兰文化中被广泛应用

元青花上的莲花纹(一)/上海博物馆藏元青花

元青花上的莲花纹(二)/蚌埠博物馆藏元青花

元青花上的莲花纹(三)/引自《苏莱麻尼·元青花》

元青花上的莲花纹(四)/伊朗国家博物馆藏元青花

探究莲文化的起源，西方多数学者认为它起源于埃及。日本学者杉浦康平认为，莲花作为象征完满丰穰力量的装饰的主要表达方式，从地中海世界向东西广泛传播。具体到中国，传入时间是魏晋南北朝时期。从这时开始可以明显感受到异域莲花文化的涌入，这种充满异质性的莲文化向东亚的传播可以从丝绸之路上的石窟中得到确认。

敦煌石窟中不少藻井都是以莲花形象作为顶端装饰，作为边饰的莲花更是比比皆是。林徽因在《敦煌边饰初步研究稿》中认为，敦煌北魏洞窟所见的忍冬纹样是由西域传入的，是西亚伊朗一系列幻想中的叶片形象。

追溯来源，莲花在古埃及被视为国花。上埃及和下埃及的象征——莲花和莎草纸是古埃及艺术中最重要也是最常见的代表。男人和女人经常手持莲花，放在鼻尖轻嗅这“神圣的香味”。

在古埃及王国的祭祀场景中，也可以看见莲花的身影。一朵花，或简单的一束蓝白相间的莲花，都是常见的祭祀品。

埃及木乃伊木棺上的彩绘 / 公元前 664—前 332 年

古埃及石壁上的雕刻，神像手握莲花

莲花是埃及文化中的国花，象征着纯洁、节操和高尚的品格，成为忠贞与爱情的代名词。埃及人将莲花作为馈赠亲友的礼品，并举办莲花节，赏莲花、买莲花、吟颂莲花。

在埃及的艺术品和建筑中也有莲花的显著位置。埃及的地毯花纹、帐篷皮面、建筑物的墙壁和柱子上经常可以看到莲花状的图案和雕刻。

古埃及墙壁上的莲花雕刻

古埃及费昂斯莲花杯 / 大都会艺术博物馆藏

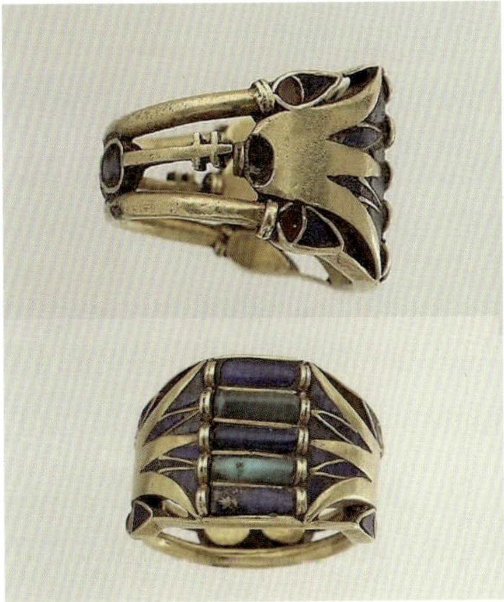

莲花戒指 / 公元前 1550 年 / 开罗博物馆藏

埃及库努姆神殿莲花造型的柱头

在埃及埃德夫遗址，考古学家们发现了超过 1400 个建筑群有关的黏土封泥，其中许多与莲花有关。古埃及莲花纹组合方式是对称、波纹形的组合。中国莫高窟中的莲花纹显示埃及血缘特别明显。

埃及库努姆神殿莲花造型的柱头

莫高窟第 329 窟初唐飞天莲花藻井

不仅仅是敦煌石窟这一个地点涌现出来了大量的莲花装饰，这一时期的大同石窟、云冈石窟都保留有完好的莲花图案，比如云冈石窟中有莲花化生的石刻，佛像从莲花台中徐徐探出头和身子，莲花与佛教可以说是同时步入了中国人的视野。

从埃及整个装饰艺术的角度分析，莲花的造型是整个植物装饰史上最活跃的装饰符号。莲花在埃及文化中和蜣螂、鳄鱼一样，都是生命循环、生死交替的象征物。

佛教传入中国后，中国传统莲花文化观念里怜子的内涵发生了一些变化，《西游记》中哪吒是以孩童的身份出现的。在《封神演义》中叛逆的哪吒杀死了龙王三太子，面对龙王的责难，哪吒为了不连累父母，当即表示剖腹、刮肠、剔骨肉，还给父母，太乙真人就用莲花救回哪吒，把他变成人形孩童，哪吒的红花就是莲花花瓣的装饰。

不论是哪个教派选择了莲花这种植物再塑哪吒的肉身,这一点都充分表明了莲花暗示着重生和永生。不论是粉莲还是青莲,莲花这一文化意象起到了一个良好的沟通交流作用。丝绸之路远道而来的佛教和中国土生土长的道教之间有了共通之处,它们共同经历了儒家书生的创作,以深受平民百姓欢迎的通俗小说的形式出现在古人们的日常生活和想象之中。

埃及文化在地中海沿岸传播并向东影响西亚各国(如叙利亚),特别是文化大国伊朗。伊朗的地毯、建筑物和宗教饰品上充满着“lotus”,在公元前5世纪的古建筑遗址上,莲花花纹也随处可见。

所以,把莲花纹看作是中国佛教文化独有并由中国传播到世界各地的这种看法,是有偏颇的。

2. 古埃及、波斯的器物造型与元代瓷器的比较

我曾多次参访大英博物馆、法国卢浮宫、美国大都会博物馆,由于关注元代瓷器,我非常惊讶地发现,在上述三个博物馆的陈列中,古埃及、古伊朗的铜器造型中,有许多简直就是元代瓷器的“复刻”——先不说谁影响谁,让我们先做个比较。

古波斯执壶 / 伊朗国家博物馆藏

古波斯器物造型(一)/ 引自《古波斯的荣耀——伊朗文物精华》

古波斯器物造型(二)/ 引自《古波斯的荣耀——伊朗文物精华》

古埃及器物造型(三)/ 引自《金字塔之巅：古埃及文明》

古波斯器物造型(四)/ 引自《古波斯的荣耀——伊朗文物精华》

元青花大盘上的波斯文工匠签名 / 伊朗国家博物馆藏

简短的小结：文化相互影响。在元青花器物上，我们看到了繁密的缠枝莲纹，看到了和明初釉里红大碗相同的装饰工艺，看到了波斯地毯的签名和元青花上的写款，看到了大盘大碗的瓷画同心圆风格，总之，影响是客观存在的，我们没有办法去忽视它们。

伊玛目·霍梅尼清真寺

伊玛目·霍梅尼清真寺内的另一个大石碗

第二节　佛、道文化对元青花的影响

1. 佛教符号与元青花

佛教文化影响元青花是一个客观事实。我们在元青花器物上能观察到大量的佛教文化的符号。

元青花大盘上的杂宝纹 / 大盘局部 /
伊朗国家博物馆藏

元青花大罐上的杂宝纹 / 伊朗国家博物馆藏

元青花大盘上的杂宝纹 / 大盘局部 / 引自《苏莱麻尼·元青花》

元青花大罐(左)、象耳瓶(右)上的杂宝纹 / 引自《苏莱麻尼·元青花》

辽墓室壁画中可见佛教杂宝造型的器物

唐卡中的佛教杂宝纹

金 / 崇福寺壁画 / 弥陀殿南壁西梢间千手观音右侧手部特写
（其中手持的佛教宝物多不胜数）

宋 / 夏鲁寺壁画中的莲花纹

元代稷山兴化寺弥勒说法图(局部)/
加拿大皇家安大略博物馆藏

元青花莲花造形器物底座 / 北京私人收藏 /
引自《青花秘境》

元代莲花纹缂丝包边九条袈裟 / 日本室町时代的高僧春屋妙葩所有

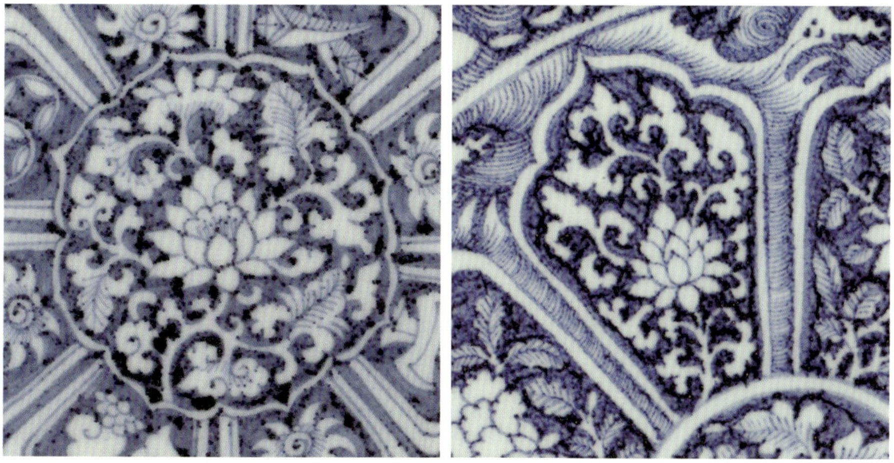

元青花上的莲花、莲瓣纹 / 引自《苏莱麻尼·元青花》

元代的琉璃塔（舍利塔）/ 塔身有火焰宝珠纹 /
甘肃省博物馆藏

火焰宝珠纹元代瓷器 /
引自《青花秘境》

宋 / 莫高窟天王堂 / 穹窿顶上的金刚杵等纹饰

绿度母及身后的瑞兽纹 / 克利夫兰艺术博物馆藏

元青花金刚杵纹碗 / 辽宁省博物馆藏

西夏 / 瑞兽纹 / 安西榆林窟第 3 窟

宋 / 夏鲁寺壁画 /
佛头两侧的兽首图案与下图元青花碗的瑞兽图一致

疑似为貘的动物 /
明代绘本《山海百灵图卷》/ 题作唐胡瓌《蕃兽图》

元代窖藏出土元青花碗 /
内蒙古兴安盟乌兰浩特市义勒力特镇

唐 / 鎏金双鸯团花纹大银盆(局部) / 法门寺博物馆藏

元青花鸳鸯莲池纹花口八脚盘 /
引自《苏莱麻尼·元青花》

元青花鸳鸯莲池纹花口八脚盘 /
英国剑桥大学菲茨威廉博物馆藏

莫高窟 154 窟 / 请注意左下角的莲池鸳鸯

鸳鸯纹样 / 莫高窟 154 窟

元 / 双凤麒麟纹石雕 /
国家博物馆藏

元青花飞凤麒麟孔雀纹四系扁瓶(正、背面)/
伊朗国家博物馆藏

西夏 / 孔雀纹和狮子纹 / 安西榆林窟第 3 窟 / 窟顶西披边饰(部分)

西夏 / 孔雀纹 / 安西榆林窟第 3 窟

元青花孔雀纹罐 / 伊朗国家博物馆藏

唐 / 孔雀纹 / 莫高窟 085 窟

元青花白鹭纹罐 / 引自《苏莱麻尼·元青花》

唐 / 白鹭纹 / 莫高窟 085 窟

元青花白鹭莲池纹盘 / 伊朗国家博物馆藏

南宋 / 白鹭莲池纹八棱银盘 / 江西省博物馆藏

敦煌遗画 / 佛像前方的狮纹 / 法国吉美博物馆藏

元青花狮纹玉壶春瓶 / 河北省博物馆藏

元青花缠枝牡丹狮纹罐 / 伊朗国家博物馆藏

北魏 /《鹿王本生图》/ 莫高窟 257 窟

元青花鹿纹小盘 / 引自《苏莱麻尼·元青花》

元青花鹿纹小盘 / 青州博物馆藏

三兔共耳图 / 莫高窟 407 窟藻井 /(三兔共耳图还出现在 139、305、397、406、420、205 窟)

元青花兔纹盘 / 土耳其托普卡比宫藏

西夏 / 翼马纹 / 安西榆林窟第 10 窟

元青花马纹盘 / 私人收藏

元青花鱼藻纹盘 /
伊朗国家博物馆藏

北宋 / 鱼纹石雕 /
河南嵩山少林寺初祖庵

北宋 / 金覆盂形器 / 易县文物保管所
该器物 1986 年出土于河北省保定市易县高陌乡大北城村窖藏,其具体用途目前尚未完全明确。
就器物的装饰纹样看,似乎为佛教礼仪用具。其造型与元青花蒙古包十分相似。

元青花缠枝莲花纹蒙古包 /
引自《苏莱麻尼 · 元青花》

北宋景祐二年(1035)/ 鎏金银龛式舍利瓶 /
1966 年瑞安慧光塔出土

2. 道教符号与元青花

元代道教在忽必烈的宽容政策下也蓬勃发展，道教领袖的政治社会地位很高，“长春真人西游记”就是最佳的说明。

道教符号出现在元青花瓷器中最好的证明就是，收藏在大英博物馆的至正十一年（1351）的象耳瓶，其铭文证明，这是为了某一道观特烧的供器。其铭文如下：“信州路玉山县顺城乡德教里荆塘社奉圣弟子张文进喜舍香炉花瓶一付祈保合家清吉子女平安 至正十一年四月吉日舍 星源祖殿胡净一元帅打供。”

元青花云龙纹象耳瓶的铭文 / 大英博物馆藏

吴石友在调研考察蒙古高原元青花时也发现了专门为道观烧造的供器。在民间收藏中，也发现了与至正年同类的带有铭文的象耳瓶。

专门为道观烧造的供器 / 引自《青花秘境》

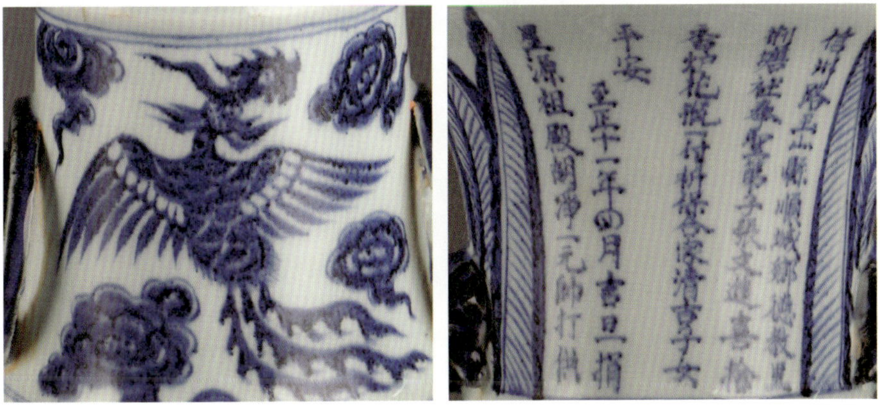

民间收藏元青花云龙纹象耳瓶细节及铭文 / 引自《苏莱麻尼·元青花》

民间收藏元青花云龙纹象耳瓶 / 引自《苏莱麻尼·元青花》

八仙更是属于元青花中常见的纹饰。

元青花八仙纹盘、八仙纹葫芦瓶 / 引自《苏莱麻尼·元青花》

元青花八卦纹炉 / 故宫博物院藏

道教的工艺品包括：法器、鼓、钟、法尺、法绳、法剑、筶、法印、手炉、罗盘、八卦镜、桃木刻等（见元青花人物故事图中的道教元素）。“鬼谷子下山”“老子出关”“八仙过海”“松鹤延年”“三星高照”“年年有余”“富贵平安”等道教主题都常见于元青花瓷器。

元青花鱼藻纹梅瓶 / 引自《苏莱麻尼·元青花》

元 / 永乐宫壁画 / 朝元图(局部)

第三节 汉文化和蒙古文化的影响

1. 装饰形式的中国风

元青花深受汉文化的支配，表现为它的装饰形式有强烈的中国风。以下以宋金壁画、磁州窑、吉州窑为例，说明唐代以来图像建筑的装饰风格（包括边饰图案、人物故事、花卉、中国画的宗教图文等）。

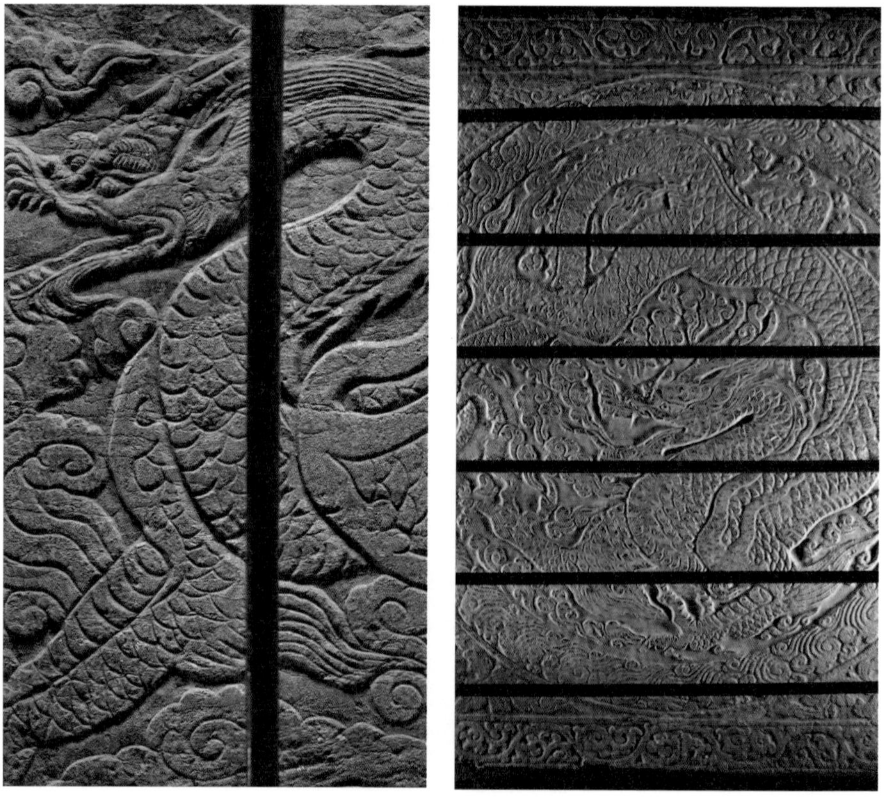

永昭陵上马石上的龙纹 / 北宋 / 河南巩义

北宋龙纹石雕 /
河南嵩山少林寺初祖庵

辽 / 菱花形龙纹带链金盒 /
中国国家博物馆藏

元代龙纹锦 / 大都会艺术博物馆藏

元青花龙纹罐 / 波士顿美术馆藏

鸾凤纹妆盒 / 湖北蕲春县博物馆藏

北宋 / 剑环式双凤纹金饰 /
易县文物保管所藏

晚唐 / 凤凰莲花纹样 /
莫高窟 147 窟

元青花云龙纹象耳瓶(局部)/
大英博物馆藏

西夏 / 团凤纹样 /
安西榆林窟 / 甬道顶

元青花大盘上的凤纹 / 引自《苏莱麻尼·元青花》

元/团凤纹绣片
大都会艺术博物馆藏

元 / 朝元图(局部)壁画 /
山西永乐宫

北宋 / 磁州窑 /
白地黑花缠枝牡丹纹如意形枕 /
苏富比 2024 秋拍

唐 / 鎏金飞狮纹银盒 / 陕西历史博物馆藏

元青花牡丹纹盘 / 引自《苏莱麻尼·元青花》

西夏 / 牡丹纹 / 榆林窟第 3 窟壁画

元青花牡丹麒麟纹葫芦瓶 / 引自《苏莱麻尼·元青花》

西夏 / 牡丹纹 / 榆林窟第 4 窟壁画边饰

元青花麒麟缠枝牡丹纹梅瓶 / 伊朗国家博物馆藏

本照片是西湖孤山圣因寺内供奉贯休画《十六罗汉像》刻石的场景。《十六罗汉像》是乾隆皇帝命人所刻，以寺内所藏五代时期高僧贯休所绘《十六罗汉像》为摹本。现保存于杭州孔庙碑林内

元青花罗汉图罐 / 私人收藏

《十六罗汉像》石碑 /（16 个石刻画面展开图）

唐代彩绘莲花香座 / 正仓院藏

唐代彩绘莲花香座 / 正仓院藏
（与下图的元青花盘采用了一样的莲花造型及装饰手法）

元青花宝相花浮雕留白牡丹纹盘 / 引自《苏莱麻尼·元青花》

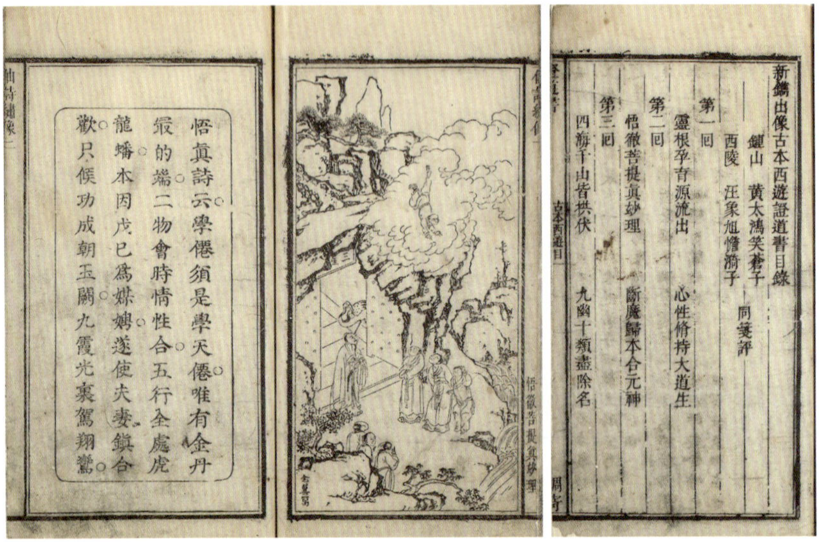

《新镌出像古本西游证道书》/ 清康熙

元青花西游记故事纹大罐 / 引自《苏莱麻尼·元青花》

北宋庆历二年(1042)/ 檀木描金舍利函 /
浙江省博物馆藏

元青花釉里红花卉纹罐 /
故宫博物院藏

元青花凤凰麒麟纹四系扁瓶(侧面)/
伊朗国家博物馆藏

南宋 / 歌乐图(局部)/
上海博物馆藏

元青花西厢记故事纹玉壶春瓶(局部)/
引自《苏莱麻尼·元青花》

元青花锦香亭故事纹罐 / 引自《苏莱麻尼·元青花》

聖歎外書

施耐菴先生原本

貫華堂第五才子書

同志堂藏版

水浒传/贯华堂第五才子书

2. 水浒故事的传承轨迹

水浒故事最早可以追溯到北宋末年宋江起义的传说。《东都事略·侯蒙传》《宋史·徽宗本纪》等史料中，都有关于宋江及其起义军的记载。南宋末年，龚开的《宋江三十六人赞》完整记录了36人的姓名和绰号。

宋末元初，水浒故事已经为杂剧、话本所广泛采用，如元刊《大宋宣和遗事》话本，记叙了从杨志押送花石纲到征方腊的比较完整的水浒故事。随着宋代说书技艺的兴盛，宋江等人的故事成为说书人创作话本的素材，南宋罗烨的《醉翁谈录》记录了如“花和尚”“武行者”等说话名目。随着水浒故事的不断流传和演绎，元曲中以李逵、宋江等为主角或重要人物的戏剧不断增加，其中关于李逵、宋江的故事最多，如《黑旋风老收心》《黑旋风双献功》《梁山泊李逵负荆》《李逵负荆》等。这些戏剧不仅在元代广受欢迎，还对后世产生了深远影响。据记载，元代根据水浒故事演绎的元曲、杂剧共有25种。

水浒故事在民间广泛流传的时期，不断充实和丰富了故事的内容，使《水浒传》的故事情节更加丰满、生动。明代施耐庵则在民间关于水浒故事不断传播的基础上，通过加工整理，使之更加精练、生动。

元末明初青花水浒故事纹大盘 / 全套60件之一 / 私人收藏

此大盘在德国KOTALLA实验室做了热释光检测，得出大盘瓷器烧造的年份距今（2023年3月29日）是550年，其中误差率为18.6%。由此证明，水浒故事早于明代已经流传

元末明初青花大盘一套（部分目录）	11. 青面兽双夺宝珠寺	23. 小李广梁山射雁
	12. 宋公明私放晁天王	24. 船火儿夜闹浔阳江
1. 洪太尉误走妖魔	13. 宋江怒杀阎婆惜	25. 黑旋风斗浪里白条
2. 花和尚大闹桃花村	14. 景阳冈武松打虎	26. 浔阳楼宋江吟反诗
3. 花和尚大闹瓦罐寺	15. 郓哥不忿闹茶肆	27. 梁山泊好汉劫法场
4. 鲁智深大闹五台山	16. 王婆计啜西门庆	28. 张顺活捉黄文炳
5. 林教头风雪山神庙	17. 母夜叉孟州道卖人肉	29. 还道村受三卷天书
6. 陆虞候火烧草料场	18. 淫妇药鸩武大郎	30. 宋公明遇九天玄女
7. 朱贵水亭施号箭	19. 武松醉打蒋门神	31. 插翅虎枷打白秀英
8. 汴京城杨志卖刀	20. 张都监血溅鸳鸯楼	32. 高太尉大兴三路兵
9. 杨志押送金银担	21. 宋江夜看小鳌山	33. 三山聚义打青州
10. 花和尚单打二龙山	22. 镇三山大闹青州道	34. 花和尚倒拔垂杨柳

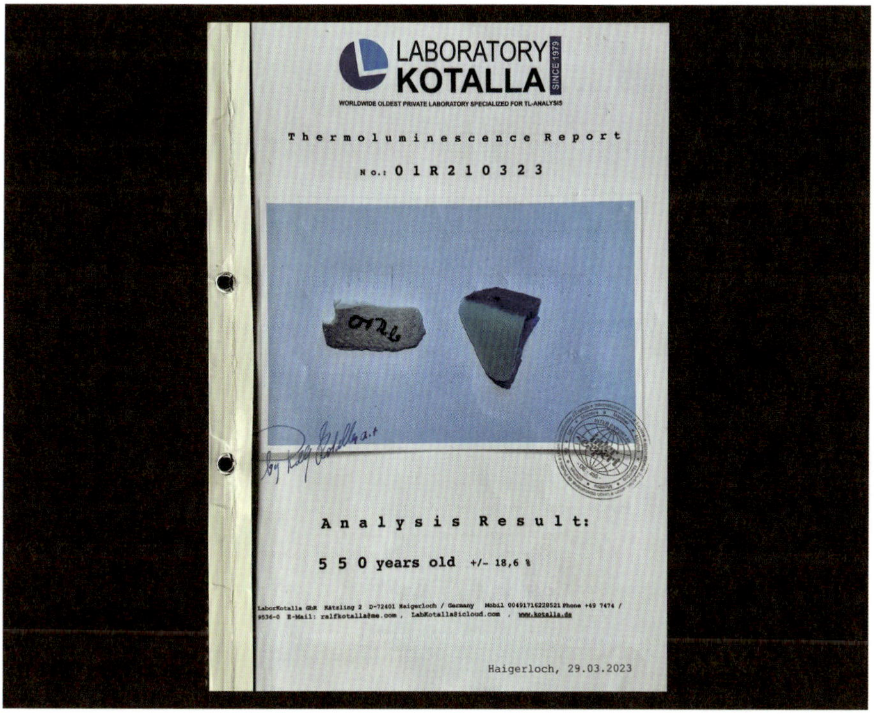
LABORATORY KOTALLA SINCE 1979
WORLDWIDE OLDEST PRIVATE LABORATORY SPECIALIZED FOR TL-ANALYSIS

Thermoluminescence Report

No.: 01R210323

Analysis Result:

5 5 0 years old +/- 18,6 %

LaborKotalla GbR Kätzling 2 D-72401 Haigerloch / Germany Mobil 00491716228521 Phone +49 7474 / 9536-0 E-Mail: ralfkotalla@me.com , LabKotalla@icloud.com , www.kotalla.de

Haigerloch, 29.03.2023

德国 KOTALLA 实验室热释光检测证书

Report on Thermoluminescence Authenticity Tests

The analyzes carried out relate exclusively to the sample material taken from the object shown on page 1, **without making a statement about the object as a whole.** The test report with the **Tl.Nr 01R210323** by the thermoluminescence method ("authenticity test according to annex") produced the following result:

Analysis Result:

Fired in antiquity

On the basis of standard methods and techniques used in the thermoluminescence process, I calculate the last time of firing of the object samples to be:

5 5 0 years (+/– 18,6 %) -

Object: Fragments

...... cm

Origin: China

The photo of the object enclosed on page 1 was taken by myself

Sampling by myself :

a: a-sample b: b-sample

Comments:
The enclosed graphs form a constituent part of the expertise and reflect only excerpts from the complete catalogue of measurements. "**the samples were taken by me from the above object page 1.** ".A liability for abuse of the expert options cannot be assumed .The result is given in good faith, however Labor Ralf Kotalla takes no responsibility for financial loss incurred through an erroneous result being given.

Pre-dose test confirms old firing without any kind of artificial x-ray treatments!

AD 2,32 Gy JD: 0,53 mGy/y est. (Alpha 0,78 est.)

Benjamin / Ralf Kotalla

The expertise is only valid if accompanied by the stamp of the laboratory and the signature of Mr. Benjamin/Ralf Kotalla . Only an original report may be considered valid. If you are presented with a copy or have any concerns about the report. Please call Ralf Kotalla(Germany)(49)07474

德国 KOTALLA 实验室热释光检测证书

3. 三国故事的传承轨迹

三国故事的主要历史背景是东汉末年的黄巾之乱和随后的群雄割据，最终形成了曹魏、蜀汉和东吴三个政权。陈寿在西晋时期撰写了《三国志》，这是三国历史的主要史料来源。《三国演义》则是元末明初小说家罗贯中在《三国志》及民间传说、戏剧等基础上创作的文学作品，对三国文化的塑造力最强，影响也最大。

《三国志》不仅在中国影响很大，还深受日本民众的喜欢。1689 年，《三国演义》被译著成日语版的《通俗三国志》，传播范围逐渐扩大到社会中层。1848 年，以《通俗三国志》为蓝本的《绘本通俗三国志》问世，图文并茂，进一步推动了三国文化在日本的广泛传播。

在元代，三国故事几乎是家喻户晓的传奇，在元杂剧中，根据元人所著《录鬼簿》

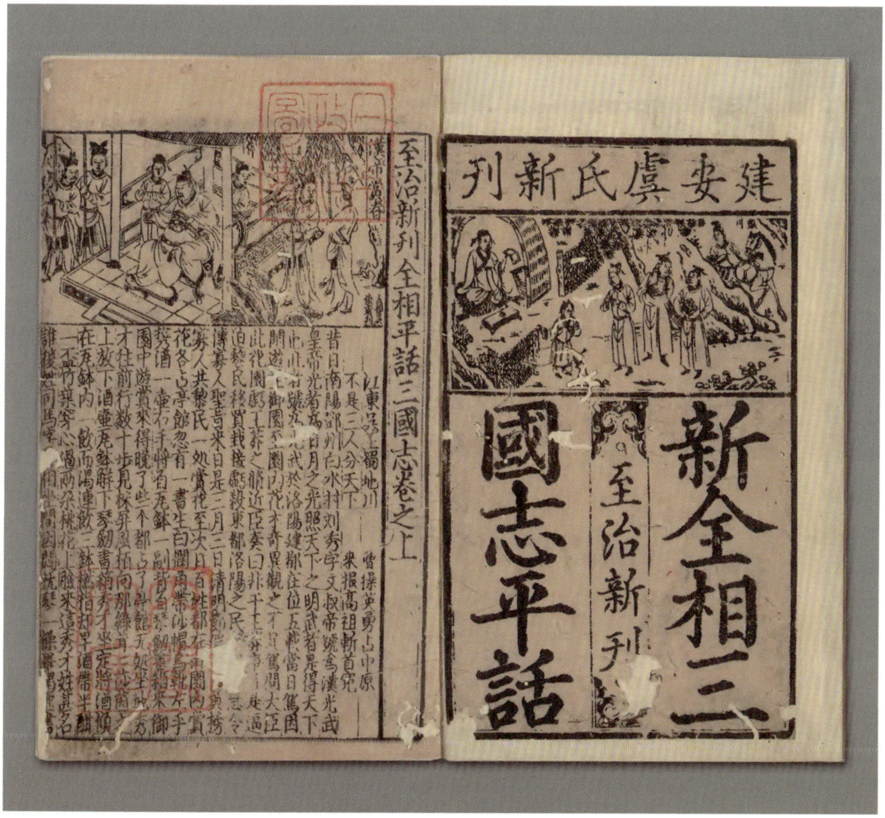

《全相平话·三国志》/ 元至治

所载有名有姓的三国故事就有“单刀会”“闹荆州”“三战吕布”“五丈原”“诸葛祭风”“斩吕布”“哭周瑜”等七部。

而在元至治年间印刊的《全相平话》五种中，更有“三国志平话”（上、中、下），其人物、故事已经成型，开局即是刘、关、张“桃园三结义”。罗贯中身处元末明初，他根据宋元流行于世的话本、平话、杂剧，整理成《三国演义》专著，刊行于市，流传至今。这是一个传奇故事正常的流布过程。因此，在元青花上出现三国演义故事再正常不过了。有人以《三国演义》在明代成书而否定元青花上的“三国”人物故事，这是违背历史事实的。

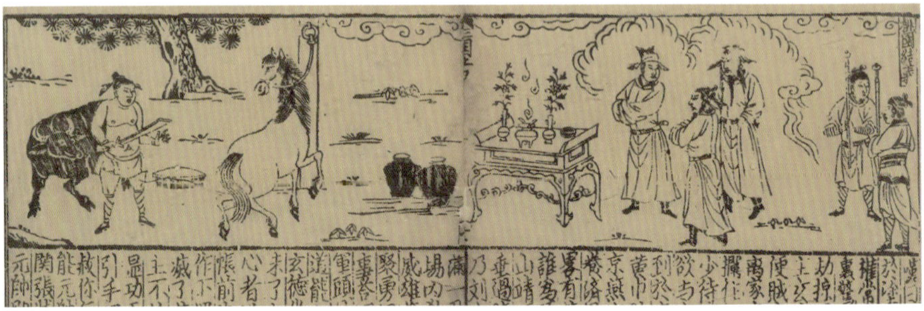

《全相平话·三国志》插图 / 桃园结义

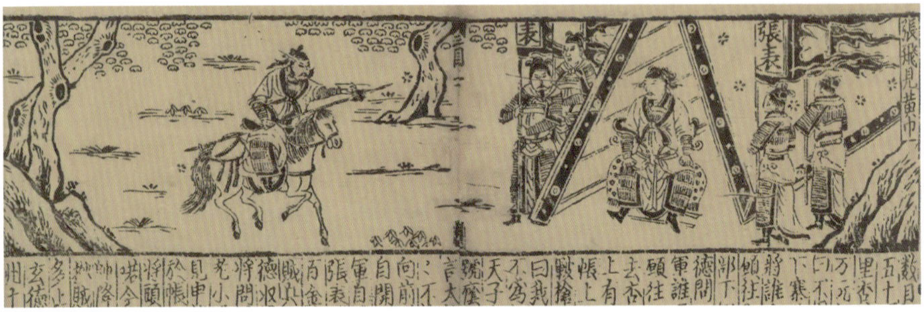

《全相平话·三国志》插图 / 张飞见黄巾

《全相平话·三国志》插图 / 破黄巾

《全相平话・三国志》插图 / 张飞杀太守

《全相平话・三国志》插图 / 玄德做平原县丞

《全相平话・三国志》插图 / 董卓弄权

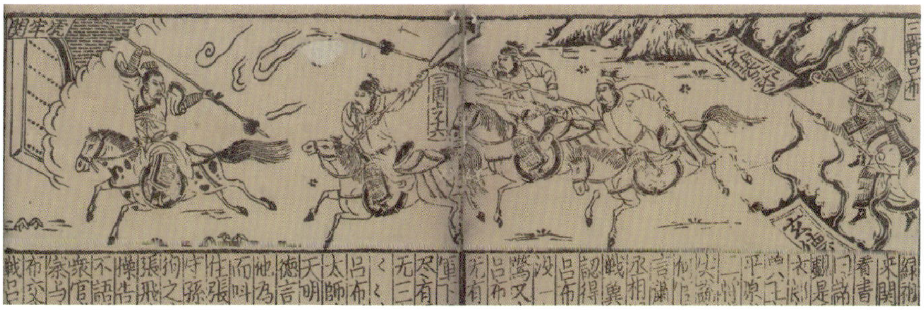

《全相平话・三国志》插图 / 三战吕布

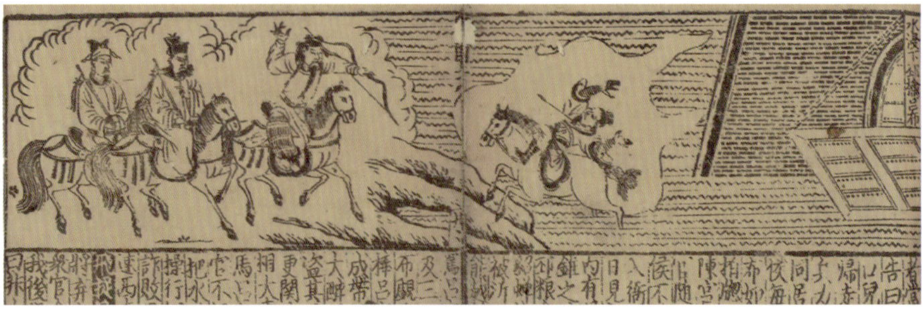

《全相平话·三国志》插图 / 水浸下邳擒吕布

《全相平话·三国志》插图 / 三顾孔明

《全相平话·三国志》插图 / 关公单刀会

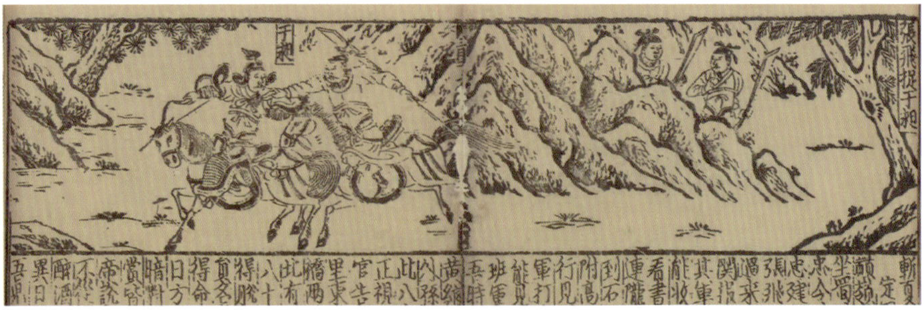

《全相平话·三国志》插图 / 张飞捉于昶

《全相平话・三国志》插图 / 孔明七纵七擒

我们从已经知道的元青花器物的三国图纹来看，与《全相平话》相同题材并在构图上都有类似之处的有“孔明七纵七擒”“三战吕布”“三顾孔明”等，而在《录鬼簿》中所载的三国故事，与已经发现于元青花器物上的则有“三战吕布”等。可见，元青花的三国人物故事与元代话本、杂剧关系多么深厚！

4. 其他人物故事的出处

元代杂剧在《录鬼簿》中记录了丰富多彩的元杂剧剧目。除以上论述的《三国演义》《水浒传》以外，还有：来源于宋代乐史的《杨太真外传》、《新唐书・后妃传》、关汉卿《哭香囊》等；来源于民间故事和传说与唐《酉阳杂俎》《左迁至蓝关示侄孙湘》《太平广记》等文本（见元杂剧赵明远著《韩湘子》）；来源于《史记・淮阴侯列传》（见元杂剧王仲文著《韩信乞食》）；来源于唐代诗人李太白传说故事（见元杂剧王伯成著《贬夜郎》）；来源于史书记载为明代文本实质是元代传奇（见元杂剧李取进著《玉堂春》）；来源于唐代传奇唐明皇和杨贵妃爱情故事（见元杂剧李取进著《沉香亭》）；来源于春秋战国故事（见元杂剧武汉臣《范蠡归湖》）；等等。

以上所举说明，元代杂剧以及流传于世的历史、文学故事，除《三国演义》《水浒传》《西游记》等脍炙人口的、大众化的样本外，还有在元代以前已作为经典文本和民间传说故事流传于市的经典段落，涉及《史记》“春秋战国故事”“唐传奇”“宋代话本”等，范围之广，前所未有。单从《全相平话》文本就可以看出，当时的通俗读物在元代的文化市场上如何生机勃勃。他们有《武王伐纣平话》《乐毅图齐平话》《秦并六国平话》《前汉书平话》《三国志平话》等，而这是目前仅存的平话文本。元代福建“建安虞氏新刊”是元代福建地区著名的刻书坊。

福建虞氏是古代著名的坊肆刻书家族。该家族世居福建建安县崇化书坊镇，累世从事雕版印刷事业。刻有《春秋公羊经传解诂》《尚书精义》《礼记》等。家族刻坊到元代流传下来的刻本有数十种，如《古列女传》《千家注杜工部诗》《唐律疏议》等。他们编印了许多带图的民间读物，如小说、杂著、类书等。《全相平话》即是其中之一。可见，元代社会的文化环境宽松，使民间书坊蓬勃发展，也使历史故事以通俗的形式流传于民间。元青花器物上的各种人物故事，据民间收藏家们统计，有 100 余种，其中大多数可以追溯到元代的诸如《全相平话》、杂剧等街头巷尾都可以闻见的传播形式。

5. 宋元民间艺术的人物画与元青花人物画的比较

元青花装饰繁多，灵感来源多种多样。有来自佛教的杂宝，有来自波斯的缠枝莲，有来自道教的各种祥瑞花卉走兽。这些具体的细节上的研究，近 10 年来有许多年轻的相关专业的学生在做论文，这与 10 年、20 年前元青花研究的一片空白已经大不一样了。在这里我想重点研究一下元青花人物故事的人物绘画特点。

从直观上看，元青花的人物故事的构图和造型是相当老练与成熟的。首先是所见元青花器都是构图比例均衡，重点突出，有主有次。构图是一门大学问。傅抱石被誉为构图大师，画在方寸之间，功夫自在画之外。傅抱石每出考察，必先打山水草稿，高低远近，反反复复，才能定有构架。我有幸见过一位收藏家家里珍藏的傅抱石山水画，八平尺山水“高士图”几十幅，题材相同、尺寸相同，但山水勾画每幅都不同，没有重样。这是何等了得的功夫。元青花器物上的人物毛笔画图，从口传和平话文本之类的文字到实现图形呈现，这个创作造型过程是要见功夫的。以《三国演义》中“三顾茅庐”为例。

此番构图人物关系以刘、关、张为主，孔明为辅，人物动态潜在的呼应较弱，比较生硬。如元青花三顾茅庐图。

三顾孔明 /《全相平话・三国志》封面

元青花三顾茅庐梅瓶画面展开图 / 波士顿美术博物馆藏

元青花三顾茅庐梅瓶 / 波士顿美术博物馆藏

元青花三顾茅庐图则在构图上中心聚焦，人物互相呼应，中心突出，孔明的位置重要性大大凸显。显然，比《全相平话》的构思要灵活且均衡。

从画风上可以合理地推测，元青花人物绘画图不是出于一般工匠之手，甚至不是出于有技艺的建安刻书匠之手。

我们没有确切的资料来说明元青花人物故事出于哪些绘画高手，但有一点是肯定的。1313 年，元仁宗下诏恢复科举。1315 年第一次开科取士，以后三年一次，直到元朝灭亡。也就是说，元朝建立（1271）40 年之后才开始恢复科举制度，而且数量次数很少。元代百年只进行了 16 次科举考试（简称“十六考”），考中进士 1139 人。元代并没有大规模迫害知识分子，儒生的日子还是很好过的。但将近半个世纪没有开科取士，儒生们除了在儒学院教教书，别无出路。所以，创作元杂剧、元曲，写平话等被传统大儒视为“杂活”的行当兴盛起来（相当于现今写通俗小说、拍电视剧、戏说历史等）。一些文人画师无上迁通道，下沉到民间刻书、画画，到瓷窑去画瓷器故事，是合理的选择。既然元代话本、杂剧这些“勾栏”作品可以盛行，画瓷之风兴盛也在情理之中。事实上，元青花、元彩瓷的画人物故事之风，与“勾栏”通俗文学之风兴盛一样是可鉴的。只不过我们无法像查实《西厢记》的作者那样，查出瓷器上那些生动的人物故事画的画师是谁罢了。

6. 蒙古草原文化的影响

综上所述，元青花纹饰的文化—美学来源是多重的，其中波斯文化、佛教文化、道教文化、汉文化的传承烙印特别深厚。相反，蒙古草原文化的印记倒不是十分明显。有的论者认为，元青花的“蓝白”装饰风格是蒙古族特有的，是蒙古草原文化独特的标志。这个因素确实存在，但是否就是产生元青花的决定性因素呢？宋青花也是双色装饰，只不过瓷胎的使用没有元代洁白、细腻而已。更重要的是，波斯风格也是崇蓝，清真寺是他们的标志性文化。从实际上看，蒙古族文化对瓷器生产的影响，应当从更大的局面来看。应当将辽、金、西夏以及更早的北方高原的各民族文化与蒙古族的审美文化联系起来观察。

作为草原民族的蒙古族，游牧，逐草而居，俗称“马背上”的民族，蒙古族的审美文化与它的游牧生活习性以及最初的原始宗教相关。

“时至今日留存在蒙古族的风俗习惯和生活形式中的思想观念，虽然有些已经被赋予喇嘛教的某些形式，但实际上，他们本源于蒙古古代萨满教世界观。”①

萨满教是散布在我国东北和蒙古高原上的一种原始宗教，其内容关涉古代英雄传说、土地山川、神灵和对火的崇拜。与我们研究元青花或元代瓷器相关的是：第一，蒙古民族的英雄崇拜与元代瓷器上的将军战争题材的滥觞，有异曲同工之妙；第二，与萨满文化的传统有关，蒙古民族对色彩（红、蓝、白、绿）的选择和喜欢与元青花及元代瓷器的高质量发展密切相关。

第一点，翻开蒙古历史，处处可见英雄传说。蒙古民族以游牧为生，生活中处处充满猎杀的故事，即使是成吉思汗出生时的传说，也笼罩在腥风血雨之中。他们的传说描绘了成吉思汗的彪悍、强健、神勇，认为其是神灵与大地之子的化身。

《江格尔》是蒙古民族的英雄史诗，讲述了以江格尔为首的几位英雄率领6000余名勇士，抗击入侵者，降妖除魔，收服众多部落，建立理想家园“宝木巴”的故事。

蒙古英雄崇拜也反映在自己的常用姓氏语言中，如“阿古拉”，在蒙古语中是“勇士”和“灵魂”之意；“巴图尔”，在蒙古语中是“英雄”之意；“阿吉”，在蒙古语中是“勇士”之意；“乌日勒”，蒙古语中表示“勇士”。蒙古人入主中原后，对汉文化不仅没有禁止，而且还推进“汉化”和中国文化的扩张、传播。除科考取士之外，还宽容和鼓励历代帝国将相的故事流布。如元代中期福建刊印的《全相平话》，全部是帝王武将故事，尚武、崇武精神在大元国的新文化生成中，得到进一步的弘扬。

第二点，我们要注意到各民族关于色彩的审美要求特点。彩有七色，各有所好，世界各国各民族都有不同的喜好，自不待言。在蒙古族的色彩喜好中，尚蓝、尚白、尚红、尚绿，这都是有根源的。

“长生天”崇拜使草原民族对蓝白色彩有特殊的偏爱。

“长生天”，蒙古语读作“腾格里”。蒙古民族以“苍天”为永恒的最高神，故谓“长生天”。蓝天白云的长生天是蒙古族的生命、信仰和宇宙的全部。“蓝蓝的天上

---

①满都夫：《蒙古族美学史》，辽宁民族出版社2008年版，第51页。

白云飘”成为蒙古草原的诗性表达。元青花，蓝天白云的最恰当的转意，成为大元国标牌式的产品，不是偶然的。

“火”的崇拜——红色。萨满教是拜火教，在风雪交加、严寒的旷野上，火是生命的种子，是生存的希望，是神的力量和战斗的精神原动力。火是红色，是血脉偾张的力量之泉。所以，在蒙古草原的装饰文化中，红色是特别重要的色彩，是主色调，我们处处可以在蒙古族的装饰上看到红色。

“草原”的崇拜——绿色。大草原的生命象征就是绿色，绿色是夏天牧场水草的颜色，是给万物带来生机的颜色，绿在草原文化中也是一种基础色调。

于是，我们可以看到：

白之纯净；

蓝之透彻；

红之热烈；

绿之沉静。

在元代瓷器中，为了更加说明元青花的装饰风格的草原文化因素，我们必须提到元代彩瓷。在元代彩瓷中，这四种颜色是基本色调，其中，红绿彩是最常见的也是最重要的搭配。在元代，连瓷器上的人物故事图案都用红绿彩绘就，难怪崇拜宋代素雅色调的明代文人认为“元代五色花”者俗了。从宋代的素雅翻转到元代的热烈，五彩缤纷，这种美学观上的大转换，当然与元代统治者是蒙古人有关了。

然而，人类对美的追求是多样化的，蒙古高原上的色彩，在蒙古史诗里绽放出美妙的音符。这是蒙古科尔沁部落萨满歌舞的唱词，其中写道：

“一件花法裙，系在腰后间。”

“肩并肩，阿嗐咳！穿花衣的女巫，在旋转。”

“骑上血红骑，石镞密如雨。跨上栗色马，甥男来相袭。”①

“石铁为其父，燧石为其母，绒叶为其子，众火神之汗母。”

蓝、白、红、绿……再加上13世纪藏传佛教传入蒙古大草原以后的“黄”色（我们在元彩瓷上常见），我们面前所呈现的元代青花和彩瓷，具有了蒙古人尚武的血

①乌兰杰：《蒙古族古代音乐舞蹈初探》，内蒙古出版社1985年版，第102—103页。

性审美和五彩缤纷的夏季草原的美丽，真像“穿花衣的女巫，在旋转”！

7. 元青花和元代彩瓷

要了解元青花的蒙古血统，我们还有必要知道元代瓷器的其他特点。蓝白色彩是蒙古族草原文化斑斓色彩中的一道夺目风景，我们在这里刊登的是以红绿彩为主的元彩瓷，供读者参考。

元红釉六开光捏花盘 / 私人收藏

元红绿彩四爱图梅瓶 / 私人收藏

元红绿彩三顾茅庐故事图梅瓶 / 私人收藏

元红绿彩浮雕缠枝牡丹纹梅瓶 / 私人收藏

元青花釉里红凤首梅瓶 / 私人收藏

元黑釉龙凤纹执壶 / 私人收藏

元蓝地珐琅彩描金鸳鸯莲池纹盖罐 / 私人收藏

元釉里红留白浮雕云龙纹铺首盖罐 / 私人收藏

第七章

当前元青花研究、鉴定、收藏的态势和问题

元青花缠枝牡丹纹罐
（典型的苏莱麻尼元青花发色）
/上海博物馆藏

第一节 鉴定与收藏甘苦

1. 现状

在中国文化史、文物史上，只有极少数器物的真伪花上几十年时间还无法弄清，关于元青花真伪之争就是一例。

从20世纪80年代起，国内文物界开始关注元青花的存世与相关研究。在此以前，在中国大陆范围内，还没有人真正从学术上关注过中国文化史上的这一重要现象，关于元青花的鉴别与深度研究更无从谈起。

直至20世纪90年代末期，国内关于元青花的主流理论与看法都是相对稳定的，即"全世界元青花只有300件"。这个结论谁先作出的？通过什么调查得出的？现在无从查考。但文博系统的一些主流专家屡屡在报刊、电视上重复这一结论，则是不争的事实。他们更进一步地说，全世界300件元青花，200件都在国外，国内只有100件。在这一判断笼罩下的中国古玩界，元青花成了神秘莫测的器物，以至于影响了国际范围内的元青花交易价格。一件元青花鬼谷子下山罐在伦敦拍卖了1200万英镑（约合2.3亿人民币），一件元青花锦香亭罐在香港拍卖到8000万港币，这都是近几年发生的事。

对这一现象的冲击发生在21世纪初开始出现的民间收藏热。近10年中，全国各主要城市的古玩市场和地摊上，陆续出现了元青花器物，数量并不惊人，但也相当可观。这一现象，被各行各业敏锐的热爱中国文物的收藏家关注到，并迅速购买收藏。据"中国收藏家论坛"的粗略统计，全国收藏家手中的元青花及元代色釉瓷大器，超过万件（港、澳、台未统计在内）。收藏者达到几千人，其中收藏百件元代器物的大藏家有数十人。

民间收藏的元代瓷器，在鉴定上受到了主流文博界的强烈否定。除了故宫博物院专家李辉柄、国家文物鉴定委员会原委员孙学海等老一辈专家明确表态支持，不少体制内专家要么三缄其口，要么坚决反对。这种态度，也使在传统市场上做买卖的商人有了可乘之机，他们也津津乐道“300 件论”，作出“奇货可居”状，以高价出售与他们有利益关系的藏品。更为可悲的现状是出现了“国内不认国外认”“墙内开花墙外香”的现象。数十年间，元代瓷器与国内新出现的其他历代文物，由于不被体制内专家认可而堂而皇之地流出国门，在日本、韩国与欧美市场上公开售卖，更有甚者，日本、韩国甚至成立了“中国出土文物保护协会”，令国人惊诧不已。

2. 谁来辨别真伪

民间收藏家手中的这些器物到底是不是真品？如是假的，一切就无从说起。如是真的，就成为关系全局的大问题，谁也不能妄断，这是要负历史责任的。

在关系全局的大是大非问题前，各行各业的文物爱好者、收藏家表现出了有责任感的国民的最真挚的品质。在这数十年间，他们锲而不舍地动用自己的资源，在一部分文博专家的支持下，调查真相、研究真相、宣传真相，在中国文化遗产的保护上作出了自己的贡献。各级政府应当发给这些民间无名英雄一个个大奖章，以表彰他们的成就。

举例来说，曾经在上海浦东南汇博物馆展出的 170 余件元代瓷器，是全国 150 多位收藏家的藏品，它们被挑选来参加“迎世博中国民间收藏精品展”。有什么理由说这些藏品是真品呢？

第一，全部器物经过釉面成分机器检测，结论是“与元代瓷器釉面成分相符”。釉面成分检测是怎么回事？有些读者可能不太清楚。我们知道，一个器件的物理化学性质是可以通过现代科技分析的，其中分析元素的组成就是一种办法。这就像在医院里医生给病人检测血液成分一样，检测的结果是一组客观数据，并非主观判断。那么,怎么根据检测出来的数据判断该器物是否为元代瓷器呢?关键是要找到好的参照数据。

目前全国各检测机构的数据库参照数据大多数是自己建立的。他们出于谨慎,只以自己找到的窑口瓷片数据作为参照,所以普遍的缺点是数据不够。南汇展的参照数据是《中国科技史·陶瓷卷》公开发表的数据,应当有更广泛的适用性和权威性。检测出来的数据与《中国科技史·陶瓷卷》公开发表的数据相符,从一般的规律来讲,结论应该是可靠的。从逻辑上讲,能推翻这一判断的证据只有一个:用新仿品通过机检,即新仿品的釉面检测成分也与《中国科技史·陶瓷卷》所刊列的一样。但迄今为止,没有一例报告告诉你新仿品能通过机检。相反,好多老的瓷器通不过机检,因为没有相对应的参照数据。只要用科学理性的办法去看待釉面成分检测,陶瓷器的真伪是可以鉴别的。

第二,这批元代瓷器的鉴定全部通过了故宫博物院古陶瓷专家李辉柄、国家文物鉴定委员会原委员孙学海先生与江西省文物考古研究所古陶瓷专家余家栋研究员的联合鉴定认可。我们知道,在文博界专家中,眼光差异很大。李、孙等几位与一些专家的观点不同,看法有异。那么,专家的鉴定权威性从何而来呢?似乎从资历上很难证明谁优谁劣,现在也不可能对专家有个"客观的考核",可以立见分晓。但有一点是肯定的,这三位国家级专家的鉴定结论与机器检测的结果是一致的,这就说明问题了。那些持相反意见的专家的意见与机器检测的结论是不一致的,这是矛盾,为了说清这个矛盾,要证明他们的准确,就必须证明机器检测是不可靠的。所以,在电视节目上砸毁有机检证明器物的那些人,想表明的就是"机器检测的不可靠",但究竟不可靠在哪里却闭口不谈,其他对检测结果持相反观点的专家几乎以同样的态度看待机测,然而谁也无法证明检测的不可靠性。

第三,收藏界怎么判断元青花的真伪?我要说的十分重要的一点是:这 170 余件元代瓷器是全国 150 多名藏家,从全国各地集中到上海浦东南汇博物馆的。从概率上看,这 150 多名经验丰富的本来素不相识的藏家为什么对器物持相同的观点呢?原来他们在收藏实践中摸索出了一套行之有效的办法来确定元代瓷器的真伪。

其要点表述如下：

(1)从西亚钴料的发色的特殊性判别使用进口料的元青花。唐、宋时期都没有大规模使用钴料的历史记录，从出土实物看，即使有少量唐青花、宋青花出现，也没有大规模烧造青花瓷的窑场。而元代却在江西中北部地区开始生产青花瓷，其中使用进口钴料的不在少数。

元青花大器，特别是“西亚型”的青花器使用进口钴料已成为学界共识。而如何用眼学判断青花器使用进口钴料的问题成为鉴定界的难题。在过去的鉴定实践中，只用“铁锈斑”“锡光”之类的经验型判断术语，难以给元青花钴料发色下准确的定义。2006 年，本人到伊朗国家博物馆考察了馆藏元青花器 28 件。在这次难得的机会中，我使用了问世不久的高清数码相机作为观察工具，在距釉面半厘米的距离拍摄中、微观元青花钴料的呈相中获得了极其宝贵的第一手资料。

在电脑上放大后的元青花钴料呈相表明：伊朗馆藏元青花钴料在经过数码相机微观拍摄再放大后，其呈现具有高度相同性，表面特征十分鲜明。这些特征有非常鲜明的规律性特点，特别在肉眼不能辨别的极细微处，也显示出“高铁低锰”钴料的“结节性”特征。

这些特征，用通俗的行话来说，就是元青花钴料在高温中“炸”的现象。这种现象，说明元青花在钴料呈相上具有流动性、鲜活性、生命力。在中国陶瓷史上，除了永宣青花器上有类似的特征，其他朝代的青花瓷都没有相同的征貌。这一特点决定了元青花特有的审美特点：超然脱凡、无拘无束的写意风格。

元青花钴料的“高铁低锰”特征来源于西亚的钴料。我在《土耳其、伊朗馆藏元青花考察亲历记》一书里已经有详细的描述。具体地说，业内所传说的进口钴料产地应当在伊朗，而不是在伊拉克，更不是在什么苏门答腊，得出这个结论并不困难。13 世纪的伊朗典籍上已有关于“Sulaimani”的详细记载，并告诉你，它出自德黑兰南部的格哈玛沙（Ghamsar）山区，“Sulaimani”汉译“苏莱麻尼”，与中国古译“苏麻尼”只有细小差别。从中国古人翻译的习惯来看，漏译“lai”的音节是完全可能的，也是解释得通的。伊朗博物馆的专家还知道古代伊朗的“苏莱麻尼”销到中国，是用“小的秤来称分量”的。还有不少波斯文材料证明元代时期波斯人在元朝中央当官和波斯工匠参与云南、江西、泉州的制陶瓷与营销活动。

从钴料的呈色来判断用西亚进口料的元青花器，是我们目前能用的最为直观与简便的方法。现代仿品使用的是化工合成料，它烧不出元青花的“炸”来。

⑵用土沁来判别元青花的老旧。元代瓷器传世稀少。近年来在收藏市场发现了一些传世特征非常明显的元青花器。而元青花大多数是近十几年间的出土器。这一社会性特点，为我们辨别元青花真伪提供了十分有用的角度。

收藏实践告诉我们：窖藏或墓葬出土的瓷器，不管放置空间条件如何完善，它们的底部总是要与土地接触的，而根据物理学原理，在器物的自重作用下，在器物的底部与接触土地的作用力与反作用力的相互作用下，器物底部表面被土地中的各种化学物质侵蚀是必然的。而60—80倍的放大镜则提供了观察这种侵蚀的可能性。

有人要说，现在做旧方式无所不用其极，用石灰、用硫酸泡，用灰土埋，不是可以做出老旧状来吗？对这个问题的回答有两个方面：第一，对元青花而言，700年的旧与刚刚做的旧是肯定不一样的，这是铁律，毋庸置疑；第二，有经验的收藏家能识别出人工旧的特征，这也是铁律。所以还是要多看旧底，多熟悉出土的旧底的多种特征。

另外的特征是土沁对气泡的影响，这也是藏家识别古瓷的常用方法之一。在60—80倍放大镜下观察釉面，发现釉面气泡中有两类有明显土沁特征的气泡可作为辨别古陶瓷的标准。关于这一点中科院硅酸盐研究所科研人员的研究成果和收藏家余念忠先生的研究成果可以作为参考。在长年土沁的条件下，釉面气泡会有局部破损（或者出窑时已有破损），累年的土沁在气泡壁上形成累进的有深浅不同层次的堆积层（在60—400倍放大镜下看得非常清楚）。而据余念忠研究，未破损的气泡在地下累年受沁后，也有黄斑渗透现象。以上两点，均是人工作伪无法做到的。

对瓷器观察要特别注意的是：在地下保存条件好的墓或窖藏中，器物釉面的受损状况并不明显，有的光亮如新。这就要靠我们的经验来区分新瓷器釉面的光和老瓷的釉光了。但有一点是肯定的，新出土的保存较好的老瓷器的釉面，在出土六个月后，釉面光亮度会发生变化，在再次氧化作用下，釉面会快速地老化，变得温润如玉而宝光四射。只要给一点时间，老器釉面的“真面目”就会显露出来。

(3)了解古代人的瓷画技术，从绘画技巧上区别新老器物。目前的元青花仿品，都是照着真品图录先打纸样，再手工描摹，所以不宜从细节的准确性来判断，如人物的画法、树的画法等，至于从八层工、七层工之类判断，更是不着边际了。元青花真品图上有八层工，仿品就会是八层工，绝不会多出一层工来。那么，如何从画工上确立判别真品与仿品的标准呢？只要去过景德镇仿古作坊的人就会知道，仿品的画工是现代人对着已经拓印在瓷胎上的图样描摹，绝不是绘画，更不是原创，而古代人在元青花瓷上作的是工匠自己的绘画。所以，古代每一件元青花的图样，即使是同一题材的，也绝不会相同。由于有这一特点，从画面上看，真品就有流畅感、生命感，甚至在走笔运力上可以看到创作者的个性。相比之下，仿品是照样描红，它的走笔慢、涩，由于仿者使用毛笔的功力无法与古人相比，长线条尤其拙，只要认真研究过中国古人的绘画技巧以及使用毛笔的习惯，就比较容易区别出新仿品的“现代感”来。

(4)用比对办法来识别元青花。目前，已知的国内外馆藏有400多件元青花，本人在近10年间，3次去土耳其托普卡比宫博物馆，两次去伊朗国家博物馆，共上手馆藏元青花60余件。同时，参观了东京美术馆、大英博物馆、卢浮宫、松冈美术馆等国外著名博物馆，还分别参观了安徽、内蒙古、河南、江西、上海、北京、江苏等地藏有元青花的博物馆，所见国内外馆藏标准器不下200件。应当说，对目前已知馆藏器的了解，下了很多的功夫，从科研角度讲，已经具有类比推理的条件。

从已知馆藏看，主要有三种类型。

一是伊朗与土耳其馆藏中的主流品。我把它们与景德镇湖田窑元青花瓷片作了仔细比对，应当确定它们中一部分是景德镇湖田窑、落马桥窑生产的。它们在国内民间收藏中所占比例极小，能见度很低。这引发了三个合理的推测：一是，西亚这批元青花在国内所见极少，而且只有景德镇湖田窑等少见的窑口对上号。也就是说，有可能这只是一批在景德镇湖田等窑口烧的供西亚使用的元青花。二是西亚部分馆藏品以及东京美术馆的藏品，与内蒙古博物院、河南博物院等中国国内的主要馆藏，其器型、发色，修足相同，但窑口不同。三是西亚馆藏中一部分藏品在国内找不到相同的馆藏器，但在中国民间恰恰有相同的。如，土耳其馆藏中有一只元青花罐，发色浓艳，无明显铁锈，与民间收藏江西抚州及武夷山区出的元青花相近、相同。用民间收藏的元青花与已知馆藏比对，我们可以筛选出一批与馆藏相互印证的元青花器，这也不失为我们鉴别元青花真伪的一种方法。

我在上面不厌其烦地把鉴别元青花的一些经验列出来，只是想把个人的鉴赏经验提供给大众参考。其实识别元青花从智力要求上并不复杂。一个正常人能迅速地识别自己的亲人或熟人，靠的不是复杂的逻辑判断，而是靠熟悉程度，从认知心理学上讲，依靠的是“特征判断”。所以，我们只有熟悉老的，也经常到景德镇去熟悉新的，对元青花的判断就没有神秘之处可言了。

第二节　当前元青花研究的现状

1. 三大进展

第一，苏料元青花是我们研究、收藏、审美评价的重点。

元青花钴料有国产料、混合料，但苏料是元青花生产的主流和最重要的时代标记。苏料，文博界传统称之为“苏麻尼青”钴料。我从伊朗国家博物馆专家处得知，该钴料产于伊朗中部，是一种高铁低锰的混生矿，波斯语读之为“Sulaimani”，中译为“苏莱麻尼”。

苏莱麻尼的使用使元青花出现了特殊的表现方式。这是我在伊朗国家博物馆库房考察时，用数码相机拍摄后发现的，这在本书中已有了详细的论述。简言之，这个特点就是钴料发色的“炸”——景德镇窑工对元青花苏料发色的一个形容。“炸”即晕散。当然，任何语言文字都无法描述清楚这种“炸”的感觉，只有不断观察实物、熟悉“标准器”的釉面表现和钴料的发色，才能真正把握好它。好在本书已经对伊朗国家博物馆库房里元青花的釉面情况一一作了介绍，上百张数码相机拍摄的图片已经清晰地表现了苏料元青花的晕散状况，有心的读者只要熟悉这些图片，并在自己的收藏实践中不断比较、不断体会，就一定会有收获。

关于苏料的出处，根据目前的研究成果基本可以认定，只有西亚地区产出，目前所知是出于伊朗中部高原 Ghamsar 小村。中科院上海硅酸盐研究所专家对中国国内所产的所有钴料都作了化学成分分析，得出的结论是中国境内没有高铁低锰钴料。元代时期的青花瓷生产使用了波斯钴料，波斯文资料也证实了这一点。我们的实地考察也坐实了高铁低锰钴料产自伊朗中部高原。

关于高铁低锰的伊朗钴料的化学成分，最权威的提供者应当是伊朗国家博物馆。2006 年，我们组织召开了“上海元青花国际研讨会”，邀请了伊朗国家博物馆的专家。梅赫纳兹・拉西米法尔研究员在会上宣读了她的论文：《伊朗国家博物馆的元青花》。论文指出，巴丹沙、卡尚及库姆附近地区富藏钴矿。元朝中国自伊朗进口青料，故青花瓷一度名为“阿比穆罕默德蓝”。根据伊朗国家博物馆的标本检测数据，中国青花有斑点，是因为技术水平有限，钴料使用过量。伊朗瓷器含铁量低于中国，原因是伊朗工艺使钴与铁完全分离，使用钴料技艺高超。钴作为蓝色呈色剂，中国瓷器标本的含钴量为 0.1%—0.4%，伊朗瓷器标本的含钴量为 0.03%。

通过伊朗专家所掌握的资料以及中国专家的研究，元青花高铁低锰钴料的产地基本可以确定。元青花主流由于使用伊朗产的钴料而成为一个时代的特色。

第二，北方窑元青花纳入我们的视野。

无论到哪个博物馆去参观，都会发现元青花的出处总是注明“景德镇窑”。这已经成为一种习以为常的认知，国内外情况都一样。实际情况是不是这样呢？回答是否定的。景德镇陶瓷研究所的研究人员很清楚，单是景德镇周边就有几十个窑口，而江西与古陶瓷沾点边的老百姓都知道，江西抚州地区的南城、南丰，甚至再往南的瑞金等地都有元青花窑口。而在武夷山以东的福建地区，沿闽江一路而下，到处都有古窑址。比较著名的元代窑口有建阳窑、邵武窑、漳州窑等。我在这里要说的是另一类窑口——蒙古高原上的元青花窑口，我们且定义为北方窑口。

北方元青花窑口一直没有被文博系统所知晓，收藏界的大多数藏家也不了解。在“上海元青花国际研讨会”上，蒙古国家博物馆馆长和专家的联合发言指出：“废墟中的古代蒙古首都哈拉和林坐落在蒙古中部的鄂尔浑峡谷。哈拉和林是大蒙古国的中心，并在1220—1260年间一直是蒙古帝国的首都。在13世纪中期，哈拉和林是全世界最重要的城市。考古发现，许多外国人群体居住在哈拉和林，他们在这里制作工艺品、信奉他们的宗教。该城市有许多东方与西方风格的建筑和多种宗教的寺庙……”“在蒙古国土上发现的瓷器主要制作于宋、辽和元这三个朝代。例如，在哈拉和林的考古挖掘中就发现有宋窑，比如汝窑、青花瓷及定窑。很显然，精美的瓷器和青花器多是来自中国，也有一些陶瓷是在蒙古国生产的。”“在元代，蒙古、阿拉伯和中国工匠一起，制作了高质量的瓷器。”“元代以后，生产蓝色和蓝白色的‘tsai—yao’和汝窑瓷器便停止了。因为用来为瓷器上色的染料是从伊朗带来的，那时伊朗还在蒙古的统治下。”“第一次在古代蒙古首都城市哈拉和林所进行的科学联合考察，是1948—1949年，一支由蒙古和俄罗斯组建的考古队在哈拉和林的废墟中进行了考察。当时带队的俄罗斯科学家S.V.Kiselev记载：‘在一个窑口发现了一些陶瓷器，这些瓷器是由当地蒙古的艺术家和来自中国的囚犯共同制作的。’‘在元代，蒙古、阿拉伯和中国工匠一起制作了高质量的瓷器。’蒙古、俄罗斯联合探险队这次总共发现了8325件瓷器及陶瓷碎片。之后，1999年蒙古、德国联合探险队在同一地点发现了几倍于蒙古、俄罗斯探险队发现的碎片。”

蒙古国家博物馆研究人员发布的消息包括如下信息：第一，在12—13世纪的蒙古都城哈拉和林有世界性的商业活动；第二，1948—1949年，蒙古国、俄罗斯的考古队在这个城市的范围中发现了8000多片瓷片、陶片，并且于1989年再次发现了数量几倍于前的瓷片；第三，在元代的蒙古高原上，蒙古、阿拉伯和中国工匠一起制作了高质量的瓷器。

有田野考古实践的人都应该知道，这是瓷窑的堆积物，而不是个人使用的器物遗存。蒙古国家博物馆的研究员对我说：“哈拉和林那一片土地上，到处可以看到瓷片。”哈拉和林发现的瓷片说明，蒙古高原上存在古瓷器的窑场。而我国国内的发现也证实了北方窑（内蒙古地区）元青花的存在。

蒙古族藏家、古玩商某先生是我交往20多年的朋友，他收藏的元青花曾让我大吃一惊：千呼万唤不出来的与大多数馆藏同类的元青花，原来在这里！说这句话是有来头的。我曾多次去观摩考察的土耳其托普卡比宫、伊朗国家博物馆、东京美术馆、大英博物馆等处的馆藏元青花都标明产地是景德镇。但在很多年中，我认识的几乎所有收藏界朋友都没有与这些馆藏一致的藏品。"景德镇窑"生产的元青花到底在哪里？作为收藏家，当然希望寻觅与大馆藏同类的藏品。当终于看到同类的藏品在一个蒙古族收藏家手里的时候，我惊呼：这与伊朗、土耳其馆藏完全一样！

随后的交往使我领悟到：中国北方内蒙古地区竟然也有元青花窑场！这不是我孤陋寡闻，就连故宫李辉柄先生也曾对我说过：内蒙古怎么还有元青花窑？这个尚不为外人所知的元青花之谜，就在民间被爱好者破解了。内蒙古朋友从他的收藏品中，给我展示了在他老家拣获的窑具、烧歪的高足杯、带窑粘的残器以及漂亮的整器。这些就是国外大博物馆标识的"景德镇造"的元青花。我的心情几乎与当年去伊朗考察发现"苏莱麻尼"元青花的呈色特征后一样兴奋。产于内蒙古某地的北方窑元青花胎底显得较绵软、斜削胎，釉面老气，不像景德镇地区产的那样水灵灵的，有玻璃光感。从直觉上看，北方窑元青花显得粗犷、大气，画工率性，犹如一匹蒙古草原上的野马，有强烈的动感。同时，有最典型的苏料晕散表现，铁锈斑沉淀明显，褐铁色斑处用放大镜观察，网状纹清晰可见。有的质量高的北方窑元青花，晕散之优美，发色之蔚蓝，可以达到无与伦比的境界。

北方窑元青花的发现和论证，是元青花研究界的一件大事，对元青花窑口的归类至关重要。北方窑元青花数量目前发现不多，但收藏家们还是寻觅到了一些。我所见的博物馆实物，除了国外的，国内只有内蒙古博物院展出过的一件直径40余厘米的西亚型青花花卉盘子，裂开两半，修复过，我对其表现出来的气势记忆犹新。

第三，元青花分级收藏理念的提出和传播。

元青花被不断发现的事实，使每一个收藏者都在思考它的收藏价值和市场前景。事实证明，元青花数量很多。有多少呢？不同的收藏者有不同的估计。我从全国四次国际元青花会议参与者的信息反馈中估算，目前已经面世的元青花器大约在 1.5 万件，这是一个根据众人经验的估计，然而无论如何，元青花的存在已经远远超过了 300 件。这是一个事实。面对如此众多的元青花，提出收藏要分等级已经是自然而然的事了。

根据许多次与收藏者的交往、交流，我和我的同伴们认为，从色、釉、型、画等方面综合考虑，元青花的等级划分可以分为八级。元青花有国产料、混合料，有的艺术水准也很高。但是，最独特的要素是“苏莱麻尼”钴料呈色效果。效果最好的苏料呈色，具有墨分五色般的晕散、灵动、层次感，在审美上达到了赏心悦目的效果。这是从美和艺术角度对元青花的审视和分级。收藏实践告诉我们，一级品元青花的概率大约占所见元青花的 1%，甚至更少，这是建立在有丰富的收藏经验之上的判断。我和我的收藏界的朋友们都认同这个判断。当然，这种判断只是参考意见。然而，收藏挑选精品是没有人怀疑的。“元青花分级”理念一提出，立即引起了广大藏友的热烈反响。率先作出反应的是台湾的藏友。海峡两岸的元青花爱好者在台北市政厅举办了“海峡两岸元青花分级展”，并出版了专著。尔后，又在上海举办了“海峡两岸元青花分级展”，形成了一定的社会影响。当前，元青花分级的理念已经被收藏界广泛认同，有分歧的只是如何分级，分级的标准是什么。这是需要理论讨论的话题，但并不影响众多的元青花需要分级。不分级的收藏将会使人无所适从，不分级市场运行也无法进行。而事实上，民间交流中的每时每刻人们都在根据各自的经验对藏品进行分级。

以上三点，大致是我本人对元青花研究进展的见解和收藏体会。目前，元青花研究还有不少棘手的问题需要解决，在我看来，以下问题目前还没有完整的答案，需要下大力气加以研究。

2. 八个问题

(1) 元青花窑口问题的进一步调查研究。

查阅官方考古发掘的材料和综合民间人士的发现，内蒙古地区的元青花窑口、江西南城地区的元青花窑口,以及福建闽江两岸沿江而下散布的元青花窑口,都未得到正式的考古挖掘和调查。而这些地区窑址所在地散落的大量瓷片、窑具都被民间收藏爱好者发现。这是有价值的线索,对弄清元青花生产和分布的情况是十分关键的。

⑵ 元青花所用钴料的科学调查和考证。

据目前公开出版和一些专业研究者的科研材料披露,除使用波斯钴料以外,国产钴料计有江西的陂塘青(又称"平等青")、浙江的浙青、云南的土青、西北的回回青等。这些钴料在元青花上的使用情况,目前还未彻底摸清楚。主要原因倒不是没有技术手段,而是具有技术手段的官方机构所能确认和掌握的元青花存世量并不多,民间存在的大量元青花器尚未被列入科学研究的范围。国内官方博物馆掌握的元青花大概是200件左右,按制度,不能随意作为科研样品(包括胎底取样等)。鉴于上述客观原因,国内官方元青花研究并未大规模地、系统地、高质量地展开,元青花钴料使用的详尽数据也不尽完备。而民间研究则由于设备、资料、数据、资金等不足而陷于基本停顿的状态。这方面的工作空间还很大,前景广阔。

⑶ 元青花的装饰艺术研究。

元青花的装饰艺术在中国陶瓷史、美学史上有独特的地位。它的主要特征是满工、装饰的多层性,以及波斯文化、蒙古文化、汉文化元素的杂糅,其中伊斯兰文化对元青花装饰的影响,我们在本书中已有初步的描述。令人印象深刻的考察成果是"莲花纹"竟然是古波斯古而有之的标志性图案,公元前5世纪就被广泛运用在古波斯帝国的建筑物装饰上。顺着这条思路,元青花装饰上的波斯元素比较容易捕捉到并得到解析。蒙古文化元素与汉文化相近,特别是佛教文化的元素杂糅在里面,有不少研究者涉猎了这方面的问题。最难解决的是元青花器物上的人物故事纹,虽然有人已经考证元青花的人物故事纹有100多个主题,涉及"西厢记""三国演义""水浒""二十四孝""后汉演义"等故事。在元代出版的《全相平话》一书中,也找到了确凿无疑的"鬼谷子下山"图的来源。根据《全相平话》所刊图文的风格,可以猜测:元代青花器上的人物故事,是出于类似的元代及元代前的插图话本,最可能是宋元话本了。但是,我们曾花费时间查阅中国社会科学院图书馆、上海图书馆和其他资料中心,暂未找到相应资料。元青花上的人物故事,现有元代版本的《全相平话》一书可以佐证。相信其余资料在日后的岁月中会慢慢被发现。

⑷ 元青花的审美特征综合研究。

对元青花的研究长期以来停留在“真”“假”判断上,因为官方信息认为元青花存世量极罕,发现任何一件都是宝贝。所以,主观上无动力也无更多的资料去研究发现元青花的整体审美特征,以及这些特征艺术上的高低差别。民间的元青花爱好者来自各行各业,对所收藏器物的审美特征的研究,目前还未提到日程上来。因此,元青花审美特征的研究是有待开拓的一个新的领域。这个领域主要研究的是元青花瓷画艺术的风格、来源、特色、历史地位等,并结合工艺特征的优劣来综合认识元青花的艺术价值。

⑸ 元青花的销售和传播影响力研究。

元青花是大元国的主要商品瓷器,当时以瓷都景德镇为核心的窑口有 300 多座,加上全国其他地区的生产,数量惊人。收藏实践证明,绝大部分元青花器不是作为观赏器而生产的,其中大量的茶叶瓶、罐和盛酒器等实用器毫无疑问是普通商品,做工比较粗糙、画工比较简单,批量生产只为商业需要。但也有极为精美的陈设器和宫廷赏赐器、贵族用器。

那么,元青花的生产量如此之大,它的商业用途的面貌究竟是如何呢?

暂未发现历史记载,当年大元国的瓷器及瓷器装的货物是如何通过陆上丝绸之路和海上丝绸之路走向西亚,并通过西亚走向欧洲的。我这里只能根据 30 多年的收藏经验和实地考察调研得来的材料,作一推断。

先简述北方丝绸之路的通道。上海博物馆 2017 年组织了大型的国际元青花展。从 90 多件展品的钴料使用、烧成品相来讲,我判断从伊朗、土耳其、莫斯科、中国新疆伊犁等地征集的展品具有相似的特征,与我所说的北方窑产品相似。也就是说,通过戈壁沙漠从中国北方腹地到达西亚、欧洲的,有一条陆上运输线,元青花瓷器以及元青花瓷器所装载的货物,从北方某地出发而到达目的地,沿途所遗留下的元青花器物的特征，与北方窑口的元青花高度相似。

而上海博物馆的元青花展还有一种类型器物，则是景德镇窑、南城窑以及与高安出土、湖北出土的相似器物。李辉柄先生曾说过，著名的鬼谷子下山大罐是南城窑的。我在展出现场观摩此罐，也同意此说。这些窑口的元青花器，发色幽蓝偏灰，玻璃光较强，钴料发散没有北方窑浓烈。打个比方，北方窑青花器外表看就像个饱经风霜的草原汉子，而南方出产的元青花就像个水灵灵的南方丫头，两者的眼学区分非常有特点。当然，这需要研究者对元青花不同类型的特征有个初步的了解。

而另一个民间调查得来的消息是，福建武夷山北部山区沿闽江而下，不仅有许多窑口，而且当年与江西一山之隔的瓷器贸易也十分兴旺。江西挑夫挑了青花瓷等江西产的瓷器走武夷山北部小道到达闽赣交界处，与福建从沿海运来的海盐交换。而将要出口的货物则由竹筏装载顺闽江而下，出武夷山脉到达闽江下游，再换大船到出海口。福建邵武市有个口前镇，村民形容当年窑火非常兴旺，窑工全部来自江西，许多村民也知道自己的家族是从江西迁移而来的。

我们由此推断，在大元国有南北两条路线进行瓷器交易。蒙古—天山南麓—中亚—西亚，是一条线；江西—武夷山—福建出海口，是另一条线。详尽的考证可以写一篇博士论文，在此只是初步勾勒和提问。

⑹ 关于元瓷“博陵第”的研究。

元代瓷器生产中有一个独特品牌“博陵第”元瓷，其中元青花是大宗产品。关于“博陵第”瓷器，国内已有不少人在深入研究、考察，并成立了研究组织，取得了可观的成绩，“博陵第”元瓷是其中的一个门类。“博陵第”元瓷研究的意义在于了解元代瓷业生产的商业化、品牌化的过程和状况，这是瓷业经济方面的重要课题。“博陵第”元瓷（含元青花）的主产地从景德镇以南，南城、南丰、建阳、邵武等地都出现了贴“博陵第”牌子的元瓷。所以当年生产的“博陵第”牌记的窑口很多，可见其商业规模已经非常庞大。当前，在民间调研的基础上再整合力量，定会有突破性的成果出现。

⑺ 元彩瓷的研究。

在元青花研究的基础上，元代彩瓷研究已经提上议事日程。目前，关于“博陵第”元彩瓷已经有许多文章甚至专著问世。收藏实践表明，红绿彩、红釉、蓝釉、酱釉、五彩、青花五彩、釉里红、釉上三彩、珐琅彩等元瓷的民间存世量也较大，只要肯下功夫去走走，专业的陶瓷工作者完全可以发现一个与已知的馆藏文物不同的、五彩斑斓的元瓷世界。元彩瓷研究的重要性不仅仅在于填补陶瓷研究的空白，而且在于它是联结汉唐以来的陶彩绘传统的重要一环。彩绘传统在元代发扬光大，蔚然成风，补上这一笔，才能解释明清两代彩瓷发展的多样性、丰富的美学特征。这也是向世界展示一个崭新的中国工艺传统面貌必做的工作。

(8) 元代文化层的再研究。

在明人的记载中，元代是杀戮的时代、文化灭绝的时代。不仅元代文人雅士被打入社会底层，而且元代的文化成果也被表述得极为可怜，只有元曲略微有点光彩。但元青花的率先破局告诉人们，元代文化可能会有另外一面的景象。元代的瓷器工艺生产极为发达，制瓷业达到历史的顶峰，生产的品种之多、样式之繁杂、商品交流之发达，都可喻为历史上的高峰。这首先由于大元国疆域之大，为历史之最。包括今天的伊朗、俄罗斯在内，都是大元国的藩国（波斯统治者为元代皇帝忽必烈的堂弟）。本质上，中原地区与当年波斯地区的贸易是大元国的国内贸易，由此造成了多元文化的交融交会的壮丽景象。元代文化的真实面貌由于器物文化的突破，其中尤其是元青花研究的突破，将为我们呈现一个全新的、过去不为人所知的面貌。

第三节 关于机器检测

1. 微量元素成分分析法

古陶瓷的鉴定问题是近30年由于民间收藏的大发展而出现的。对元青花的认定上也是如此。所以本书不得不专门辟出一节来介绍目前的机器检测情况并作出分析。

西亚风格的元青花大碗/私人收藏

本人是元青花的研究者，不从事鉴定和机器检测。所以，在这一节中，我力求客观公正地介绍目前社会上流行的几种机检方法，并根据自己的亲身体会对它们作出评估。

下面是我本人的详细经历，照实叙述，以资参考。

我第一次接触古陶瓷机检是在 20 多年前，在北京某博物馆对外检测中心。我满怀希望地拿着我自认为很开门的一件元青花器去检测，得出的结论是“不符合元代瓷器标准”。这是 X 射线荧光成分分析检测。我以为我收藏错了。但当我看到别的藏友很开门的一件宣德青花器也被判为仿品后，强烈地感到这种机检肯定哪儿出了问题。

同样的元素成分分析法，南方某高校的检测也是屡次不予通过。藏家送去检测的东西几乎没有对的。我本人收藏的一件老气横秋的元青花（西亚风格）大碗送去检测，也是不对！（见上图）

这种以瓷器矿物元素存量为标准的检测方法，现在使用的仪器大同小异（包括手枪式的仪器），都能在极短时间内显示出某器物的成分元素的数量。开始时显示 7 种元素，后来进步到能显示 20 多种元素。按道理，这应当是最科学、最简便的方法了，可是，检测的结果与收藏实践大相径庭。问题出在哪儿呢？

原来，持这种仪器的检测机构坚守了一个“科考出土”的原则，他们早期只在景德镇研究机构取样。如某高校的检测实验室，只取样了 13 片景德镇瓷片用以对比受检元青花。景德镇以外的窑口，早期是没有被纳入视野的。由此可见，这种检测存在的问题是样品标本的问题。已取得样品的检测范围是一个很小的圈，而不在当前检测标本范围之内的器物存在于这个小圈以外的很大的范围。

近期,在挑选进入《苏莱麻尼·元青花》一书的民间元青花藏品过程中,我知道在目前打假成风的氛围中,这是存在高风险的事情。为了确保万无一失,除经过众多成熟的大藏家眼学挑选外,我们还特地邀请了成都孙季陶先生用手持式元素成分分析仪检测了所挑选的元青花器,检测结果令人振奋,大多数符合中科院制定的锌锆钡古陶瓷微量元素成分不超过设定标准的要求。也就是说,检测结果可以判定为老瓷器。为了保险起见,我们还用量子文物年份检测仪、洛阳眼两种不同的仪器进行交叉复检,这些元青花全部符合老瓷器标准。

实际上,此次检测改变了我对元素成分分析检测的疑惑。检测结果为什么令人振奋?为什么收藏家的眼学与科检的成分分析法基本上能对上号?原因有两个:一方面,目前在科检机构采集的窑址标本已经大大增加,并不仅仅像过去那样元青花只采用几片落马桥窑、湖田窑的标本;另一方面,我这次挑选元青花器,有非常明确的窑址意识,大多数是景德镇窑以及周边的南城和南丰以及乐平窑口生产的元青花。也就是说,这是大景德镇范围内的元青花器,与目前科检采集的瓷片相符合的程度较高。

不管怎么说,这使"同心圆"范围又扩大了许多,有利于使检测更加符合真实情况。

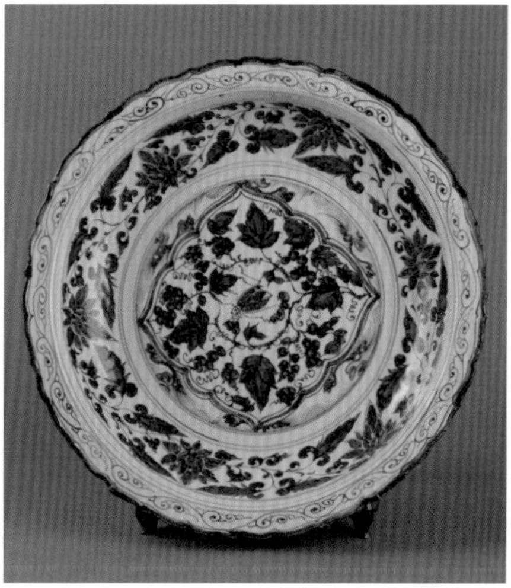

两件元青花都符合中科院制定的锌锆钡古陶瓷微量元素成分标准/
引自《苏莱麻尼·元青花》

2. 量子文物年份检测

目前最受收藏界欢迎，也是最受争议的一个检测方法，是冠名“量子检测”的方法。但量子科学家们没有一个人承认它，甚至对其嗤之以鼻。事实上，热衷于推广“量子文物年份检测仪”的人们，谁也说不清其中的原理。既然说不清，我们就不去说清。我们只看看检测的实际情况。

收藏家唐建伟“以身试测”，专门去考量“量子文物年份检测仪”的“本事”。2019 年 5 月，唐建伟抱着试一试的心态，到某检测点去检测。

唐建伟首先拿出一件带“乾隆年制”款的单色釉新香炉。单色釉器物较难鉴定，特别是依靠眼学鉴定。为了迷惑鉴定师，他特意告诉检测师，这件香炉有“乾隆年制”款，已经放在车上 13 年了。见是乾隆款，检测师便从 1600 年开始查起，经过多次查验，结果是 1955 年烧制的，属于创汇时期的东西，第一件骗不了“量子文物年份检测仪”。

其次他拿了一件没有款的米白釉哥窑笔洗，同时告诉检测师，一些藏家对这件哥窑的眼鉴结论有三：一是说宋代哥窑，二是说明代永宣仿哥窑，三是说清代仿哥窑。经反复试测鉴定，其结果是 1436 年烧制，也即正统元年。

接着是一件带有“宣和二年”印款的“金丝铁线”“哥窑”器物，经过检测是 1120 年。1120 年是庚子年（鼠年），正是北宋宣和二年。

他想是不是款式的年份给检测师提供了信息，于是将一件遮盖住年款的器物放上“量子文物年份检测仪”的检测台。这件器物器型不常见，经过反复检测，结果鉴出 998 年。揭下遮盖物后，露出款式：“大宋咸平年制”。经查，北宋真宗咸平（998 年—1003 年），998 年正是咸平元年。

最后他不动声色地拿出了自己在窑址采集的三块瓷片：潮州饶平九村“克拉克瓷”故乡的瓷片、梅州“大埔余里窑”青瓷瓷片（余里窑的考古发现改写了广东青瓷元明出口的历史）和“梅州水车窑”的青瓷。心想这些一般没有资料的地方窑口，检测师是难以测出烧制年代的。检测结果令人暗暗吃惊。

关于潮州饶平九村“克拉克瓷”故乡的瓷片，经“量子文物年份检测仪”检测：

结果是 1642 年（明崇祯十五年）；关于梅州“大埔余里窑”青瓷瓷片的检测结果是 1635 年（明崇祯八年）；关于“梅州水车窑”的青瓷的检测结果是 1642 年，经查是明崇祯十五年。据了解，从明代万历、天启、崇祯至清代康雍乾，正是克拉克瓷大量出口的时候！而潮州饶平九村当时是“百窑村”，这几块瓷片是在老窑址边上信手捡来的，足以证明当时的生产规模。

检测完三件瓷器和三个瓷片后，他又把在前往清凉寺途中，于九村路边堆积土中陶瓷厂刚倒掉的残器里捡到的有点磕破的新小杯给检测师检测，其结果显示是“2017 年烧制的”。

切切实实是老的，检测出来的是老的！

切切实实是新的，检测出来的就是新的！

这次还带来了一些传世品，其一是民国的青花花卉纹小瓶子，经“量子文物年份检测仪”检测是 1927 年烧制的；其二是清末民国粉彩博古纹小盖罐，“量子文物年份检测仪”检测是 1905 年烧制的，经查 1905 年是光绪三十一年，属于清末。传世品的传统目鉴与“量子文物年份检测仪”检测结果基本一致！

在五年的送检过程中，唐建伟积累了不少现场经验，同时也发现科技年份检测并不是百分百准确。如有的眼鉴明明是一件老化很好的老物件，且在显微镜下可见不少破泡等老化痕迹，但就是过不了年份检测。经了解，其原因是多方面的，包括检测人员的操作熟练程度，也包括收藏过程中的泡洗、包装、放置等问题。为了能够尽可能地让检测结果客观公正，唐建伟分享了其关于检测问题的经验：一是慎用洗涤剂，洗涤剂残留物质留存过长，会影响检测效果；二是慎用塑料包装泡泡纸，因为泡泡纸、泡沫的分子会附着、沁入送检物件的表面，仪器会检测到化学成分，造成检测年份不准确；三是送检物品避免受到其他物品的干扰。

以上是收藏家唐建伟的检测“试验”。

用流行的话来说，“量子文物年份检测仪”是“民间科技的发现”，属于“民科”，但在收藏中却十分管用。据福建寒江雪艺术馆使用结果，它有 98% 的准确率。这是一个非常了不起的数据，特别令人信服的是它的盲检的准确度，即将有年份款的器物遮盖年份款，让仪器检测其年份，大多数场合，机器竟然“猜”对了年份。对此，我也曾屡次试验，不得不信服。这是不能不让人感觉诧异的地方。

既然“民科”已经进行了千百次的实践，并有成功的经验，那么“官科”对它应有重视，并加以研究是完全必要的。历史上的科学发现，本来就没有“官先民后”的规律。牛顿发现万有引力的时候离英国科学院还远着呢。而前几年报道突破世界数学难题的是在美国中餐馆打工的一位华裔洗碗工。不管是白猫还是黑猫，能抓到老鼠的就是好猫。“量子文物年份检测仪”既然在实践中有用处，不妨组织力量进行攻关研究，内中原理，说不定是一个诺贝尔奖的内容呢。

3. 关于热释光的故事

英国人的牛津热释光对中国古陶瓷的检测准确度众所周知，我所接触到的收藏家，花大价钱去做热释光检测大多是折戟沉沙，失败而归。但即使是这样，仍有不少人迷信牛津这个科技检测。一般外人由于不懂仪器原理，也没有实际操作，拿着开门的器物去检测，碰一鼻子灰再回来，对此现状毫无办法。最极端的一个例子是，20 年前深圳的一位藏家三次拿了开门的出土瓷器到香港检测，结论全部都是 50 年之内！以至于他后来洗手不干，退出了收藏圈。

真相究竟如何呢？

上海一位顾姓收藏家亲身经历了四次热释光检测的好笑故事。

他在市场上购买了水浒故事盘若干个，自己眼学判断是元代。为了保险起见，他拿了不小心碰坏的盘子上的瓷片，到香港，到牛津，到上海，试图闯过“牛津热释光”这一关，可是，检测结果第一次是“100 年内”的，第二次仍是“100 年内”，第三次干脆来了个“50 年内”！他硬是不服气，自许眼力不会差到这个程度，把新仿品当作老瓷器买进。于是，委托亲戚到德国的某实验室测试，结果出来了，年龄“550 年前后，误差 18.6%”。这与众多藏家的眼学判断是相通的。瓷器，是有老瓷器的痕迹的，如受沁程度、老化气泡、老的网状纹等，还有外在的老旧情况，都可以帮助你了解某件瓷器的新老程度。

相信谁？德国热释光与英国热释光打架！英德两国在历史上开战多次，纠缠不清，莫非在热释光科技检测上也势不两立吗？

德国热释光检测通过的元末明初青花水浒故事纹大盘 / 全套 60 件之一

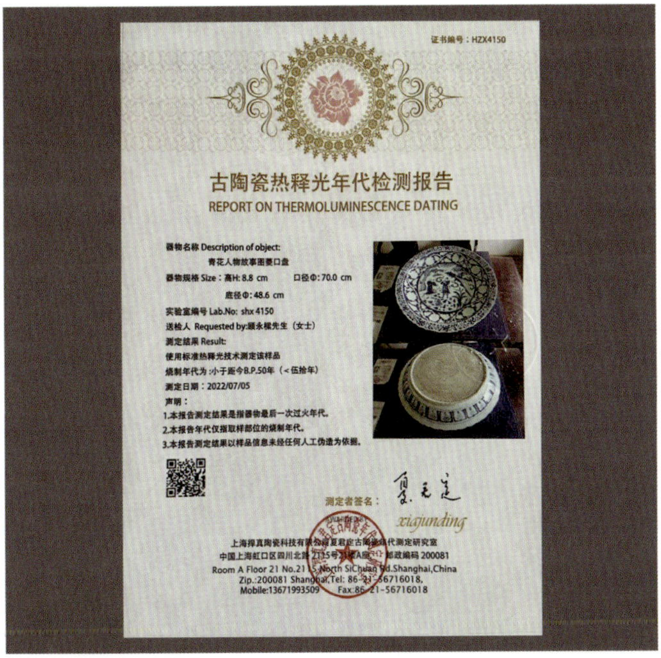

证书编号：HZX4150

古陶瓷热释光年代检测报告

REPORT ON THERMOLUMINESCENCE DATING

器物名称 Description of object:

青花人物故事图菱口盘

器物规格 Size：高H: 8.8 cm　口径Φ: 70.0 cm

底径Φ: 48.6 cm

实验室编号 Lab.No: shx 4150

送检人 Requested by:顾永棣先生（女士）

测定结果 Result:

使用标准热释光技术测定该样品

烧制年代为 :小于距今B.P.50年（<伍拾年）

测定日期：2022/07/05

声明：

1.本报告测定结果是指器物最后一次过火年代。

2.本报告年代仅指取样部位的烧制年代。

3.本报告测定结果以样品信息未经任何人工伪造为依据。

测定者签名：夏君定

xiajunding

上海择真陶瓷科技有限公司夏君定古陶瓷年代测定研究室

中国上海虹口区四川北路2115号21楼A座 邮政编码 200081

Room A Floor 21 No.2115 North SiChuan Rd.Shanghai,China

Zip.:200081 Shanghai,Tel: 86-21-56716018,

Mobile:13671993509　Fax:86-21-56716018

同一只大盘，2022 年 7 月 5 日在上海君定古陶瓷年代测定研究室
采用牛津热释光设备测定并出具的热释光检测证书 /50 年

OXFORD AUTHENTICATION
ANTIQUE AUTHENTICATION USING TL TESTING

THERMOLUMINESCENCE ANALYSIS REPORT

SAMPLE NO: P118q21

The object was presumed to be:
A large blue and white-glazed barbed rim charger
(Yuan dynasty, 1279 - 1368 AD) ref HZ1822/144

The following samples were taken in core form on: 20 October 2018

By: Gianfranco Bigazzi of Antique Authentication Ltd

Sample A: From inner wall of bottom rim

Using standard methods and techniques it was estimated that the date of last firing was: Less than 100 years ago

INCONSISTENT with the suggested period of manufacture

Date: 8 November 2018

Signed:

Helen Mason for Oxford Authentication Ltd

Doreen Stoneham for Oxford Authentication Ltd

NOTES:

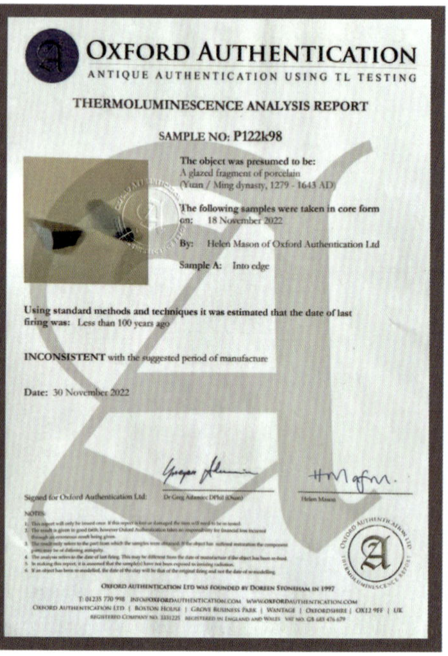

OXFORD AUTHENTICATION
ANTIQUE AUTHENTICATION USING TL TESTING

THERMOLUMINESCENCE ANALYSIS REPORT

SAMPLE NO: P122k98

The object was presumed to be:
A glazed fragment of porcelain
(Yuan / Ming dynasty, 1279 - 1643 AD)

The following samples were taken in core form on: 18 November 2022

By: Helen Mason of Oxford Authentication Ltd

Sample A: Into edge

Using standard methods and techniques it was estimated that the date of last firing was: Less than 100 years ago

INCONSISTENT with the suggested period of manufacture

Date: 30 November 2022

Signed for Oxford Authentication Ltd:

Helen Mason

NOTES:

OXFORD AUTHENTICATION LTD WAS FOUNDED BY DOREEN STONEHAM IN 1997

2018 年 11 月 8 日杭州由牛津代理商
出具的热释光检测证书 /100 年内

2022 年 11 月 30 日英国牛津热释光测定总部
出具的热释光检测证书 /100 年内

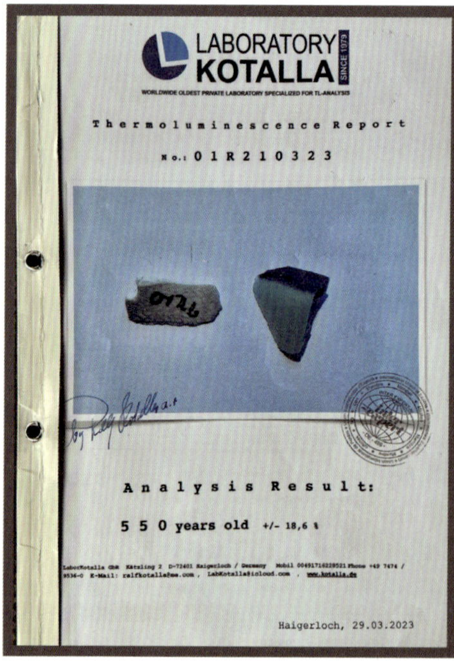

LABORATORY KOTALLA SINCE 1973
WORLDWIDE OLDEST PRIVATE LABORATORY SPECIALIZED FOR TL-ANALYSIS

Thermoluminescence Report

No.: 01R210323

Analysis Result:

550 years old +/- 18,6 %

Haigerloch, 29.03.2023

Report on Thermoluminescence Authenticity Tests

The analyzes carried out relate exclusively to the sample material taken from the object shown on page 1, **without making a statement about the object as a whole.** The test report with the **Tl.Nr 01R210323** by the thermoluminescence method ("authenticity test according to annex") produced the following result:

Analysis Result:

Fired in antiquity

On the basis of standard methods and techniques used in the thermoluminescence process, I calculate the last time of firing of the object samples to be:

550 years (+/- 18,6 %) -

Object: **Fragments**

...... cm

Origin: **China**

The photo of the object enclosed on page 1 was taken by myself

Sampling by myself :

a: a-sample b: b-sample

Comments:
The enclosed graphs form a constituent part of the expertise and reflect only excerpts from the complete catalogue of measurements. "**the samples were taken by me from the above object page 1.** ".A liability for abuse of the expert options cannot be assumed .The result is given in good faith, however Labor Ralf Kotalla takes no responsibility for financial loss incurred through an erroneous result being given.

Pre-dose test confirms old firing without any kind of artificial x-ray treatments!

AD 2,32 Gy JD: 0,53 mGy/y est. (Alpha 0,78 est.)

Benjamin / Ralf Kotalla

The expertise is only valid if accompanied by the stamp of the laboratory and the signature of Mr. Benjamin/Ralf Kotalla . Only an original report may be considered valid. If you are presented

2023 年 3 月 29 日同一盘子残片经德国 KOTALLA 实验室进行测定
并出具热释光检测证书 /550 年(上下浮动 18.6%)

写到此，全书快要完成了。从我的个人经验出发，再到我个人经验结束，全书进行了一次揭秘元青花前世今生的精神旅行。我相信书中完全可以再进行精细的考证和研究，再添加资料进行丰富，但由于出版时间的要求，我只能快速地走完艰难的行程。即使如此，由于我本人有 30 多年的收藏经历，亲自考察过全世界所有的大博物馆的元青花展藏，对民间的元青花新发现有切身的体会，所以，我信心满满地回顾这次探秘之旅。我是满意的。总结起来，本书提出了以下几点有价值、有新意的观点：

（1）初步证明了“回回青”即是“苏青”，元人大量使用“回回青”进行工艺品的染色；

（2）初步揭示了元青花人物故事的多种来源，打破了元青花人物故事“八大码”的神话，并展示了经过严格机检的民藏元青花人物故事图器物真品；

（3）用翔实的史料证明，元青花人物故事纹的创作，与元代杂剧盛行时间一致，即在至顺元年以前，即元代中期，而不是元末陈友谅时期；

（4）阐述了民间收藏的一系列重大发现，特别是白浒孤窑、博陵第窑元瓷，以及北方蒙古高原元青花的存在；

（5）提出了“苏莱麻尼钴料”为主判定元青花等级划分的新观点，为元青花的收藏和进入市场廓清了道路；

（6）在史料中认证了色目人华化对元青花生产的影响，指出：波斯人对元代文化发展产生了重大影响，也影响了元青花生产；

（7）说明了元青花美学和文化的多种来源，即波斯、汉文化和蒙古文化来源，否定了单一来源。

附录

土耳其、伊朗馆藏元青花考察报告

土耳其

1. 土耳其考察报告

通往托普卡比宫的梦幻之路
——土耳其馆藏元青花考察记
(2001)

当我们终于亲身感受着博斯普鲁斯海峡那浪涛拍岸的壮观景象时，内心的情感像那湛蓝的大海的波涛，奔涌不息。我们一行人是为了托普卡比宫中的元代青花瓷而来的，但你只有站在伊斯坦布尔城的古老城堡上，俯瞰欧亚大陆接壤处时，你只有站在那闻名遐迩的亚欧大陆桥畔，去想象当年的金戈铁马的壮阔景象时，才能体会到，那些小小的来自中国的元代青花瓷器象征着什么，包容着什么。

这是与我们华夏文化不同的一种氛围。你想象一下那些神奇的希腊神话、阿拉伯故事吧！那些故事的发源地爱琴海近在咫尺，而那在中世纪令人不寒而栗的君士坦丁堡的君主们，则在那石头砌成的墓穴里安睡。土耳其是蜿蜒在小亚细亚半岛的一个得天独厚的国家。

一般的中国读者兴许还不知道它的地理位置是多么优越。它三面临海，黑海、爱琴海、地中海环绕在它身边，与欧洲大陆只有一水之隔（博斯普鲁斯海峡）。海峡上的两座铁桥，将欧亚两块大陆连成一体，成为伊斯坦布尔城的一大景观。即使不是步行，只是乘车从亚欧大陆桥上驰过，我们也有着那种顿然而升腾的历史感。时光真是无情啊！两岸青山依旧，昔日的夏宫还在，而人去楼空；当年的俄罗斯黑海舰队浩浩荡荡驰过的窄窄的海峡，今日风帆点点，细浪拍岸，峻峭岸崖上的炮台现今成为游览胜地。一个中国文化人，怎么会不想到孔老夫子的那句感叹：“逝者如斯夫！”

作为一个独立的感受者，我当时所惊叹的是13—14世纪时，建立奥斯曼帝国时的土耳其人（西突厥人）的雄才大略。当时博斯普鲁斯海峡并没有大桥，而伊斯坦布尔市区横贯海峡南北。海峡向北200千米，就是保加利亚；向东60千米，就是希腊。黑海和地中海将它夹持在中间。当年要有何等的勇气和谋略，才能将这个咽喉之地占为己有啊! 控制这个海峡是要实力的。奥斯曼帝国的行政中心在亚洲部分，而为了扼守这个“咽喉”，它需要花费多少军事力量和人力财力！14—15世纪奥斯曼帝国的雄悍由此可见一斑。

土耳其与中国有历史渊源，恐怕一般中国人是不知道的。早在汉代，在我国北方就生活着一个朴实、强悍的突厥民族。公元6世纪，就君临北方各族，建立起东西万里的突厥政权，并与隋唐王朝来往频繁，经济上互通有无，文化上相互渗透。隋开皇三年（583），东西突厥分立，西突厥建政权于西域，拓地西达里海，南及库什，保证了丝绸之路的畅通。公元8世纪后，突厥各部落散居在中亚各地，公元1453年，作为突厥后裔的奥斯曼土耳其人建国于小亚细亚半岛，灭东罗马帝国，建都伊斯坦布尔，雄踞西亚达600年之久，直至16世纪下半叶，渐告衰落。

当我们在伊斯坦布尔大街上领略那奇异的亚欧风光时，当我们漫步在大理石砌成的高大、庄严的清真寺大厅中，感受那肃穆庄严的宗教氛围时，金戈铁马的奥斯曼帝国分明没有湮灭，它仍在那里沉吟和呼号。

我们是经过近10个小时的长途飞行才到达伊斯坦布尔机场的。这天是2001年3月29日。我们一行10人，由上海博物馆副馆长汪庆正先生领衔，一个小时之内就到了预定的小小而优雅的欧式旅馆。久闻大名的托普卡比宫就近在咫尺。这是由奥斯曼苏丹在伊斯坦布尔建立的皇宫。

公元1478年，苏丹穆罕默德二世兴修了富丽堂皇的托普卡比宫，前后共有25位苏丹在此居住过。这座完全由坚硬的石块砌成的相当于明代早中期的宫殿，庭院错落，绿树掩映，在露台上可以俯瞰博斯普鲁斯海峡中的白帆点点。

中土两国的文化相互影响，在托普卡比宫中可见一斑。托普卡比宫的第二道门——吉祥门的门檐下，有一组彩画，无论是构图或是着色，都类似北京故宫或颐和园中的山水彩画。宫中所藏的一幅描绘奥斯曼帝国苏丹穆罕默德二世宴请外国使节的图画，席上使用的全部是来自中国的瓷器。今天土耳其语中的“中国”和“瓷器”是一个词（Cini）。

托普卡比宫中的馆藏，中国瓷器是其主要的部分。在这令人流连忘返的三天中，我们几乎天天看到成群结队的小学生在老师的带领下，参观中国瓷器馆。这些开朗、热情的小朋友给凝聚着中国文化气息的展览室带来了一种特异的感觉：在异国他乡，这些出自中国的国宝成了文化教育的好材料。参观元代青花瓷器是经过特批的。据主办这次活动的蒋奇栖女士介绍，自 1992 年起，蒋奇栖女士、袁山开先生作为中国专家赴土耳其进行陶瓷考察的策划人，在中国驻土耳其文化参赞的协助下开始接触土耳其文化部门。1993 年，蒋女士只身一人到达土耳其，在伊斯坦布尔托普卡比宫这个藏着数千件中国瓷器的博物馆里，馆长在土耳其驻华大使预先沟通的情况下热情地接待了蒋女士。但馆长告知，对这些土耳其国宝的研究拍摄都要由土耳其文化部批准。等待是漫长的，尽管土耳其驻华大使尽心且热情地帮助，一再催促土耳其政府有关部门，但仍然没有结果。时间到了 1996 年，蒋女士就此事求助于香港著名爱国人士、大收藏家徐展堂先生。徐先生非常热情，当下决定资助蒋女士赴欧洲之际再到土耳其联系考察事宜。此时托普卡比宫博物馆馆长已易人，原来属于土耳其文化部批准的特别参观考察权利，在托普卡比宫博物馆遭恐怖分子炸弹袭击后已上交土耳其总理府，而此时土耳其驻中国大使已经换了三任。1999 年，在土耳其频繁发生大地震之时，袁山开先生和北京艺术博物馆馆长侯明先又一次到了伊斯坦布尔进行联系。2000 年，考察事宜终于有了转机，在土耳其三任驻华大使的努力下，特别是江泽民主席访问土耳其后，为增进双方的文化交流，土耳其终于将中国专家赴土耳其进行陶瓷考察提上日程，距提出考察申请时间已近 10 年。

北京市文物局拨出专款也促成了此次对中国陶瓷史研究意义深远的考察。此次考察显现的政治意义也尤为重要，当今有一股潮流在国际间浮动，英国、日本、德国、越南陶瓷界声称他们的瓷器生产未受中国瓷器的影响。然而通过此次考察提供的大量实物、史料，进一步证明中国陶瓷顺着海陆几条“丝绸之路”从不同的方向向外发展，对世界各国陶瓷产生的影响是显而易见的。

20世纪50年代初，美国学者波普博士的专著震惊世界文博界：在土耳其伊斯坦布尔旧皇宫托普卡比宫博物馆藏着的数千件中国瓷器中，竟然有上百件令世人叹为观止的中国元、明时代的青花瓷精品。被披露的青花瓷，其品类、造型、纹饰之独特令全世界的博物馆、收藏家倾心、迷恋。这些谜一样的中国早期青花瓷的来龙去脉、时代划分究竟怎样，人们不得而知。波普博士一部32开本的黑白图集，自此一直在陶瓷收藏家中流传近30年之久，直至20世纪80年代英国、日本先后出版了土耳其所藏中国瓷器著作。然而对这批稀世之珍的中国早期青花瓷最有发言权的中国专家、学者，始终无缘与之相见。因此，到土耳其考察中国早期元代青花瓷，成了中国陶瓷专家三代人的夙愿。故宫博物院专家李辉柄先生说："不到土耳其亲眼看一看这批元青花，中国的陶瓷专家死不瞑目！"

作者与托普卡比宫常务副馆长(左)交流

托普卡比宫展厅

一连三天，在全副武装的警卫人员严密保护下，托普卡比宫博物馆库房特为中国专家开放。上海博物馆副馆长汪庆正先生动情地说："太不容易了，太难得了，我几年前曾来过一次，连馆长都没见到，更别说研究了，只能在展厅中拍张照片。这次可以进入库房，真是不敢想象，这次考察将对解决中国陶瓷史上诸多悬而未决的问题提供帮助，同时一定会在陶瓷界、文博界引起极大的震动。"

此次中国考察团成员不少是享有国际声誉的各界著名学者。当托普卡比宫博物馆中国馆馆长莎曼女士亲自捧出第一件中国元代青花大盘时，全场报以热烈的掌声，人们太激动了！本来馆方规定只允许土方工作人员拿器物，但莎曼馆长还是邀请中方专家亲手抚摸这些令中国专家魂牵梦绕的稀世之珍。

又一个大箱被小心翼翼地搬来，打开几层包装，大家禁不住惊呼："这样的宝贝怎么敢想象竟然有两件！"与陈列室展出的、震惊世界的、高60厘米的八棱青花葫芦瓶相仿的珍品，此时又出现一件。莎曼馆长笑道："还有一件高70厘米的呢！"惊叹和欢呼声立即充满了整个库房。景德镇考古研究所所长、著名古陶瓷专家刘新园先生诙谐地说："这就是寻宝嘛！景德镇还没有找到元代青花瓷生产遗存，大量文献证明当时中国最好的、最合格的青花产品都送到了西亚，这些青花瓷很多陶瓷专家会认不得，因为其他地方根本就没有这么精美、特殊的元青花。"汪庆正馆长说："此次考察，我的题目是'世界各国博物馆藏中国早期青花瓷与托普卡比宫博物馆藏中国早期青花瓷的比较'，不见实物根本无法想象这批青花瓷会如此精美，这批青花瓷的制作、纹饰、造型都非常特殊，青花发色比常见的青花瓷要鲜亮且细致清晰。能亲自上手，这样的机会是绝不会再有的，回国后一定要出版一系列的考察报告，这将成为各国学者研究、对比中国青花瓷生产和发展一定要引用的材料。"

中国瓷器古往今来备受人们的喜爱，特别是在12—14世纪的中西亚地区，中国青花瓷美丽迷人的蓝白色调，正是伊斯兰教最崇尚的色彩。中国青花瓷一露面，立即被伊斯兰统治者、各大小苏丹奉为最珍贵的宝贝收藏使用。有些瓷器按照伊斯兰的审美观念，制作时精心加饰了各种宝石的纯金镶嵌，更彰显了奥斯曼帝国的统治者、土耳其苏丹、王公大臣们对中国瓷器的珍视。由于伊斯兰国家历来对中国瓷器的珍爱，这些具有数百年历史、造型硕大、纹饰丰富、在全世界存世稀少的中国元代青花瓷，在土耳其就藏有40多件。

伊斯坦布尔是世界闻名的旅游胜地，托普卡比宫博物馆中的中国瓷器馆更是人们必去参观的景点。托普卡比宫博物馆有陈列部分中国早期青花瓷的陈列室，此次特别为中国专家闭馆两个半天。当世界各地慕名而来参观的游客，隔窗望着中国专家打开展柜，在工作人员主持下拿出件件价值连城的青花瓷时，羡慕、惊奇夹杂着嫉妒的眼光流露在展室外每个参观者的脸上。代表团的专家们此时真切地感到，这就是国力强盛、伟大而又富有文化传统的中国在世界上应该得到的尊重。

此次文化交流活动有两大任务。第一是让中国专家亲自接触到秘藏在土耳其宫殿中的元代青花瓷器。应当说，这一任务完成得相当漂亮。托普卡比宫中的元青花有40多件。除了伊朗，这是全世界最富有的收藏。而且，精美绝伦，高达60多厘米的八棱葫芦瓶在这里就有3件。称它们是世界级宝物，毫不为过。从直观上看，这几件元青花葫芦瓶的美让你有震撼感——它们的发色是那样的湛蓝、明亮、清纯，宝石般的闪光，你简直无法描绘这种现场感受。当然，元青花的发色也是不一样的，即使苏青，颜色也是有深有浅、有浓有淡。有一只罐子，绘有鱼藻纹样。我特地将器里的接口也拍了下来，如果不是放在托普卡比宫的库房里，而且已放了几百年，我相信不少人会把它当作北京潘家园市场的高仿品。托普卡比宫里的元青花还有一个让教科书哑口无言的证据：不少青花瓷器底部竟然没有火石红，这也是使不少中国瓷器专家大跌眼镜的。在民间流传的关于元青花的种种神话，在各种各样的元青花实物面前也会露出挂一漏万的破绽。百闻不如一见，研究陶瓷史或收藏中国陶瓷器，当然要以实物说话。但也有一个教训：切勿匆忙下一个"一刀切"的普遍性的结论。

元青花器的纹样和造型，毫无疑问是中外文化交流、多民族文化共同融合发展的证据。它由此引出了此次考察的另外一个任务：如何解释土耳其馆藏着这么多精美绝伦的元代青花器？从文化交流的角度，它显示着什么样的意义？800年前在中国景德镇瓷窑里烧成的青花器，现在就摆放在离中国有万里之遥的伊斯坦布尔的一个展馆里。它们是如何穿越时空的隧道，让文化凝聚在这里传达历史的信息的？

从地理学的角度看，从中国到土耳其无非就是海陆两条路。13、14世纪还没有贯通红海与地中海的埃及运河，所以，尽管中国的对海外商业运输早在中国先秦时代就已有记载，但通过海路要到达土耳其，即使是13、14世纪的宋元时期，也没发现有文字记载。我们就这个问题请教了伊斯坦布尔最有名的历史学家，也没有问出个所以然来。从地理上看，很显然，从中国来的船只，要绕过南非好望角经大西洋，先要到达荷兰、西班牙等地，再通过陆路将贸易道路打通，这在中国的宋元时代也没有这样的记载。而经地中海到达土耳其的这种远洋运输，当时是不可能的，也是没有必要的。所以，要了解伊斯坦布尔元青花的来路，只有从另外的路线考虑。以伊斯坦布尔为中心，中国与土耳其的陆上贸易当时只有两个方向：西北方向和东南方向。西北方向则是欧洲大陆，从荷兰等国出发，经中欧、南欧到达伊斯坦布尔。但当时并没有博斯普鲁斯海峡大桥，要过海峡需要船只，而且，荷兰等海上强国通过东印度公司对华贸易，也要到17、18世纪才成气候，在14世纪的元青

那么，我们今天在托普卡比宫中所见到的元青花器，它的来源只能是土耳其的东南方向的道路，它首先是历史上著名的丝绸之路。一讲到丝绸之路，人们常常会想起“穷荒绝漠鸟不飞”的沙漠景象。史载，2000年前、1000年前，塔里木河畔水草丰盛，西域各民族活动十分频繁。但要到达那里，漫漫戈壁的苍凉和荒芜，仍是叫人胆战心惊。公元前138年和前119年，汉武帝派张骞两次出使西域，打开了通向中亚、西亚地区的通道，使“丝绸之路”为之畅通。

中国与西亚各国的交往，历史最悠久、影响最大的要数伊朗。历史上中国称伊朗为安息或波斯。从公元前2世纪开始，两国便有所接触和交通。张骞首次出使西域时，已经听说大月氏以西的这个安息国。张骞在公元前119年再次出使西域时，曾派副使到达安息国都，安息王派大军两万骑出迎于东部边界木鹿。《史记》中对此曾有如下记载：汉使至安息，安息王令将二万骑迎于东界。东界去王都数千里。行至此，过数十城。

可想而知，当时西亚古国波斯是何等的繁华。通过安息（伊朗），中国与阿拉伯世界和西亚各国的贸易日益繁忙，它成为一个重要的贸易中转站。土耳其东南方向的贸易之路还有一条路——海路，它是公元8世纪发达起来的阿拉伯世界与中国和亚洲东部的海上来往通道。阿拉伯和波斯商人从波斯湾取道马六甲海峡北上交州（越南北部）、广州。来华的波斯和阿拉伯商船大都从阿曼的苏哈尔或波斯湾北岸起航，沿着印度西海岸，绕过马来半岛，来到中国东南沿海。阿拉伯人的海上优势，一直保持到15世纪。中国的泉州，就是当时著名的通商海岸，留下了大量阿拉伯人活动的踪迹。我们不难设想，大量的中国瓷器，通过阿拉伯的商船，在波斯湾登陆，再北上通过陆路运到土耳其。

就中国方面而言，宋代开始的瓷器外销已形成相当规模。宋初就在东南沿海

的广州、明州、杭州、泉州等地先后设立了市舶司。宋朝廷还派内侍到海外去招徕贡市贸易。南宋理宗宝庆元年(1225)印制的《诸蕃书》一书,列举了中国瓷器外销到越南、马来西亚、印尼、印度、坦桑尼亚等7个国家的状况。可见当时瓷器外销的规模。

据以上分析,土耳其伊斯坦布尔托普卡比宫中所藏中国瓷器,其来路可能有三:第一,通过荷兰等国海陆运输到达伊斯坦布尔,这在时间上,可能要晚些,大量的明末清初的瓷器可能从这里过来;第二,通过"丝绸之路",瓷器到达伊朗中转,土耳其是伊朗的邻居,当然不乏相互间的贸易往来,元青花从这条路线到达,可能性极大;第三,通过公元8世纪以来发达起来的阿拉伯、东非、南亚与中国的贸易航线,大量的中国瓷器,通过这条海上通道,到达阿拉伯世界,再进入土耳其。

有了以上比较明晰的概况后,我们还要重视两个外在的重要因素。

第一,自13世纪开始,蒙古崛起,使中国与阿拉伯、波斯的关系发生了重大变化。在半个多世纪的时间里,蒙古军队三次西征,建立了横跨欧亚大陆的庞大帝国,使中西陆路交通之繁盛远超前代。1258年,蒙古军队攻下巴格达,1260年,又攻下大马士革,并建立了以伊朗为中心的伊儿汗国。伊儿汗国在名义上臣属于元朝大汗,两国统治者有亲属关系,中国的政治统治制度成为伊儿汗国的典范。伊儿汗国的首都大不里士成为这一时期的西亚商业中心,许多中国人住在这里。整个元代,统治者的权力版图达到了伊朗的中西部,并使之成为西亚的一个贸易经济中心。元青花成为西亚各国宫廷的重要实用器具,在当时有着这种地缘政治学的优势。

第二,托普卡比宫是1478年建立的,时值中国明朝早中期。元青花器只能是建宫以后入藏,它可能是从全国征集而来,也可能是从伊朗及阿拉伯世界通过贸易交往而收入。可是,1574年,宫殿不慎失火,到1681年,宫殿所登记收藏的中国瓷器仅剩几百件。于是,18世纪,苏丹命令急速地增加和补充中国瓷器的藏品。苏丹强制性地命令商人们把从中国运来的最优秀的瓷器一律献给宫廷,从而使藏器急速丰富起来。我们不排除那些精美的元青花,是土耳其宫廷在18世纪从民间强制性地征集而来。历史是这样的公平。当中国的精美的元代艺术品在战乱中近乎灭绝时,它却由于机缘奇迹般地完好地保存在万里之遥的异国他乡,并成为

托普卡比宫中关于瓷器运输的壁画

世界性的文化遗产。茫茫沙漠和滔滔海疆都没有阻挡它们的生存绵延。从这个意义上讲，艺术也许是有灵性的，它是这么美，以至于历史上出现的任何邪恶都无法彻底毁灭它们。托普卡比宫的25任苏丹们早已人去楼空，只有历史学家的书籍还在提到他们；而宫中的艺术珍品却使全世界无数的人成为梦幻般的朝圣者。它们留下来了，并在顽强地证明一条真理：真正的艺术是永恒的。

2. 伊朗考察报告(一)

德黑兰，2007
——伊朗国家博物馆馆藏元青花考察亲历记

1943年，美、英、苏三国在德黑兰召开三巨头会议，决定了二战的命运。苏联有一部著名电影名曰《德黑兰1943》，反映了这一重大历史事件。2007年，中国收藏家的代表远赴德黑兰，意欲揭开元青花的世纪之谜！

楔子

离预定的5月2日离沪起飞的时间还有6天，但我和我的助手小王已经忙得不亦乐乎了。“考察伊朗馆藏元青花”——对中国人来讲简直是一个天方夜谭式的故事。5年前中国专家代表团访问土耳其时，反反复复地准备、联系了好几年，最后要等到土耳其政府总理的批准才能进入托普卡比宫。这次不同，我们在上海召开了元代瓷器国际研讨会，请了伊朗国家博物馆的专家前来，我们也招待了，礼也送了，淡淡的，也没有什么特别的企求。但对方倒热情，不久，函来了，有请，并且费用包了。想象中太困难的事来得这么容易，这与成功的收藏感觉完全相同。

5年前我们到托普卡比宫访问时，我对元代瓷器的认知还很粗浅。今天不同了，身经百战，苦甜尝尽。脸皮也厚了，胆儿也壮了，眼光也锐利了，要去看个究竟！这可是世界上馆藏最为神秘的地方啊！伊朗方面非常大方地同意让你上手，条件是不要搞坏(参加上海会议的蒙古的几件残片被我们不小心搞坏了，贴了一笔钱才了事)。

俗话说细节决定成败。朝拜了托普卡比宫后，我的文章在《收藏》发表，其中有一点是关于火石红的：元代不少青花瓷底部硬是没有火石红！我注意到了，并发表了。从此关于“瓷器越老火石红越浓重”的经典结论烟消云散。这次宝贵的西亚之行，我和许多藏友有无数的问题想求解，只是苦于平时没有标准器可上手，自己的答案是否“可靠”不得而知。这次看伊朗馆藏，谁敢怀疑它的可靠性呢？有朋友说：每一个细节都是重要的，因为它们是标准器。底部处、内旋纹、釉沾、边线、钴料、气泡、发色、重量、纹饰、胎料、落款——有没有大元款或其他什么款？这可是至关重要的。还有，伊朗人说元代有伊朗工匠在景德镇，有没有史书记载？西亚的钴料矿在哪里？现在伊朗用的钴料与元时有什么不同？还有，伊朗有釉面检测，我们带了一个玉壶春瓶去，能否请他们检测一下？再把这件放到我们国家博物馆检测一下？比比看，情况如何？

这个遥远的神秘国家的文化是充满魅力的。当年与阿拉伯海、波斯湾有关的传说、故事，曾是我少年时期的精神食粮之一。而它与中国的关系，更有泉州的伊斯兰墓地为证。美国学者劳费尔写过一部书，名叫《中国伊朗编：中国对古代伊朗文明史的贡献着重于栽培植物及产品之历史》（商务印书馆 2015 年版），揭示了两国关系之渊源。

关于中国古代文明和中亚、西亚的影响关系，欧洲的某些学者曾提出不少荒谬的说法，其中最骇人听闻的就是法国人拉克伯里（Terrien de Lacouperie）的“中国文明西来说”。这个荒谬说法现在已不值一驳。但详尽地考察中国文明与西亚的相关影响，劳费尔的书还是值得一看。中国人没有写，伊朗人有没有写？要去了才知道。一个德国出生的美国人在 1919 年写了！这是欧美人类学研究的一部重要的著作，意义非凡。

劳费尔写了些什么呢？他详细考证了伊朗传进中国的植物、矿物状况，条目有“苜蓿”“胡桃”“胡麻”“指甲花”等 76 项；中国传入伊朗的有“方竹”“丝绸”“黄连”“高岭土”等 26 项。关于“高岭土”，他写道：伊宾·阿尔发鸠称赞中国的技艺工业，尤其是陶器、灯，和其他这一类的耐用工具，之后多人称赞是由于它们的制造技巧高和经久耐用。

关于中国陶瓷的记载非常有限，也非常宝贵。法国人费琅编的《阿拉伯波斯突厥人东方文献辑注》（1912—1914）作为“中外关系史名著译丛”之一由中华书局出版。其中“雅库特”一节提到了中国瓷器。雅库特（Yakut，1179—1229），是祖籍东罗马帝国的希腊人、大官人的奴仆，被派往东方旅行和贸易。他编写的《阿

元青花缠枝牡丹麒麟纹双耳罐/伊朗国家博物馆藏

布·杜拉夫·米萨尔·本·麦哈黑尔说学记》中写道:“这里(指印度,引者注)制造陶瓷器皿,销售经我们的国家,声称是中国货,其实不然。因为中国的黏土比这里的黏土要坚实得多,耐火性也好。用该城的黏土制造与中国器皿相同的器皿,用火焙烧三日,而耐火性不过三日,然而中国黏土可在炉中连续焙烧十日。故这里瓷器是黑色,而来自中国的瓷器无论透明与否均为白色或其他彩色。”

这极宝贵的资料出自相当于中国元代时的波斯典籍。这里提供了十分珍贵的信息:第一,中国瓷器很有名,以至于其他地方要冒充它出口;第二,中国瓷器焙烧十日,无论釉面透明与否,为白色、彩色,质地好,我们已知的在西亚地区的元青花的确是美丽非凡的工艺杰作。元代的波斯人也作了如此记载。

波斯人究竟保存了什么样的中国元代瓷器呢?对所有中国人来讲,还是个谜。我们只是通过图片知道了一个大概,但即使如此,图片的数量也十分有限。这个谜马上要解开了,我们迫切地期待着那一刻!

再返托普卡比宫

这是到伊朗去附带的收获。从上海到伊朗要从迪拜转机,既要转机,为什么不到伊斯坦布尔转一转呢?再去一次,观感会完全不同!于是马上与托普卡比宫联系,好在途经土耳其不用签证,我们就多了两个白天的时间再去考察托普卡比宫。

5年前,我写《通往托普卡比的梦幻之路》时,确实是带着朝拜的心情去的。元青花对于中国人来说太神秘了。托普卡比宫的元青花对去的中国专家来讲,都是第一次见到,在中国也没有相同的馆藏。当时的激动之情,现在回忆起来还历历在目。

5年过去了,随着国内收藏元代瓷器情况发生了变化,国内持有元青花瓷器的收藏家不在少数,除了与这些元瓷收藏家广交朋友,我本人也收藏了若干件花大器,其中有一些与土耳其馆藏是完全相同的。触摸、赏玩、切磋……我们对自己手上的东西可以说是知根知底、熟悉至极了。它们像自己的家里人那样，天天可以见到，可以对话，甚至可以与你相知。有了这些感性的积累与没有这些积累去观摩托普卡比宫的元青花，情况是不一样的。让我再看看它，托普卡比宫的珍宝！我们收藏的东西究竟与你是不是同出一胎？现在我可不是旁观者了，我也算是个业余的专家了！

我想象着再到伊斯坦布尔的那一刻，令人难忘的博斯普鲁斯海峡碧蓝碧蓝的色彩与澄明的蓝色的天空相衬映，夏宫坐落在细浪拍岸的蔚蓝色的马尔马拉海边，而托普卡比宫周边的圣索菲亚大教堂、蓝色清真寺、土耳其古代艺术博物馆、如织的游人……这一切与托普卡比宫所藏的蓝白相间的元青花一样令人陶醉。

从上海到伊斯坦布尔要飞 12 个小时，当地时间清晨 6 点到达机场，而中国北京时间已是上午 10 点了。快速地安排好后，当地时间 9 点整，我们已迫不及待地等候在托宫的入口处了。约定与托宫馆长见面的时间是下午 3 点，所以我们有足够的时间再看看土耳其的元青花。

再到熟悉的地方，再站在当年留影的地方拍一张照，可惜汪庆正先生已经作古，而下午托宫副馆长艾丝维尔达女士告诉我，他们的馆长已在 3 年前去世！令人感慨系之！正是岁月易逝，人生苦短，元瓷正名，时不我待啊！

这次我可以清楚地告诉各位，托宫的展出品与 5 年前一样，没有任何变化。元青花是 14 件，其中一件他们把它当作明青花放在另外的柜子里，而一件洪武大碗他们把它当作元青花。器型有碗、盘、梅瓶等，没有人物、图案，全部是花卉、龙纹、凤纹。与我在国内接触的元青花相比，它们的特点是：青花发色浓艳、纹饰繁密，伊斯兰装饰风格突出。其中一只鱼藻纹罐，五年前我拍过，不过那时还没有高级数码相机。现在不同了，我们用的是几台专业数码相机，同时从各个角度拍摄，并且马上到手提电脑上选择编辑，在许多张中挑一张能看最佳效果的，放大看微观。所以细部、局部都可以看得很清楚。我仍要说这句话，如不是在托普卡比宫的展柜中放着，让今天的许多人看这只罐不判它死刑才怪呢！用“一点否定论”的观点看，此罐鱼纹上的青花呈色“黑白分明”，几乎没有过渡色，这与一般常识不符，但它就是典型的元青花。另一只元青花花卉纹梅瓶，国内仿品很多，而且很像，但细看青花呈色，它是“活”的，在浓艳之处有鲜活的“流动状”，而仿品由于用料不同，也可作出浓艳状，但釉面是“死”的 ，这种区别要有相当的实践经验才可把握。

总括起来，托普卡比宫公开展出的14件元青花总体风格不同于中国南方出现的博陵第和其他窑口的元青花。它与中国北方出现的器物十分相像。其中一件花草纹盘，发色浓重偏蓝，青花呈色稀薄，用笔处浓艳不一，率性随意的制作心态跃然“器”上，此器与我本人收藏的几件出自山西、内蒙古交界处的元青花完全一样。

此次访问托普卡比宫，由于途径性质与上次不同，我们想上手馆藏的目的没有达到，副馆长回答我：“太难了，这要经过文化部的批准。”——确实，托普卡比宫的警卫之严令人感叹。我们在拍摄过程中，上午、下午各有一人拿着单子，一件件地与展品核对，他们每天有两次清点展品的程序。所以，5年前，中国专家上手几十件馆藏品的幸运事，今后大概不会再有了。但我们很幸运，艾丝维尔达是老朋友了，她答应亲自去拍馆藏元青花的底部给我传过来。他们没有现成的，外国人，从未到过中国，从不了解中国人如何为元青花吵得你死我活，怎么会想到那些不起眼的元瓷底部是怎样的关键性的地方啊。她让我在图案上挑选要看哪些器物的底，我当然就拣典型器啦——我相信她不会失信的。

我尽了最大努力去弥补5年前由于自己知识准备不足的缺憾。5年前是上手了几十件托普卡比宫的元青花，但由于知识准备不足，不会像今天这样即使没上手也能看得更多，想得更多。此次旧地重游，我最大的感慨是：一批托普卡比宫馆藏品与我国北方出现的元青花完全相同，它们当年的外输路线是怎样的呢？可能不是海上，而是陆上丝绸之路！要解开这个谜，必须到伊朗。好在马上就要飞德黑兰了，对方已作了周密的招待准备，我们提出的访问清单也够可以的——要全部看到伊朗馆藏元青花，并上手，要看钴料产地，要机检一件我们自带的中国元青花……

凌晨3点钟，德黑兰机场有人接。临行前，有人说美国的航母在波斯湾，不要吃炸弹哟！为了这百年难遇的机会，冒点风险也是值得的。我们不是单纯的旅游者：我们有相机、电脑、媒体……我们背后有多少双期待的眼睛，期待看到伊朗馆藏的中国的元瓷，看到伟大的波斯文化。我们有责任把这一切传达给中国。

元青花上的“波斯纹饰”

5月5日凌晨3时，土耳其航班把我们送到德黑兰机场，出口处有伊朗国家博物馆的英文译员努里女士在等候。我们是老朋友了。2006年10月上海元瓷国际会议就是她陪同伊朗国家博物馆的专家前来。此次相见，格外高兴。去宾馆的半小时路上，我力所能及地用英文跟她闲聊。她告诉我，这次邀访，伊朗方面非常重视。通过外交途径与中国方面取得了联络，共同作出了安排。我终于明白了我们的签证当天就下来的原因，原来元代瓷器这个项目还真是不简单呢！

德黑兰不是一个漂亮的城市，灰蒙蒙的天，遮住了远处的雪山的真面目。大多数黄灰色的房子方方正正，现代和历史的痕迹都难以一目了然地寻觅，但我们的宾馆是一流的五星级，“LALEH LNTL HOTLEL”意为郁金香宾馆。伊朗方面把我们当贵宾接待，而且还允诺几十件元代瓷器可以细看，可以上手，可以拍照。我不知道该用什么语言来形容自己的心情。中国的文化研究者、收藏家、文博专业人士所盼望的就是这一天啊！伊朗馆藏元青花，中国人谁也没有见过它们的真面目啊，也没有一个中国人能走进库房去上手摸、研究。今天，幸运之神如此眷顾我们，德黑兰之行即使炮火连连，也值得去一趟啊！

还有几个小时，下午将去伊朗国家博物馆。中国人等待多少年的这一刻，终于要来临了。

……很遗憾，下午不是去国家博物馆。国家博物馆馆长的接待是次日上午开始，中午还要一起用餐。所去的是伊朗地毯博物馆。

疲劳令人昏昏欲睡，到伊朗地毯博物馆的时候已经下午3点。我从来没有对地毯感过兴趣。所以，一进暗暗的大厅，我有点心不在焉。然而，意想不到的情况出现了！伊朗地毯与元青花有关系！我为自己这一发现震得精神一振。

我竟然看到了横S纹、缠枝莲纹、卷草纹、莲花纹……与元青花大罐上的装饰非常相像。于是我再寻找更老的地毯，一直到公元前500年的波斯地毯，从中都可以发现元青花花纹的影子。无独有偶，我们的元青花器上也发现了波斯文字。这些文字，国内有人写文章猜想是维吾尔文、阿拉伯文等，但经伊朗专家分析，确认这是波斯文，看不出意义，可以推断是签名，伊朗工匠有对自己作品留名的习惯。如这是伊朗工匠在中国的窑厂作画后的签名，那么，一切均可迎刃而解了！——元朝时有一批伊朗工匠在景德镇根据西亚人的审美要求作画，并将这批瓷器运到西亚。当时中国元朝与伊朗同为蒙古人入主。

我将在伊朗地毯博物馆发现的与元青花器物上相似的纹饰命名为“波斯纹饰”，由于它以莲花为主体，波斯语称莲花为“露士思”，我们又可称这是“露士思风格”——它们的细节、风格、装饰风格是一致的。可以推想元代生产的青花器可以分为两个部分：一部分是受西亚的影响销到西亚各国的元青花；一部分是国内工匠生产的，在国内市场销售和收藏的元青花。前者是用浓艳型的波斯钴料，后者的发色比较清亮，钴料产地不明，但装饰风格是中国化的，有人物故事、龙纹装饰等。

这个推论能否成立要靠我们认真细致地收集证据：“波斯纹饰”的来源在何处？是在古伊朗吗？波斯工匠到景德镇了吗？有证据说明这一点吗？钴料是否来自伊朗？这几个问题弄清楚后，上述问题就迎刃而解了。

到伊朗古城伊斯法罕的发现更让我坚信了上述推论。

伊斯法罕礼拜五清真寺的大石碗

离德黑兰南400千米，是伊朗的第二大城市伊斯法罕。历史上著名的几个王朝在这里建都。著名的四十柱宫建于16世纪，而现在最老的清真寺建于12世纪。真没想到，在德黑兰地毯博物馆见到的波斯花纹，在这里的清真寺的装饰上随处可见！伊朗清真寺的装饰花纹，我称之为“露土思风格”的，即以莲花为中心的各种变形，S形的连接、阔叶、小葫芦纹、卷草等，真是意想不到的应有尽有。

最令人惊奇的是坐落在大清真寺广场上的直径1米的石刻大碗，从外表上看与我们熟知的洪武器完全一样。而它的表面，都是典型的满工“露土思风格”。以缠枝莲为中心的横S形连接，底座的仰莲瓣纹，令人信服地告诉你这个12世纪的石刻大碗，与中国的元代、明早期的青花有着必然的血脉上的联系。

关于元代大碗，国内也出现了直径达1米的巨型器。收藏界不清楚它是干什么用的。猜想陪葬的有之，推测吃大菜的有之。伊朗清真寺中的大碗是盛水给朝拜者饮用的！——我们见到了六座古清真寺，里面都有石制大碗，谜底就此揭晓。

种种迹象表明，要彻底解开元青花之谜，伊朗是突破口。谜底在伊朗，而不在土耳其。伊朗是当时丝绸之路的西部终点，又是蒙古人入主的政权。现在的伊朗语中，仍有许多完全来自中国的词汇，发音是汉语的谐音，如“等”“王”“大王”“牌子”“太白”“夫人”“公主”“丞相”等。古波斯一直到公元6世纪，都是一个强盛的西亚强国。

需更多地深入了解伊朗的文化，元青花的秘密一定与此有关！

苏莱麻尼！Sulaimani！

伊朗时间5月6日上午10时，与伊朗国家博物馆伊斯兰部主任Rohfar女士会见是宝贵的开端。我们求知心切，直奔主题。谈话内容大致分两个部分：第一部分是关于元代瓷器的，第二部分是关于双方合作的。

她肯定地告诉我们，元时有伊朗人在中国，是伊朗派到中国去学习制瓷的。但具体材料在什么书上有什么记载，要去专门查找。元代瓷器上的花纹，如横S纹、

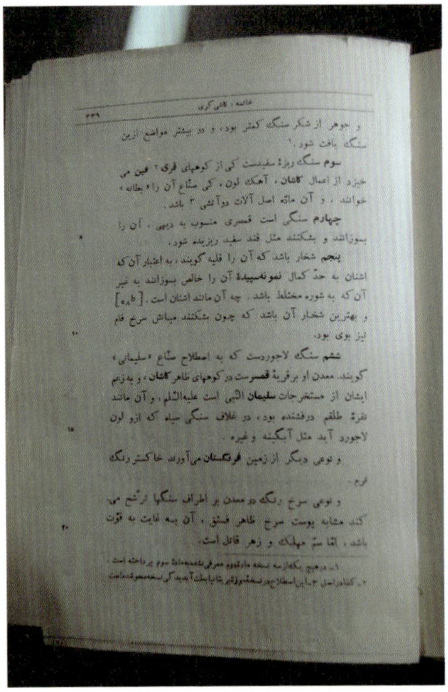

13世纪波斯语文献关于Sulaimani的记载

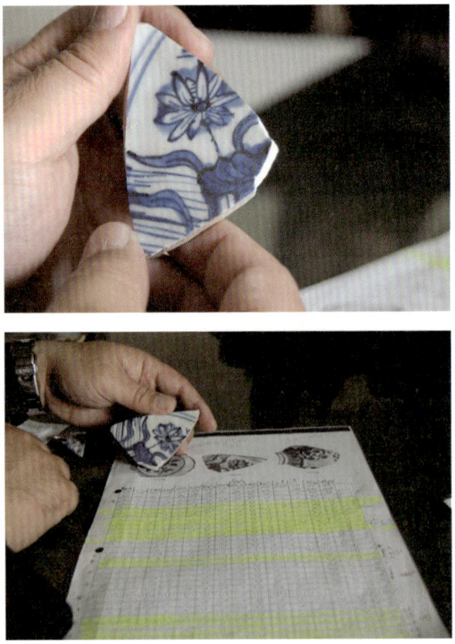

使用Sulaimani的瓷器和成分分析报告

莲花纹等与伊朗文化有十分深厚的渊源关系，不仅在元代的12、13世纪，而且早在古波斯时代就十分流行，是伊朗文化中十分常见的纹饰。关于中国人叫“苏麻尼青”的外来钴料，我们得到了想象不到的答案。主任说，在德黑兰以南大约400千米的地方，有个小村庄，叫“Ghamsar”，属于卡尚市，这个小村庄的人在古代发现了闪着银色光芒的石头，当地人叫“穆罕默德蓝”，即现在学名叫“钴”的矿物。提炼后经火焙烧成为蓝色，用以装饰清真寺。由于太神奇了，当地人用伊斯兰圣人的名字“Sulaimani”（苏莱麻尼）称呼它，即中国人称之为的“苏麻尼青”。

我惊讶伊朗人十分娴熟地说着“Sulaimani”，我听不懂波斯语，但听懂了这个词。关于这个说法，有13世纪的书籍为证。

主任当场拿出写于13世纪的波斯语文献复印本，翻开说“就是这段”，然后，翻译努里女士当场把它译为英文，照录如下：

“This stone is named sulaimani. The mine of this stone located in Ghamsar in Kashan mountains. They told the name may be taken from the name of Sulaimani prophet.”

和Ghamsar村村民合影

中文翻译如下："这种石头被称为'苏莱麻尼'，产自卡尚山区的格哈玛沙。他们说，这名字也许与先知苏莱麻尼有关。"

主任告诉我们：现在这种钴料早就没有了，伊朗也没有。（我心里说，现在景德镇的仿家吹牛吹破了天，说仿品用的钴料都是进口的，竟然也有人信！）

主任还说，伊朗有书记载："苏莱麻尼"作为货物卖到中国。

我长吁了一口气，真是"踏破铁鞋无觅处，得来全不费工夫"。中国叫这种钴料为"苏麻尼青"，"青"这个后缀是中国人自己加上去的。"苏莱麻尼""苏麻尼"，古时译名少了一个音而已！苏莱麻尼钴料产地不在土耳其，而是伊朗，在伊朗的首都德黑兰南约260千米的地方！

关于苏莱麻尼，我们当场看了两个瓷片，一个是相当于唐代的伊朗产青花陶片，另一个是中国元末明初的青花瓷片。伊朗机检的结果是：青花使用的是"苏莱麻尼"。

卡尚是伊斯法罕省的重要城市之一，德黑兰往南三个半小时的汽车路程。它不但以丝织品、陶器、铜器和玫瑰香水闻名，而且受到历代帝王青睐。古迹遍布，文化深厚。而我们在炎热的戈壁上奔驰约260千米，感兴趣的还是因为它是

“sulaimani” 的原产地，我们是来凭吊的!

钴矿所在的小村，离卡尚 40 千米。一片山坳之中有不少民居，远处是光秃秃的起伏不断的山脉。我们费尽周折找到一位在矿上工作过的村民，他断断续续地告诉我们：“这里开采的是一种黑色的矿，加工后变成蓝色，用来装饰清真寺的。60 年前，矿已经封了，洞塌了。进矿有个大洞，里面分成几个矿道，有铁矿、铜矿，还有这种黑色的矿……” 我惊呼：这是伴生矿!

西亚人用钴料的蓝色来装点清真寺，这是五年前我在土耳其访问时就知道的，而这次来，是伊朗国家博物馆明确地查实了古书记载，并且是他们已知的信息，这里就是“苏莱麻尼”（sulaimani）的产地。终于找到了! 这个伟大的，在 13 世纪的书上就记载了的 “Ghamsar” 小村! 可惜，废矿要向山里步行 19 千米，这次是来不及了。伊朗国家博物馆的朋友热情地要村民到废矿去采一点可能有的样品，并会将其寄到中国。

这是迄今为止中国人所能采集到的关于苏莱麻尼产地最直接的信息! 我们到了伊朗国家博物馆知道的产地，并见到了老矿工，知道了 “伴生矿” 等情况。

我马上联想到国内对苏料的种种传言和景德镇仿假者造出的弥天大谎。一个谎言说他们进口苏料仿假。我们到现场后，就很清楚了：60 多年前该矿已经洞毁封门。伊朗的 “苏莱麻尼” 已经不存在了。另一个谎言是现在用化工办法能加工出与苏料完全一样的钴料。“伴生矿” 这个信息完全打破了他们的谎言。伊朗的伴生矿有铁、铜等元素，由于与铁矿相连，所以，它才是 “高铁”。伴生矿是大自然惠赐下的特殊礼物，是 “个别”，是 “不可复制” ！要想在中国的几个土窑厂配出伊朗的伴生矿钴料，存在这种可能吗? 这是中国社科院实验室也做不到的事情! 造假者连基本的科学常识都不具备，具备的是被金钱冲昏了的头脑中的胡思乱想!

虽然没到矿山里去，但这烟雾迷弥的神奇的对中国有特殊意义的矿藏如此诱人，令我们在伊朗高原火辣辣的阳光下出神远眺，心里默默期盼着元青花雾开日出的这一天!

钴料呈相：对鉴定元青花有特殊意义

当伊朗朋友带我们进他们的库房“中国之家”时，我真的激动得心跳加快，脊背冒汗。“这是700年来第一次有中国人能触摸到这些中国瓷器！”这是博物馆的馆长介绍时说的第一句话。简陋的白色铁皮柜子被慢慢打开，放满柜子的是青白相间的美丽的青花瓷。伊朗国家博物馆的专家明确告诉我，他们馆藏28件，别的地方没有发现有中国元代瓷器，阿别尔清真寺也没有。

他们一件件地将元青花搬出来，我们上手，拍摄，用放大镜观察呈色，用手电筒看器里……馆藏元青花计有凤纹大罐、花卉纹梅瓶、卷口碗、留白花卉纹大盘等，各有一件龙纹盘和鱼藻纹罐。每件上面都有后刻上去的伊朗16世纪国王的印章，方形印章。由于是传世品，件件釉面老旧。从保存来看，托普卡比宫所藏43件元青花更完美、更漂亮；但伊朗馆藏28件的青花发色和画工实在是美，实在是典型。钴料发色是典型的苏莱麻尼（sulaimani），深蓝中透着纯蓝、亮丽、晶莹，件件器物都用典型的波斯装饰手法——莲花阔叶缠枝横S纹，即“露土思风格”。

在伊朗国家博物馆与专家们交流

特别值得一提的是伊朗馆藏的底足处理方法。底足有火石红的少见，只有一两件有典型的火石红，大部分是没有火石红的。圈是有倒梯形的、直角的、底平的、阔旋纹的，总之，不是一个模式一个样子。

此次考察的一个重要特点是由于技术的进步，我们自己带了高像素微观数码相机，在距釉面半厘米的地方拍摄了伊朗馆藏元青花釉面钴料发色的几百张照片。经电脑放大后效果非常好。“苏莱麻尼”料的深蓝青特质的沉淀、晕散、凝结……都一一清晰地呈现出来。我要特别说明的是，景德镇新仿、高仿元青花也想做出铁锈斑的效果，但仿家已完全不可能用当年的苏料复原。加进氧化铁成分后的化工料，变成不伦不类，加重笔渲染以后，更是面目可憎。只要熟悉了真品苏料的微观效果，仿品在放大以后的微观呈相看上去苍白、单调、无层次，面目可憎，一览无余。

此次伊朗之行得到的一个明确的答案：就是所谓的“苏麻尼青”是“Sulaimani”的古人的汉译加后缀，准确的译法应是“苏莱麻尼”——一个伊斯兰圣人的名字。它只产自伊朗，它曾大量销往元代时的中国！由于它的唯一性，即使根据釉面效果，我们也能确定它的身份，如加上机检就显得更加简单了。使用苏

在伊朗国家博物馆库房上手研究元青花

伊朗国家博物馆藏元青花的波斯纹刻款

莱麻尼钴料制作的一批元青花，不仅在土耳其、伊朗能见到，英国、日本、美国也有，在中国大陆民间也有。我们只要有苏料的成分检测标准，一上机就可一目了然。同时，由于我们在伊朗元青花釉面上看到的微观呈相的特点是有规律的，是无法仿制的，所以收藏家对自己的藏品可以自我检测，可以将釉面用数码技术放大，观察它釉面青花呈色的细节，就可作出大致的判断。

我们两次进入伊朗国际博物馆的中国瓷器库房，共工作了约 8 个小时。反复地上手元青花。由于伊朗方面已经把全部元青花的正面、底部和局部细节图给了我们，也由于我们第一次进库房后，意识到拍摄微观画面才是我们要完成的独特的任务，所以第二次进库房的时候，我们就设计了主要拍摄青花釉面微观图的目标——在数码照相发明之前人类无法做到的事。回到宾馆，我们迫不及待地将微观图在手提电脑上放大。一共有 200 多幅宝贵的馆藏元青花釉面微观图，经我们二次放大后，再一次让我们清楚地看到伊朗馆藏元青花的真面目。用肉眼直观看不到的结构、细节都清清楚楚地展现在我们的面前。我们的目标很清楚：找到

伊朗国家博物馆馆藏元青花的微观图

规律。至少在200多张伊朗馆藏元青花釉面微观图上寻找规律。看，反复看，排列、对照、分析……微观釉面图显示苏莱麻尼钴料在1300℃高温下有相同的呈相规律，这些是仿品根本不可能有的特征：线性结节、斑块、滴状边缘、沙滩式印迹、中心结晶、色阶梯次过渡……这是进口苏料高铁低锰特征及其他特定伴生金属元素在1300℃高温下烧结后呈现出来的规律性表现。这种微观状态是无法人为控制的，是在火的焙炼中形成的。更令人信服的是，我们所拍摄的200多张伊朗馆藏元青花釉面微观图，全部有相同的表现特征。

为了进一步证实我的推测，我又将自己在大英博物馆、大维德基金会、日本东京美术馆、松冈美术馆、土耳其托普卡比宫博物馆拍摄到的元青花近摄片的放大效果与伊朗的对比，情况也完全相同。而与新仿品对比，情况完全不同。所有这些元青花微观的重要特征，在新仿品的微观图上全部没有！只有强行增加的铁质块状，一切自然的色阶过渡变化都不存在。这正是人算不如天算，在1300℃高温下，仿家的手伸不进炉火里！

于是我们就有了这样一个推理：

伊朗馆藏近摄微观资料是我们亲手拍摄的，是无可争议的一手资料。对它的分析可得出一个结论：这几百张微观图具有某种规律性的特征。我们借此可以与国内收藏的元青花釉面进行微观对比，一定可以筛选出一批与使用了伊朗馆藏相同的钴料的青花器，而我们知道进口料只在元到明早期使用，再加上对胎、画、釉、老旧、器里等方面的观察，对一批元代瓷器的认定就不是比登天还难的事了！

综上，此次土耳其、伊朗之行，主要有四大收获：

第一，证实了中国的元青花与伊朗、与波斯文化有相当密切的关系，其中种种谜团可以通过中伊文化、交通、贸易史来加以研究解决。

第二，通过伊朗方面提供的13世纪的书本材料及机检材料和实地考察，证实“苏莱麻尼”（sulaimani）产于伊朗，中国的元到明早期青花瓷器使用了“sulaimani”。“sulaimani”是不可重复的伴生矿，在60年前已封矿停产。中国景德镇的仿元青花没有任何可能使用“sulaimani”，所以，任何制假的方法都无法逃脱苏莱麻尼的元素分析。

第三，中国学人在世界上第一次用数码技术拍摄到了伊朗馆藏元青花的微观釉面照片，经电脑放大后，图纹清晰，特征明显，规律性强。与新仿品对比，完全呈现不同的图相。我们认为，这是金属钴“苏莱麻尼”在高温下呈现的本质特征，是各种特定的伴生的金属元素的分子运动的结果，是不可仿的图像。这为我们鉴定元青花打开了一个新的视角，这也提供了一个由于技术进步而导致新的发现的一个实例。

第四，作为一个元青花收藏家和研究者，我欣喜地确认，中国民间收藏家手中有一批与土耳其、伊朗馆藏相同的元青花瓷器，这是我们民族文化遗产中十分珍贵的一部分！任何人都无权忽视这个历史性存在，忽视它们也无济于事——它们属于历史，属于中华文化。

（衷心感谢土耳其托普卡比宫博物馆、伊朗国家博物馆、伊朗伊斯法罕文化部、伊朗地毯博物馆、伊朗驻上海领事馆的协助）

3. 伊朗考察报告(二)

苦涩的文化之旅
—— 第三次伊朗国家博物馆馆藏元青花考察追记
(2011)

从 2001 年起,在 10 年的时间里,我 3 次去伊朗国家博物馆考察伊朗馆藏元青花,5 次(途经伊斯坦布尔到德黑兰)进入土耳其伊斯坦布尔博物馆参观和上手了土耳其馆藏元青花。所去的次数与上手的西亚馆藏元青花数量,可以说相当可观了。俗话说：实践出真知。对一个事物的了解,当然要亲自接触这个事物。这个本应是一切古代艺术爱好者要遵循的道理,在当今这个市场环境中,竟然成为一个常人不容易企及的道德标准。元青花是中国的国粹,是可触摸的器物,世界各大博物馆和国内各大博物馆都有收藏和展出,在这种社会条件下,认识它还有什么难处吗?然而,在中国的文物界、收藏界,现实的状况就是一个字：难!“元青花难认定”成为中国文化界的一个历史性笑话。若干年后,我们的子孙将会嘲笑这一代人的无能、无为、无行、无知!但现在还是在“现在”,“现在”是一个不规范的、妄语横行的文化时代,国粹元青花遭此厄运,也在情理之中了。

我们,一批被称为“国宝帮”的中国收藏家,在十数年中,用自己的血汗钱保护了一大批真正的国宝,但道路曲折,斗争复杂。为元青花正名的路,就是在这样的环境中开始的。

第三次去伊朗,对我来讲,已经不新鲜了。这是 2010 年 5 月,伊朗高原天高气爽的时节。但第三次去伊朗我有一个愿望：争取到伊朗钴矿去。2007 年去了,但只到了一个村子边上,没能去矿区。积聚已久的强烈的内心冲动是想亲眼见一见神奇的“苏莱麻尼”！伊朗资料记载，“苏莱麻尼（Sulaimani）”是一个伊斯兰圣人的名字，由于当地出产一种神奇的、在阳光下闪烁银白色光芒的黑色石头，而这种石头又有着色功能，于是当地就把它与圣人联系在一起，名称一直沿用至今。这其实就是钴矿，而且就是伊朗的钴矿。

我与随行的同伴——南汇博物馆郭馆长，上海藏家余念忠、卢志禹，浙江电视台余坚，杭州藏家老杨、小余以及南京藏家姜培育，故宫博物院李辉柄先生一起，飞了十多个小时，到达我已经不陌生的德黑兰。我恨不得立即驱车前往矿区，去完成十来年积聚起来的一个心愿。

照例的寒暄、客气，其中多变的行程与细节，我在这里就不赘述了。我已经是第 3 次到达德黑兰。第 2 次是为了开封会议引进伊朗国家博物馆的 3 件元青花回中国展出而来，进了两次伊朗馆的“中国屋”。这次又先后两次进“中国屋”，可以说，对伊朗国家博物馆馆藏的 28 件元青花，我已经先后 5 次上手，件件如数家珍，印象极为深刻。我们想要去的地方就是卡尚市——德黑兰南部的一个高原历史名城。它的远郊有个叫 Ghamsar 的山区小村，就是伊朗钴矿的产地。为了能达到目的，我们真是煞费苦心。伊朗处在与美国紧张对峙的非常时期，对外来人处处警惕。好在我已去过两次，与馆里的不少人已经成为朋友，虽然过程曲折且复杂，最终还是怀着喜出望外的心情踏上了长途旅行之路。

伊朗高原烈日当空，空气干燥。从德黑兰往南走，一片戈壁风光，黄土、砾石、阳光、飞尘。灰黑色的水泥公路像爬在黄土地上的一条蜿蜒的长蛇。极目远眺，伊朗高原远处山峦起伏，在阳光下闪烁着黄宝石一样的耀眼光芒。这一种粗犷与辽阔，让你不得不联想到这个古波斯民族的彪悍、悠远的精神气质。一个国家，一种历史有气质，一个人、一个收藏者也就会有气质，这是天道世理。

这是我第 3 次从德黑兰南下去 Ghamsar。上次由于时间关系，我止步于村边，只是在村民的指引下远眺对我们而言神秘莫测的“苏莱麻尼”矿区。黑黝黝而又乱石丛生的矿区，漫无边际，但由于时间问题，无法成行，抱憾而归。这次，由于伊朗国家博物馆的精巧安排，我们一到村边就有人带着小卡车在等我们。很快，上车，出发，小卡车载着我们一路绝尘，在山道上颠簸。李辉柄先生已近 80 岁的高

考察团成员在伊朗卡尚矿区合影

龄，也坐在这辆颠簸的卡车上。我们照顾老人，让他坐在靠驾驶室的条凳上。大家嘻嘻哈哈，一路心情畅快，盼望着历史性一刻的到来。一个小时颠簸的山路并没有打消我们迫切见到矿区的兴致。要知道，这是中国古陶瓷历史上的一个谜啊！打从明初史料记载有“苏麻尼青”之说后，中国人，甚至是任何其他国家的人，没有条件也没有动力去了解和探究中国元青花的钴料究竟来自何方。猜测，猜测，还是猜测。20 世纪 80 年代中期的中国元青花热，历史将会记载，它不经意地揭开了一段被尘封的历史的面纱——大元帝国的伟大的文化创造和它炫目的丰硕果实。这是后人不知道的一个场景：当年在忽必烈家族的统驭下，波斯和西亚诸国人穿梭于太平洋和波斯湾之间的这块广袤的土地上，蒙古人、汉人、西亚各民族的工匠、艺术家、官员、商人交会、融合在这个特定的历史时段，碰撞出灿烂的文明之光。产自伊朗波斯高原的“苏莱麻尼”——被中国人神秘地想象着的元青花的着色钴料，就是这一历史交融的产物。

元青花钴料来自伊朗的证明需要实证材料和合理的推论。前两次去德黑兰的时候，我已经解决了史料的证据问题。13 世纪的伊朗文本证明：“苏莱麻尼”

(sulaimani)是德黑兰南部一个小山村的钴矿,而它由于神奇,这闪烁着银光的黑色石头,被波斯人用伊斯兰圣人的名字命名。"苏莱麻尼"与"苏麻尼"汉字上只有一字之差,而中国明代人的音译漏了一个"莱"而加上一个"青"字的后缀,以更加说明这种矿料的性质,是合理的推论。从文字的音韵音源上看,它就是元青花的"苏青"当没有问题。伊朗国家博物馆的研究人员也向我们介绍说:据传当年运到中国的钴料比黄金还贵,是"用小秤称的"。综上,前两次的考察给了我们一个方向:古波斯产钴料,钴料是伴生矿,它在史书上有记载。伊朗的专业人士知道它与中国陶瓷业的关系。而中国的史料也告诉我们:中国元青花所使用的高铁低锰钴料非中国产,而且到现在为止,中国都没有发现这种矿料。中国史书上记载的"进口"钴料,传统上是西亚过来的。

两边的说法都有契合之处。2001 年,我曾到土耳其考察元青花,当时知道伊拉克也有钴矿,目前土耳其所使用的钴料,来自伊拉克。用钴料着色这一技巧,在古埃及、中东、西亚地区是一个常见的现象。但我们没有任何证据推断中国的元青花所使用的钴料与伊拉克有关。当时考察团的成员有一个大的缺憾:没有去伊朗。

只有去了伊朗,与伊朗国家博物馆的科研人员亲自交流,才能体会到他们对

卡尚市(Ghamsar)废弃的矿洞

神秘莫测的西亚钴料的熟悉程度。伊朗国家博物馆提供的13世纪波斯文著作中的关于“苏莱麻尼”的材料，我已在公开发表的文章中披露。此次重去德黑兰，到达了钴矿的产地，一个重大收获是我们把钴矿石带回了中国。其中一块矿料经李辉柄先生在故宫博物院上机检测，表明元素成分为高铁低锰，含有微量氧化砷！这与我们在元青花瓷器上检测到的结果是趋同的。当然，对伊朗钴矿的详细分析，以及与真品元青花检测结果的详细对比，还需经过严格的科学论证步骤，但初步的检测结果至少是个好兆头。目前各种信息都指向中国元青花的进口料来自伊朗，而且目前我们已经有了可检测的第一手矿料。元青花之谜的最终揭晓，为时不远了。上海陈逸民、陈莺父女合著的《元代青花瓷器的呈色奥秘》一书，书中力所能及地找到了已经发表的中文资料和信息，把元青花钴料的各种说法收录在一起。其中一些材料也将苏麻离青的来源指向西亚。

书中写道，瓷器之所以能烧出青花来，是因为使用了含CoO（氧化钴）的呈色剂，这种含CoO的呈色材料，在元代和明代早期，被称为“苏麻离青”或“苏渤尼青”。

我国陶瓷文献中最早记录这种材料的古籍是明万历十七年王世懋的《窥天外乘》，上面记载说：“……官窑，我朝则专设于浮梁县之景德镇，永乐、宣德间，内府烧造，迄今为贵。以苏麻离青为饰，以鲜红为宝。”其后，万历十九年高濂的《遵生八笺》亦有“宣窑之青乃苏渤泥青”的记载，陈继儒的《妮古录》也载有“宣庙窑器，选料、制样、画器、题款，无一不精。青花用苏勃泥青”。同年（1591）《事物绀珠》中“永乐宣德窑”条也有记载：“二窑皆内府烧造，以棕眼甜白为常，以苏麻离青为饰，以鲜红为宝。”

明清两代，类似的记载屡见文献，如明高濂《燕闲清赏笺》载：“宣窑之青，乃苏勃泥青也。”明王士性《广志绎》载：“宣窑以青花胜，成窑以五彩。宣窑之青，真苏勃泥青也，成窑时皆用尽。”清朱琰《陶说》、蓝浦《景德镇陶录》、唐秉钧《文房肆考》等文献都有相同的记载。然而，这些记载都没有摆脱王世懋的影响，对这种青料的产地和命名语焉不详，更不要说对这种材料进行组成分析了。

现今学人为了彻底搞清元青花的呈色谜团，对这种能呈现青色的矿物质作了详尽的调查和分析，均得出了比较接近的答案。

耿宝昌先生在《明清瓷器鉴定》一书中说：“郑和下西洋（永乐年间六次，宣德时期一次），带回名为‘苏尼勃青’或称‘苏麻里青’的色料，景德镇用以烧制出青花器，非常富有特色。”

冯先铭先生主编的《中国陶瓷》一书对青花钴料的描述仅“利用从中东地区进口的钴土矿”一句。

两位学者都没有具体说明青花钴料来自哪个国家或地区。因历史条件的限制，他们没有到实地考察，也只能作些大致推测。

北京的蒋奇栖女士主张这种材料“来自伊拉克”。她认为，在伊拉克的奥曼和黑加北部有着丰富的钴矿，钴矿在当地陶器中的使用在阿巴西时代（758—1258）已经很广泛。萨马拉在公元 9 世纪也就是中国唐朝与波斯地区贸易最繁荣时期，是伊拉克最重要、最大的制陶中心，它位于底格里斯河东岸距巴格达以北 125 千米。在 836—892 年曾经作为阿巴西王朝的首都。我国早期的钴料应该来自萨马拉地区。萨马拉在古代的拼音文字为 samarra，古希腊文写为 souma，拉丁文写为 sumere，叙利亚文是 sumra 。中国早期青花使用的进口料为苏麻离青、苏渤尼青，这发音与萨马拉（samarra）及当时普遍使用的叙利亚 sumra 这个地名发音相同，翻译到我国，音译成“苏麻离”是很正常的。

对元青花呈色材料的研究，刘新园先生作了最为详尽的考证，他在《景德镇明御厂故址出土永乐、宣德官窑瓷器之研究》中，专门讨论了“苏麻泥—速来蛮”问题。“苏麻泥”这类青料究竟是从哪儿来的呢？细查有关文献，似有 3 种说法。

（1）我国学者傅振伦的《中国伟大的发明——瓷器》一书以为宣德青花料是以“南洋苏门答腊的苏泥和槟榔屿的渤青”合成。（2）英国学者哈瑞·卡纳尔（Harry Garner）与玛格莉特·麦德里（Margaret Medley）认为是波斯卡山（Kashan）所产的砷钴矿，但又说“最后建立这一观点之前，还需对中国和阿拉伯著作作进一步研究”（详见 1986 年麦德里访问品陶斋的发言）。（3）英国人 Friedrich Hirth 博士在 1888 年曾倡导“苏麻泥”为英语 smalt（蓝玻璃）的音译。此后日本学者中尾万三在 1982 年也发表了类似的看法，并自以为是他的创见。结果遭到日本学者尾崎洵盛的“井蛙”之讥。在对中外古代文献进行广泛的考证后，刘新园先生认为“永乐、宣德二窑使用之青料来自波斯”。英国牛津博物馆考古实验室的学者认为，14世纪的中国青花所用色料是从波斯进口。

以上材料初步勾勒了当代中国学人能够得到的关于元青花钴料的信息，陈逸民先生在收集了以上这些材料之后，还采用了许明到伊朗考察后披露的第一手材料所持的观点，并公开宣布元青花钴料的学名应改为“苏莱麻尼（sulaimani）”，本人不胜感谢。

我以为，以上材料中，英国学者哈瑞·卡纳尔与玛格莉特·麦德里的观点应引起重视。他们所说的“波斯卡山（Kashan）所产的砷钴矿”中的“Kashan”，就是我曾到达的卡尚市。地点相同，形容的矿物细节也相同，一个西方学者的材料当会更加证明一些什么东西，这是我所期待的。

到达伊朗卡尚山区的钴矿产地，拿到了钴矿料，并经由李辉柄先生在故宫博物院进行初步的机器检测，证明为高铁低锰含砷的钴矿……这一切，都为今后中国元青花之谜的解开铺平了道路。

马克思曾说过，在科学上没有平坦的大道，只有不畏劳苦沿着陡峭山路攀登的人，才有希望达到光辉的顶点。元青花探险之路，漫长而又艰险——其艰险程度不亚于一场真刀真枪的战斗。功夫不负有心人，也许是上苍对我们所付出的艰苦劳动的回报，近期，我们在江西某地（非景德镇地区）发现了生产西亚型元青花的大型窑场的线索，带匣钵的元青花瓷器已经被征集，与对西亚的元青花考察成果结合在一起，它必将有力地揭示中国文化史上的一个秘密，也必将终结这场横跨了两个世纪的文化大案！

参考资料

1. 中华书局编辑部编:《二十四史》,中华书局2000年版。

2.〔波斯〕剌失德丁:《成吉思汗的继承者》,上海古籍出版社2018年版。

3. 陈高华、高帆、刘晓:《元代文化史》,中国社会科学出版社2020年版。

4.〔北宋〕李昉等编撰:《文白对照太平广记》,团结出版社2022年版。

5. 陈高华:《元史研究论稿》,中国社会出版社2018年版。

6. 张帆、陈晓伟、邱靖嘉等:《辽夏金元史》,中信出版社2023年版。

7.〔美〕大卫·克里斯蒂安:《史前至蒙古帝国时期的内欧亚大陆史》,上海古籍出版社2022年版。

8.〔元〕钟嗣成撰:《录鬼簿校订》,中华书局2021年版。

9. 杨志玖:《元代回族史稿》,中华书局2015年版。

10. 邱轶皓:《蒙古帝国视野下的元史与东西文化交流》,上海古籍出版社2019年版。

11. 王锦萍:《蒙古征服之后》,上海古籍出版社2021年版。

12. 张星烺编注:《中西交通史料汇编》,华文出版社2018年版。

13. 陈高华、史卫民:《元大都元上都研究》,中国社会科学出版社2018年版。

14.〔法〕鲁保罗:《西域的历史与文明》,新疆人民出版社2006年版。

15.〔波斯〕拉施特主编:《史集》,商务印书馆1986年版。

16.〔美〕劳费尔:《中国伊朗编》,商务印书馆2015年版。

17.〔美〕阿巴斯·阿马纳特:《伊朗五百年》,人民日报出版社2022年版。

18. 党宝海:《元代丝绸之路史论稿》,社会科学文献出版社2024年版。

19.〔美〕奥姆斯特德:《波斯帝国史》,上海三联书店2017年版。

20.〔法〕费琅编:《阿拉伯波斯突厥人远东文献辑注》,中国藏学出版社 2018 年版。
21. 付马:《丝绸之路上的西州回鹘王朝》,社会科学文献出版社 2019 年版。
22. 陈春晓:《伊利汗国的中国文明》,社会科学文献出版社 2023 年版。
23.〔意〕马可·波罗:《马可波罗行纪》,上海书店出版社 2021 年版。
24. 杨志玖:《马可波罗在中国》,南开大学出版社 1999 年版。
25. 彭海:《马可波罗来华史实》,中国社会科学出版社 2010 年版。
26. 张亮采:《中国风俗史》,山东画报出版社 2022 年版。
27.〔元〕佚名:《全相平话五种》,浙江人民美术出版社 2017 年版。
28.〔明〕罗贯中、冯梦龙:《平妖传》,湖南文艺出版社 2023 年版。
29.〔元〕夏文彦撰:《图绘宝鉴》,北京师范大学出版社 2016 年版。
30.〔元〕王士点、商企翁编次:《秘书监志》,上海古籍出版社 2022 年版。
31. 翟禹:《元代社会日常生活》,中国工人出版社 2023 年版。
32. 陈垣撰:《元西域人华化考》,上海古籍出版社 2000 年版。
33. 王国维:《宋元戏曲考》,朝华出版社 2018 年版。
34.《新编五代史平话》,中国古典文学出版社 1954 年版。
35. 卢世华:《元代平话研究》,中华书局 2009 年版。
36. 林欢:《宋代古器物学笔记材料辑录》,上海人民出版社 2013 年版。
37.〔清〕钱大昕:《廿二史考异》,上海古籍出版社 2014 年版。
38.〔瑞典〕多桑:《多桑蒙古史》,上海古籍出版社 2012 年版。
39.〔日〕和田清:《明代蒙古史论集》,内蒙古人民出版社 2014 年版。
40. 佚名:《蒙古秘史》, 内蒙古人民出版社 2020 年版。
41. 刘洪妹译注:《西京杂记》,中华书局 2022 年版。
42. 顾学颉选注:《元人杂剧选》,人民文学出版社 1956 年版。
43.〔明〕顾炳绘:《顾氏画谱》,浙江人民美术出版社 2017 年版。
44.〔明〕陈洪绶画:《陈洪绶版画》,浙江人民美术出版社 2017 年版。
45.〔明〕黄凤池编:《集雅斋画谱》,浙江人民美术出版社 2017 年版。
46. 李修生:《元杂剧史》,江苏古籍出版社 2002 年版。

47. 王季烈、叶德均:《孤本元明杂剧提要·宋元明讲唱文学》,中国戏剧出版社 2015 年版。

48. 何艳君:《中国古代瓷器上的戏曲小说图像研究》,广东高等教育出版社 2019 年版。

49. 景安宁:《元代壁画神仙赴会图》,北京大学出版社 2016 年版。

50.《宋元平话集》(上、下),上海古籍出版社 1990 年版。

51.〔蒙〕D. 策温道尔吉等:《蒙古考古》,上海古籍出版社 2019 年版。

52. 竺洪波:《西游学十二讲》,高等教育出版社 2018 年版。

53. 潘洁:《黑水城出土赋役文书研究》,甘肃文化出版社 2022 年版。

54. 中国硅酸盐学会编:《中国古陶瓷论文集》,文物出版社 1982 年版。

55. 叶喆民:《中国陶瓷史》,生活·读书·新知三联书店 2020 年版。

56. 余勇、邓和清:《宋代景德镇瓷窑业状况: 蒋祈〈陶记〉研究》,江西美术出版社 2012 年版。

57. 余柱青编著:《景德镇陶录》,黄山书社 2015 年版。

58. 陈逸民、陈莺:《元代青花瓷器的呈色奥秘》,上海大学出版社 2010 年版。

59. 上海博物馆编:《青花的世纪》,北京大学出版社 2013 年版。

60. 黄云鹏主编:《元青花研究》,上海辞书出版社 2006 年版。

61. 北京首都博物馆、北京市元青花文化交流中心编:《元青花》,河北教育出版社 2009 年版。

62. 许明主编:《中国元瓷》,上海社会科学院出版社 2007 年版。

63. 许明:《土耳其、伊朗馆藏元青花考察亲历记》,上海人民出版社 2012 年版。

64. 曹建文:《景德镇青花瓷器艺术发展史研究》,山东美术出版社 2009 年版。

65. 院文清:《瓷器中的极品: 元青花四爱图梅瓶》,湖北教育出版社 2018 年版。

66. 谢明良:《中国陶瓷的器形、纹饰与图像》,浙江大学出版社 2023 年版。

67. 上海博物馆编:《青出于蓝: 青花瓷的起源发展与交流》,上海书画出版社 2022 年版。

68. 易晴编著:《中国古代物质文化史》,开明出版社 2014 年版。

69. 余城编著:《元代艺术史纪事编年》,天津人民出版社 2017 年版。

70. 赵宪章总主编:《中国文学图像关系史》,江苏凤凰出版社 2020 年版。

71. 杨平主编:《寺观壁画》,湖北美术出版社 2024 年版。

72. 周仁等:《中国古陶瓷研究论文集》,轻工业出版社 1982 年版。

73. 吴石友:《青花秘境》,西泠印社出版社 2022 年版。

74. 北京市文物局编:《托普卡比宫的中国瑰宝》,北京燕山出版社 2003 年版。

75.〔伊朗〕哈比比安拉・阿亚图拉希:《伊朗艺术史》,湖南美术出版社 2023 年版。

76. 韩香:《波斯锦与锁子甲》,社会科学文献出版社 2022 年版。

77. 林梅村:《波斯考古与艺术》,北京大学出版社 2023 年版。

78.〔伊朗〕莫特扎・瑞万法:《波斯遗产》,研究出版社 2022 年版。

79.2006 年上海社会科学报社编印:《元代瓷器国际学术研讨会论文集》。

80.2012 年上海社会经济文化发展研究中心编印:《国际元青花研讨会论文集》。

81. 故宫博物院(台北)编:《蓝白辉映:院藏明代青花瓷展》,2016 年版。

82. 许明、周世雄主编:《大元至宝:台湾元青花分级收藏集萃》,史纪文化事业有限公司 2016 年版。

83. 许明主编:《苏莱麻尼・元青花》,美中时报出版社 2024 年版。

后 记

《元青花的文化密码》是我30年收藏实践的经验总结和理论总结,书中回答了困惑我多年的大部分问题。当然,有的回答得深入,有的回答得比较粗浅,有待进一步深化。

这部书我酝酿已久。承蒙河南人民出版社赏识,将项目推介给国家出版基金,获批准。本来应该早早完成,却迟迟没有动笔,甚至有过打碎原有提纲另起炉灶的念头。主要原因是,难以突破两个困局:第一,无法找到除《全相平话》以外的宋、元插图本平话,难以发现可以与元青花器人物故事图对应的文本;第二,尽管亲自上手了土耳其、伊朗国家博物馆馆藏元青花,完成了伊朗钴矿的实地考察,看遍了世界所有大的元青花馆藏,并有了30多年的收藏实践,但我没有能够亲自去蒙古高原考察,没有去四子王旗等地找到北方元青花确切的出土地点和窑址。而这两点,是我认为可以对当前元青花研究进行重大突破的关键。

功夫不负有心人。

在阅读史料的过程中,元代典籍《录鬼簿》及《元代回族史》《西域人华化考》等著作给了我重要启示,使我找到了解决第一个问题的钥匙。读者可以从书中看到,本书对元青花器物上大量出现的汉族人物故事的论证是严密的,有说服力的。其逻辑主要是:元代汉族人物故事在元早、中期已经在元代杂剧中大量演出流行,演变成瓷画顺理成章。而已经被公认的元青花人物故事“八大码”,不过是元代几百个人物故事杂剧中的八个题材而已。

第二个问题的推进,得益于吴石友先生蒙古高原元青花遗存的考察。我要做的工作的前期部分,他替我先行做了。他用8年的时间,找到了蒙古高原出土的元青花窑具、火照、烧成的器物留存等，这是蒙古高原有元青花窑址的铁证。而蒙古国哈剌和林考察出土的大量元青花瓷片和瓷窑，也佐证了这个可能。据最新消息：原元中都遗址已经发现了元青花窑址，有待官方正式宣布和科考挖掘。

这两个难点问题的可能突破，激发了我的写作冲动，促使我很快完成了写作。书中的配图，得益于既是收藏家又是工艺美术专业出身的卢志禹先生的耐心选择、精心打磨，使之对内容作了完备的注释，图文配合，相得益彰。

30 多年的收藏研究路，充满艰辛。本书的完成，首先要感谢中国社科院文学所的多年培养和历练，感谢我的导师蔡仪先生、钱中文先生在学术上的教益和启示，使我具备了科研上解读问题、突破困难的方法自觉。也要感谢上海社科院宽松的学术氛围和鼓励另类学科发展、海纳百川的大气。

要感谢收藏和研究道路上支持、帮助过我的所有朋友，特别是文博界雷从云先生、李辉柄先生、孙学海先生、史树青先生、赵青云先生、佘家栋先生、丘小君先生等前辈。他们突破传统力量的重重障碍，旗帜鲜明地支持民间收藏，也对我予以鼓励和支持，令我感怀且难忘。

要感谢伊朗国家博物馆、土耳其托普卡比宫博物馆、蒙古国家博物馆、上海市原南汇博物馆、漳州寒江雪艺术馆，以及台湾元青花收藏联谊会等对我元青花考察研究提供的大力支持。

还要感谢家人对我“越界作业”的理解。收藏是要花钱的，而 30 年来，家庭并没有经商，只是靠稿费、工资，甚至卖掉房子去维持这个事业。现在初有成就，与家人的支持和理解密不可分。但愿上天有知，善有善报。

前行路上，我因承认民藏、宣传民藏，曾遭遇过谩骂和攻击，但我也要感谢这些攻击谩骂者，是他们逼着我用更加精准的态度对待民间收藏和元青花器物。而在这个过程中，更多的是得到理解和支持。现在，许多过去不理解的人变成了支持者，周边带着疑虑看我的人变成了热情的粉丝。人生如此，夫复何求，知足了！

许明草于甲辰龙年腊月十九